욕망 너머의
한국 고대사

욕망 너머의 한국 고대사

왜곡과 날조로 뒤엉킨 사이비역사학의 욕망을 파헤치다

초판 1쇄 발행 2018년 10월 20일
초판 3쇄 발행 2022년 6월 10일

지은이　젊은역사학자모임
펴낸이　이영선

편집　이일규 김선정 김문정 김종훈 이민재 김영아 이현정 차소영
디자인　김회량 위수연
독자본부　김일신 정혜영 김연수 김민수 박정래 손미경 김동욱

펴낸곳 서해문집 | 출판등록 1989년 3월 16일(제406-2005-000047호)
주소 경기도 파주시 광인사길 217(파주출판도시)
전화 (031)955-7470 | 팩스 (031)955-7469
홈페이지 www.booksea.co.kr | 이메일 shmj21@hanmail.net

ISBN 978-89-7483-964-2 03910

욕망 너머의
한국 고대사

왜곡과 날조로 뒤엉킨
사이비역사학의
욕망을 파헤치다

젊은역사학자모임 지음

서해문집

젊은역사학자모임은 한국 고대사를 전공한 소장 학자들이 주축이 돼 2015년 결성한 모임이다. '사이비似而非역사학'이 우리 사회에 끼치는 폐해가 묵과할 수 없는 수준에 이르렀다는 판단하에 대학원 과정에 있거나 이제 막 박사학위를 취득한 젊은 연구자들이 뜻을 모아 활동을 시작했다. 젊은역사학자모임은 시민들을 대상으로 한 강연과 언론 기고, 인터뷰 등을 적극적으로 수행했고, 2017년에는 그간 학술지에 발표한 글들을 다듬어 《한국 고대사와 사이비역사학》이라는 책을 출간했다.

시민들과 직접 이야기를 나누고자 연구실 문을 나선 젊은 연구자들의 활동은 적지 않은 주목을 받았고, 사이비역사학의 위험성에 대해 의미 있는 경고의 메시지를 던졌다는 평가를 받았다. 이번에 출간하는 《욕망 너머의 한국 고대사》는 젊은역사학자모임이 시민들과 소통하기 위해 내놓은 두 번째 책이다.

　이 책이 비판의 대상으로 삼은 '사이비역사학'은 역사학과 비슷하게 보이기 위해 흉내를 내지만 학문의 본령에서는 벗어난 가짜 학문을 가리킨다. 《맹자》에는 '비슷하지만 아닌 것'을 가리키는 '사이비'라는 용어가 사용된 바 있다. '사이비역사학'이라는 용어는 이러한 용례를 고려해 제시된 것이다. 영어권에서는 이와 같은 가짜 역사를 '슈도히스토리pseudo-history'라고 하며, 우리나라에서는 '유사類似역사학', 혹은 '의사擬似역사학'이라 부르기도 한다. 어떻게 지칭하든 대상을 학문의 범주에 포함시킬 수 없다는 의미는 동일하다.

　사이비역사학은 종교나 이데올로기적 열망에 근거한, 주관적이고 닫혀 있는 사고 체계의 산물이다. 그 목적은 사실에 대한 해명이나 대상에 대한 합리적 이해가 아니라, 자신이 품고 있는 욕망에 대한 정당화다. 따라서 사이비역사학을 수용한 사람들의 사고는 끝없이 확증 편향적 형태를 띠고, 사실과는 거리가 먼 자신들만의 주관적 세계로 침전하게 된다.

　우리나라의 사이비역사학은 '쇼비니즘chauvinism'과 밀접하게 결합돼 있다는 점에서 특히 큰 위험성을 안고 있다. 사이비역사학은 위대한 역사와 거대한 영토를 강박적으로 선호하며, 이를 윤리적 당위로 제시한다. 여기에 조금이라도 회의적인 태도를 보일 경우에는 '친일 식민사학'이라는 낙인과 함께 공격을 가한다. 상대를 친일파라는 '절대악'으로 규정하는 것은 매우 효과적인 선동 수단이다. 이 수법을 전가의 보도처럼 휘두른 사이비역사학은 실제로 광범위한 대중화에 성공했다. 이름만 대면 누구인지 알 수 있는 유명 정치인·종교인·학자·교육자·언론인 중 적지 않은 수가 사이비역사에 심취해 있다. 심지어 정치적으로 진보와 보수로 갈리는 사람들이 사이비역사학이라는 틀 안에서는 공존하기도 한다. 이러한 가짜 지식이 광범위하게 소비되고 있는 것은 위험한 징후다. 사회의 합리성과 비판 능력이 반지성주의에 잠식되고 있다는 뜻이기 때문이다. 공동체 구성원으로서 사이비역사학이 저변을 넓혀 가는 것을 지켜볼 수만 없는 이유다.

《욕망 너머의 한국 고대사》는 사이비역사학에 대한 비판을 중심 주제로 하지만, 그 너머의 이야기도 하고자 했다. 사이비역사학이 지금처럼 확산되고 영향력을 발휘하게 된 것은 애초에 우리 사회가 쇼비니즘에 면역력이 약한 사회이기 때문이다. 지난 수십 년간 한국의 역사교육은 과거에 대한 순수한 지적 호기심, 인간과 사회에 대한 보편적 이해 이전에 애국심을 고취시키는 것을 목적으로 이뤄졌다. 그 결과 학문적으로 터무니없이 저급한 주장을 하는 쇼비니즘에 쉽사리 설득되는 사람들이 생겨나고 말았다. 사이비역사학의 득세에는 기존 역사학계, 역사교육계의 책임도 일정 부분 있는 셈이다. 이 책은 그러한 반성 위에서 과거의 주류 역사관이 가졌던 한계를 함께 이야기하고자 한다. 책 제목에 등장하는 '욕망'은 일차적으로 사이비역사학자들의 왜곡되고 뒤틀린 욕망을 가리키지만, 동시에 오랫동안 주류 역사학계에서 통용된 민족주의 역사관의 욕망을 가리키기도 한다.

《욕망 너머의 한국 고대사》는 2017년 7월부터 9월까지《한겨레21》 지면상에 7회에 걸쳐 연재한 글들을 뼈대로 만들어졌다. 여기에 몇 명의 필자가 더 합류해 글을 추가했다. 논쟁점을 잡아 주제별로 구성한 책이지만, 가급적 한국 고대국가들이 분량적으로 균형을 갖출 수 있도록 노력했다. 특히 마지막에는 현대사 전공자의 글을 실었는데, 이는 사이비역사학의 문제가 근본적으로 현대사의 문제라고 보기 때문이다.

마지막으로 책 출간과 관련해《한겨레21》과 서해문집에 감사의 뜻을 표한다.《한겨레21》은 사이비역사학이 그간 일으킨 여러 폐해들을 심도 있게 취재해 기사로 다루어 준 데 이어 젊은역사학자모임 구성원들에게도 시민들을 상대로 이야기를 할 수 있는 소중한 지면을 제공해 주었다. 서해문집은 연재 글의 출간을 제안해 주었을 뿐 아니라, 이처럼 보기 좋고 정갈하게 책으로 만들어 주었다. 책이 나올 수 있도록 애를 써 준 모든 분들께 사의를 표하며, 이 책의 출간이 젊은 역사학자들과 시민 간의 소통이 더욱 늘어나는 소중한 계기가 되기를 바란다.

2018년 10월
필자들을 대표해 기경량 씀

차
례

기 경 량

단군신화는 언제 만들어졌나
한응 부족? 곰 부족? 호랑이 부족?
고조선은 어디에 있었나
고조선과 한나라의 전쟁
보편적 역사로서 고조선사

고조선 역사, 어떻게 볼 것인가

단군신화는 언제
만들어졌나

　　고조선은 '한국사 최초의 국가'로 불린다. 하지만 고조선이 건국된 연대는 매우 불분명하다. 고조선 건국의 내용을 구체적으로 담고 있는 가장 오래된 자료는 13세기 말 고려 충렬왕忠烈王(재위 1274~1308) 때 승려 일연一然(1206~1289)이 저술한《삼국유사三國遺事》다. 여기 실린 내용에 따르면 먼 옛날에 하늘을 다스리는 환인의 아들 환웅이 있었다고 한다. 환웅은 인간 세상에 관심이 많았기 때문에 '널리 인간을 이롭게 하려는 뜻(弘益人間)'을 품고 지상의 신단수神壇樹 아래 내려와 세상을 다스렸다고 전한다. 이때 곰이 사람으로 변한 웅녀와의 사이에서 아들을 보았는데, 그가 바로 고조선을 세운 단군이라는 것이다.

　　일연은 이 같은 기록이《위서魏書》와 '고기古記'에 실려 있다고 서술

무씨 사당 후석실 제3석 제3단

했다. 하지만 지금까지 전하는《위서》라는 제목의 책 중에서 단군신화의 내용을 확인할 수 있는 것은 없다. 또한 '고기'라는 책은 아예 전하지도 않는다. 책 이름이 '고기'인지, 단순히 '옛 기록'이라는 뜻인지도 불분명하다. 사정이 이렇다 보니《삼국유사》에 실린 단군신화의 내용이 정말 고조선 때부터 존재하던 것인지 의혹을 가지는 사람들이 있었다. 예컨대, 조선 후기의 대표적 역사서인《동사강목東史綱目》을 저술한 안정복安鼎福(1712~1791)은 단군의 존재는 인정했지만 신화의 구체적인 내용은 허황돼 이치에 맞지 않다고 평했다. 식민지 시기 일본 학자들은 일연이 책상 앞에 앉아 지어낸 이야기 정도로 단군신화를 취급했다.

　　1945년 광복 이후 한국 역사학자들은 식민주의 사학 극복을 최우선 기치로 내세웠다. 자연히 과거 일본 학자들이 부정한 단군신화가 실제 고조선의 역사를 반영한 것임을 증명하려고 고심했다. 그 과정에서 학자들이 주목한 것이 중국 산둥성山東省 자상현嘉祥縣에 있는 무씨武氏 사당의 화상석이다. 돌로 된 사당 벽면에는 다양한 그림이 부조로 묘사돼 있다. 그런데 그 내용이 단군신화와 흡사하다는 것이다. 이 사당에 모셔진 무씨 집안의 선조들은 대략 기원후 1~2세기 대의 인물이므로, 화상석의 내용이 단군신화와 관련됐다면 단군신화는 적어도 기원후 1~2세기 무렵에 실재했음이 증명되는 셈이다.

무씨 사당 화상석에서 곰과 호랑이 그림으로 주목받았던 부분

　무씨 사당의 화상석 내용에서 가장 주목을 받은 것은 후석실의 제3
석 제3단 그림이다. 여기에는 곰과 호랑이처럼 보이는 존재가 있는데,
그중 호랑이로 추정되는 존재의 입가에는 작은 사람의 형상이 묘사
돼 있다. 이 모습에 대해 호랑이가 입으로 사람을 낳는 모습이라는 해
석이 제시됐다. 우리가 알고 있는 단군신화에서는 곰이 인간으로 변한
웅녀가 단군을 낳았다고 하므로 내용에 다소 차이가 있는 셈이지만,
곰과 호랑이가 등장하고 아기의 탄생 장면이 있다는 점에서 단군신화
의 한 장면으로 볼 수 있다는 해석이다. 이에 더해 무씨 사당 화상석이

야말로 고조선 문화권이 중국 산둥성 일대까지 미쳤음을 보여 주는 증거라는 주장까지 제시됐다.

하지만 최근 학자들은 일반적으로 무씨 사당 화상석과 단군신화를 연관 지어 해석하는 것은 무리라고 평가한다. 우선 '호랑이'가 입으로 단군을 낳는 모습이라는 해석이 너무 궁색하다. 옆에 있는 '곰'을 보면 팔다리와 머리에 각종 무기를 장비하고 있다. 사납게 생긴 괴수가 무기를 잔뜩 들고 있는 살벌한 모습은 단군이 탄생하는 경사스러운 상황과 연관 짓기 곤란하다. 해당 장면은 오히려 괴수 두 마리가 사람을 잡아먹는 험악한 광경으로 이해하는 것이 자연스럽다.

이는 그림의 전체 구도를 봤을 때 더 분명해진다. 문제의 장면 왼쪽에는 수많은 사람이 손에 무기를 들고 허겁지겁 달려오는 듯한 모습이 묘사돼 있다. 단군의 탄생을 기뻐하며 달려오는 축하객의 모습일까? 그렇게 보기는 어렵다. 반대로 사람을 잡아먹는 괴수들에 대응하기 위해 다급히 뛰어오는 모습으로 해석하는 것이 훨씬 자연스럽다. 곰처럼 보이는 존재에 대해서는 중국 신화에서 황제黃帝 헌원씨軒轅氏와 대결한 치우蚩尤로 해석하는 견해가 있고, 중국 고대 주周나라 때부터 역귀를 쫓는 의식에 등장했던 방상시方相氏를 묘사했다고 해석하기도 한다. 어느 쪽이든 단군신화와는 무관한 그림으로 볼 수 있다.

단군신화와 관련해 주목하는 또 다른 자료는 고구려 벽화다. 중국 지린성吉林省 지안시集安市에 있는 장천 1호분의 앞방 오른쪽 벽에는 고구려인들이 말을 타고 사냥하는 모습이 그려져 있다. 여기에는 화살에 맞은 동물이 여럿 등장하는데, 그중에는 호랑이도 있다. 벽면 가장 왼쪽 끝에는 커다란 나무가 그려져 있고, 나무 아래쪽 굴 같은 공간에 곰처럼 보이는 시커먼 동물이 웅크린 형태가 묘사돼 있다. 이를 두고 단군신화에 등장하는 신단수와 곰, 호랑이를 연상케 한다는 견해가 제시된 적이 있다. 그러나 이 그림에 등장하는 나무와 그 아래 웅크린 동물은 어디까지나 사냥하는 그림의 일부로 등장하기 때문에 이 역시 단군신화와 연결시키는 것은 무리다.

장천 1호분의 벽화보다 조금 더 그럴 듯해 보이는 사례는 역시 지안시에 있는 각저총의 벽화다. 각저총은 널방 벽에 두 장사가 씨름을 하는 모습이 그려져 있는 것으로 유명하다. 그 왼쪽에는 새들이 앉아 있는 나무가 그려져 있는데, 나무 아래에는 동물 두 마리의 모습이 묘사돼 있다. 이를 '곰과 호랑이'가 등을 마주 대고 있는 모습으로 이해하기도 한다.

고대의 씨름은 제의적 성격을 가지고 있었다고도 한다. 이를 감안한다면 나무 아래서 씨름을 하는 사람들의 모습은 단순히 놀이를 하고 있는 것이 아니라 신령스러운 나무, 즉 신단수 아래서 제의적 행위를 하는 것으로 해석할 수도 있다. 다만 나무 아래 그려진 동물들의 윤곽이 뚜렷하지 않다는 점이 문제다. 이 벽화에 그려진 것이 정말 곰과 호랑이일까? 자신 있게 말하기 어렵다. 이렇듯 화상석이나 벽화의 내용을 통해 단군신화의 유구함을 증명하는 일은 쉽지 않다.

장천 1호분의 사냥도(위: 사진, 아래: 모사도)　　　　　각저총의 씨름도

환웅 부족? 곰 부족?
호랑이 부족?

환웅이 하늘에서 내려왔다거나, 곰이 쑥과 마늘을 먹고 사람이 됐다는 식의 단군신화 내용은 너무도 비현실적이다. 따라서 이 내용을 실재했던 일로 받아들일 수는 없다. 그렇기 때문에 과거 실재했던 정치집단과 그들 사이에서 벌어졌던 사건을 설화 형태로 빗대어 전승했다고 보기도 한다. 환웅·곰·호랑이 등을 각 부족 형태의 정치체로 치환시킨 다음, 외부에서 들어온 환웅 부족이 곰을 토템으로 하는 부족과 연합해 고조선을 형성했고, 그 과정에서 호랑이를 토템으로 하는 부족은 배제됐다는 식으로 설명하는 것이다.

이는 교과서에도 실릴 정도로 대중적으로 널리 퍼져 있는 단군신화 해석법이다. 현대인의 시각에서 보았을 때 황당하고 말이 안 되는 이야기를 어떻게든 말이 되는 형태로 이해하고자 한 노력의 산물이라 할 수 있다. 하지만 엄밀히 따지면 뚜렷한 근거를 갖추고 있다고 보기는 어렵다. 오히려 자의적이라는 비판을 받을 소지가 크다.

사실 단군신화는 《삼국유사》에 실린 형태로만 존재하지 않는다. 1287년(충렬왕 13)에 이승휴李承休(1224~1300)가 저술한 《제왕운기帝王韻紀》에도 단군신화가 실려 있다. 《제왕운기》는 중국과 우리나라의 역사를 노래한 서사시다. 그중 하권에서 우리나라 역사를 다루었는데, 압축돼 있는 시의 내용을 보완하기 위해 중간중간 설명을 달아 놓았다. 여기에 또 다른 버전의 단군신화가 실려 있다. 그런데 그 내용이 우리가 익히 알고 있는 《삼국유사》 버전과는 상당히 다르다.

본기本紀에서 말하기를, 상제 환인에게는 서자가 있었으니 이름이 웅이었
다고들 한다. 일러 말하기를 "내려가 삼위태백에 이르러 널리 인간을 이롭
게 할 수 있을까?"라고 했다. 그리하여 웅은 천부인 세 개를 받고 귀신 삼천
을 거느려 태백산 꼭대기에 있는 신단수 아래로 내려왔다. 이 분을 단웅천
왕檀雄天王이라 이른다고들 한다. 손녀孫女로 하여금 약을 마시게 해 사람이
되게 해 단수신檀樹神과 결혼시켜 아들을 낳게 하니 이름을 단군이라 했다.
조선 땅을 차지해 왕이 됐다. 이런 까닭에 시라尸羅, 고례高禮, 남북옥저, 동
북부여, 예와 맥은 모두 단군의 자손이다. 1038년을 다스리다가 아사달산
에 들어가니, 신이 돼 죽지 않은 까닭이다.

- 《제왕운기》권하, 전조선기

《제왕운기》의 실린 단군신화에서는 곰과 호랑이가 전혀 등장하지
않는다. 그 대신 환웅(단웅천왕)이 손녀에게 약을 먹여 사람으로 만들고,
단수신(박달나무신)과 결혼시켜 단군이 태어났다는 내용이 실려 있다.
《삼국유사》 단군신화의 내용을 환웅 부족·곰 부족·호랑이 부족 등으
로 치환시켜 설명할 수 있다면, 《제왕운기》의 단군신화 내용은 어떻게
이해해야 할 것인가. 곰 부족과 호랑이 부족을 제외하고 대신 '단수신
부족'을 설정해야 할까.

　　《삼국유사》 단군신화와 전혀 다른 형태인 《제왕운기》 단군신화의

존재를 염두에 둔다면, 등장하는 동물을 부족으로 바꿔 해석하려는 시도는 금세 설득력을 잃고 만다. 이는 신화의 내용에 현실성을 부여해 변환시키는 작업의 위험성을 보여 준다고 할 수 있다.

《삼국유사》와 《제왕운기》는 모두 고려 충렬왕 때의 저작물이다. 거의 같은 시기에 저술됐다는 이야기다. 그런데도 두 책에 실린 단군신화 내용에는 이처럼 차이가 있다. 이는 고려시대에 이미 단군신화가 여러 형태로 존재했음을 짐작케 해 주는 부분이다. 현재 우리가 확인할 수 있는 버전은 두 개뿐이지만, 실제로는 훨씬 더 다양한 단군신화가 존재했을 수 있다.

《제왕운기》 단군신화를 보면 환웅이 인간 세상으로 내려올 때 '천부인 세 개'를 가지고 '귀신 삼천'을 데려왔다고 한다. 일반적으로 천부인 세 개는 검·거울·방울로 이해한다. 이는 전형적인 무구巫具, 곧 무당들이 쓰는 도구다. '귀신 삼천'을 운운한 점 역시 무속적인 느낌이 강하다. 게다가 《제왕운기》에서는 잘 알려진 고대국가의 이름인 신라와 고구려를 '시라尸羅'와 '고례高禮'로 각각 표기했다. 이는 구어口語를 발음 그대로 옮긴 느낌을 준다. 그렇다면 고려 말에 문자화돼 기록된 단군신화 이야기는 이 시기 평양 일대의 무속인들 사이에서 구전돼 오던 이야기를 채록한 것으로 짐작할 수 있다. 구전은 많은 사람의 입을 거치는 과정에서 내용의 가감과 변형이 이루어지는 경우가 많다. 따라서 단군신화의 원형이 구체적으로 어떠한 모습이었는지 지금으로서는 알기 어렵다는 것이 가장 합당한 이해일 것이다.

이상의 검토를 통해, 단군신화가 고조선 당대부터 존재했다고 판정할 만한 뚜렷한 증거는 없다는 점을 확인할 수 있다. 일반적인 한국사 교육을 받은 사람들 입장에서는 당혹스러울 수도 있다. 하지만 너무 실망할 필요는 없다. 적어도 고려시대에 고조선의 건국 내용을 전하는 단군신화가 사람들 입을 통해 전승되고 있던 것만큼은 분명하다. 그리고 그 전승의 시작점이 실제 고조선 대였을 가능성도 완전히 배제할 수 없다. 다만 학문으로서 단군신화를 다룰 때는 그 성격과 한계를 충분히 염두에 둘 필요가 있다.

고조선은 어디에 있었나

신화 형태가 아닌 실체를 갖춘 고조선 관련 기록은 중국의 고대 역사서 이곳저곳에 산발적으로 남아 있다. 그중 가장 이른 시기의 것은 《관자管子》라는 책이다. '관자'는 춘추시대에 제齊나라 환공桓公을 보좌해 천하의 패자로 만든 명재상 관중管仲을 의미한다. 《관자》는 관중의 저서로 알려져 있는데, 관중은 기원전 8~7세기 대에 살았던 인물이다. 따라서 그가 저술했다는 《관자》에 고조선이 등장했다는 것은 이 시기부터 이미 고조선이라는 정치체가 존재했다는 증거가 될 것이다.

하지만 학자들은 일반적으로 《관자》가 실제 관중의 저술이 아니라고 본다. 현재 전하는《관자》는 전국시대에 제나라에 모인 여러 학자가 관중의 이름을 빌려서 만든 책으로 짐작되며,《관자》의 저술 시기는 대략 기원전 4세기 무렵으로 여겨진다. 그렇다면 기록상 고조선의 존재가 확인되는 시기의 상한은 대략 기원전 4세기 무렵으로 추정해 볼 수 있다. 다만《관자》에 등장하는 고조선은 '무늬가 있는 가죽(文皮)'을 특산물로 하는 교역 대상으로 언급되는 정도로 아주 단편적 흔적만 있을 뿐이다.

정치체로서 고조선의 활동을 본격적으로 확인할 수 있는 자료는 전한前漢 대에 저술된《염철론鹽鐵論》의 벌공편伐功篇이다. 여기에는 "연이 동호를 엄습해 달아나게 하고 천 리의 땅을 개척했으며, 요동을 지나서 조선을 공격했다(燕襲走東胡 辟地千里 度遼東而攻朝鮮)"라는 기록이 있다. 중국 연燕나라와 고조선이 군사적으로 충돌했다는 내용이다. 연나라는 전국시대 때 중국 동북 지방에 자리한 나라다. 전국시대에 패권을 다투던 '전국 7웅戰國七雄' 중 하나일 정도로 강성한 나라였다.

《삼국지三國志》에는《위략魏略》이라는 책을 인용해 더 자세한 내용이 실려 있다. 이에 따르면 주나라가 쇠약해져 연나라가 스스로 왕을 칭할 당시 조선후朝鮮侯 역시 스스로 왕을 칭하며 연나라와 전쟁을 하려 했다고 한다. 이때는 다행히 외교적으로 갈등이 봉합됐지만, 어느 정도 시간이 지난 후 결국 전쟁이 발생한다. 연나라가 진개秦開라는 장수를 보내 고조선의 서쪽 2000여 리를 빼앗고, 만번한滿番汗이라는 곳을 경계로 삼았다는 내용이다.

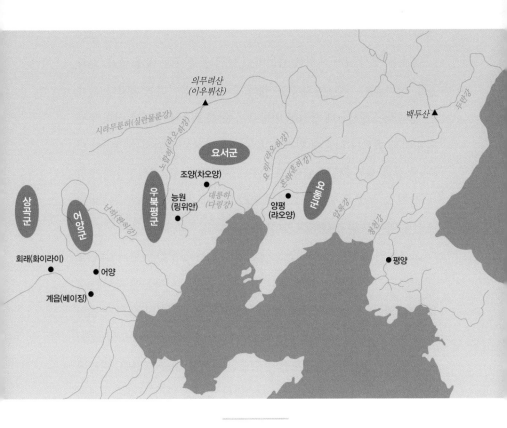

전국시대 연이 설치한 5군 위치도

또 사마천司馬遷은 《사기史記》 흉노匈奴 열전에서 진개가 동호東胡를
물리친 내용을 전하면서, "연나라 역시 장성을 쌓았는데 조양에서부
터 양평에 이르렀다. 상곡·어양·우북평·요서·요동군을 두어 오랑캐
를 막았다(燕亦築長城 自造陽至襄平 置上谷 漁陽 右北平 遼西 遼東郡以拒胡)"라고

했다.

동호는 당시 요서 지역에 자리하고 있던 종족이다. 대개 몽골·오환烏桓·선비鮮卑·거란契丹과 같은 유목 종족의 조상이라고 여긴다. 진개는 연나라 소왕昭王 때 활약한 인물로서, 한때 동호에 인질로 잡혀가 생활하기도 했으나 나중에 연나라로 돌아와 동호를 정벌하는 장군이 됐다. 소왕의 재위 기간은 기원전 311~279년이다. 즉, 기원전 4세기 말~3세기 초 무렵에 진개가 요서 지역의 동호를 정벌하고, 더 나아가 고조선 영역까지 밀고 들어온 것이다.

고조선의 중심지가 어디였는가 하는 문제는 상당한 논란거리다. 오랫동안 널리 인정받은 고조선의 중심지는 한반도 서북부에 자리한 평양 일대였다. 평양 지역에는 고조선과 관련된 전설이나 설화가 많이 남아 있고, 고조선 멸망 후 한漢나라가 설치한 군현인 낙랑군樂浪郡이 있던 곳이다. 자연스레 고조선의 수도인 왕검성王儉城이 있던 곳도 평양으로 여겨졌다. 예컨대 《삼국유사》에서 일연은 당시 서경이라 불리던 평양성에 단군왕검이 도읍했다고 설명했다.

다만 고조선의 중심지가 처음부터 평양 일대였다고 한다면, '진개가 고조선의 서쪽 영역 1000리, 혹은 2000리를 빼앗았다'는 기록을 이해하기가 곤란하다. 기록에 따르면 고조선은 진개의 침공을 받은 이후 쇠약해졌다고 하는데, 이는 중심지가 타격을 받았기 때문으로 보는 것이 자연스럽다. 하지만 진개가 평양 지역까지 군대를 이끌고 침공해 왔다고 보기는 어렵다.

특히 주목되는 것은 연나라가 설치한 군현의 이름이다. 이를 보면 요동군과 요서군이 확인된다. 즉, 연나라가 고조선과의 전쟁을 거치며 확보한 영역의 동쪽 끝은 요동 지역으로 이해할 수 있다. 이는 연나라가 쌓은 장성의 동쪽 끝이 양평에 이르렀다는 기록과도 맞아떨어진다. 양평은 지금의 랴오양遼陽(요양) 지역이며, 요동 지역의 중심지다. 이런 이유로 최근 역사학계에서는 고조선의 중심지가 본디 랴오허강遼河江(요하) 일대였으나, 진개의 침공 이후 평양 지역으로 옮겨졌다는 '이동설'이 널리 수용되고 있다.

요하 일대, 즉 요령遼寧(랴오닝) 지역이 초기 고조선의 중심지로 주목받으면서 이 지역의 유적과 유물에 대한 고고학적 관심도 높아졌다. 그 과정에서 학자들이 고조선의 문화적 지표로 크게 주목한 유물 세 가지가 비파형 동검, 탁자식 고인돌, 미송리형 토기다. 비파형 동검은 중국의 현악기인 비파처럼 생겨서 붙은 이름으로, 요령 지역에서 많이 출토돼서 요령식 동검이라고도 부른다. 탁자식 고인돌은 받침돌 위에 커다란 덮개돌을 덮은 형태가 마치 탁자처럼 생긴 고인돌이다. 미송리형 토기는 입구 부분이 나팔처럼 넓게 벌어진 형태의 토기다. 이 세 유물을 고조선의 것으로 보는 인식은 매우 일반적이다.

하지만 세 유물이 분포하는 중심 지역이 꼭 일치하지 않는다는 점을 주의해야 한다. 비파형 동검은 분포 범위가 매우 넓지만 가장 많이 출토되는 곳은 요서 지역이다. 초기 형태가 많이 나오는 곳 역시 이 일대다. 반면 탁자식 고인돌은 요동반도 남쪽과 한반도 서북부인 평양

황해도 은율군 관산리 고인돌(위)과
랴오닝성 가이저우(개주)
스펑산(석붕산) 고인돌(아래)

비파형 동검

미송리형 토기

일대가 중심 분포지다. 게다가 특이하게도 두 중심 분포지 사이에 위치한 압록강과 청천강 사이 지역에는 탁자식 고인돌이 거의 없다. 미송리형 토기는 요동 일대와 한반도 서북부에 걸쳐 넓게 분포하지만, 정작 후기 고조선의 중심지가 분명한 평양 일대에서는 팽이형 토기가 더 중심 유물이다.

따라서 고조선 문화권에서 세 유물이 모두 균일한 밀도로 갖추어져 있었다고 단순하게 이해하는 것은 곤란하다. 유물을 통해 확인되는 문화적 분포권을 고대국가의 영역과 간단히 동일시해 버리는 태도 역시 위험하다. 문화는 국경을 넘어서도 전파될 수 있기 때문이다. 비파형 동검, 탁자식 고인돌, 미송리형 토기를 고조선과 연관 지어 탐구하는 것은 어디까지나 고조선의 영역을 추정하기 위해 동원된 여러 접근법 중 하나일 뿐이라는 점을 염두에 두어야 한다.

고조선과 한나라의 전쟁

고조선에 대해 가장 상세한 기록을 남기고 있는 자료는 《사기》다. 《사기》에는 '조선 열전'이라는 항목이 있는데, 기원전 109년(원봉 2) 발생한 고조선과 한나라의 전쟁이 내용의 대부분을 차지한다.

한나라와 전쟁을 벌일 당시 고조선의 왕은 우거왕右渠王이다. 그는 중국에서 한나라가 건국될 무렵 고조선으로 망명했다가 왕위를 찬탈하고 스스로 왕 자리에 오른 위만衛滿의 손자다. 《사기》에는 위만이 본디 연나라 사람이라고 기록돼 있다.

위만이 망명할 당시 북상투(魋結)를 틀고 오랑캐 옷(蠻夷服)을 입었다는 점과 왕위에 오른 뒤에도 국호를 변경하지 않았다는 점을 근거로 그가 순수한 연나라 사람이 아니라 고조선 계통의 사람이라고 추정하는 견해도 있다. 하지만 이런 기록만으로 위만을 고조선계 인물이라고 단정하기에는 근거가 부족하다. 설사 위만이 순수한 중국계 인물이라 하더라도 망명객 입장에서 고조선 사람들의 호감을 얻기 위해 일부러 그런 머리 모양과 옷차림을 했을 수도 있기 때문이다. 현재로서는 위만이 연나라 출신이라는 점만 알 수 있을 뿐이며, 상세한 종족적 계통은 파악하기 어렵다고 보는 게 옳다.

그런데 위만의 행적에서 흥미로운 점이 있다. 그가 고조선으로 망명하기 얼마 전만 하더라도 중국에서는 최초의 통일제국인 진秦나라가 무너지고 유방과 항우 간에 천하를 건 쟁패가 진행됐다. 그 과정에서 전란에 지친 과거 연나라·제나라·조趙나라 백성 다수가 고조선으로 망명했다. 이에 당시 고조선의 왕 준왕準王은 망명자들을 나라 서쪽에 거주케 했는데, 나중에 위만이 망명해 오자 그를 박사로 임명해 서쪽 변경을 지키게 했다. 이런 기록을 토대로 보면 위만은 준왕에게서 고조선이 흡수한 다수의 중국계 사람들을 관할하는 역할을 부여받은 것으로 짐작된다.

위만은 정변을 일으켜 왕이 된 이후에도 조선이라는 국호를 바꾸지 않았다. 하지만 그 자신이 중국에서 망명한 데다 자기 세력 기반도 중국계 망명자들이었다는 점을 감안하면, 이 시기 고조선의 구성원은 중국계 사람들까지 포괄하는 다양한 종족성을 띠었을 것이다. 위만이 왕이 된 이후 고조선의 국력은 크게 신장했다. 주변 정치체들을 차례로 복속시켜서 그 영역이 사방 수천 리에 달하는 등 전성기를 구가하게 됐다. 여기에는 다른 종족 집단인 중국계 유이민을 배제하지 않고 적극적으로 수용하는 태도가 중요한 요인으로 작용했다고 볼 수 있을 것이다.

고조선은 주변에 있는 소국, 혹은 종족 집단과 한나라 사이에서 중계무역을 통해 부를 축적하고 세력을 키웠다. 위만의 손자인 우거왕 시기에는 이러한 독점 지위를 유지하기 위해 주변에 있는 세력들이 한나라와 직접 교류하는 것을 방해하는 행위도 마다하지 않았다.《사기》에 따르면 우거왕 때도 꾀어낸 한나라의 망명인이 많았다고 한다. 우거왕은 할아버지 때와 마찬가지로 중국계 유이민을 계속 끌어들여 국세를 키웠다. 이는 한나라 입장에서 썩 마음에 들지 않은 일이었다. 심지어 고조선은 당시 한나라와 군사적으로 대립하고 있던 흉노와 외교 관계를 맺는 모습마저 보였다. 고조선이 자신들의 통제 범위에서 벗어나 적대한다고 느낀 한나라의 무제武帝(재위 기원전 141~87)는 결국 기원전 109년 고조선을 침공한다.

침공군은 수군과 육군, 두 군단으로 편성됐다. 수군은 누선장군樓船將軍 양복楊僕이 이끌었다. 7000명의 병력 규모를 가진 수군은 산둥반도 쪽에서 바다를 건너는 진격로를 택했다. 육군은 좌장군左將軍 순체荀

僕가 지휘했다. 그는 5만 명을 거느리고 요동 쪽에서 육로로 진격했다.

전쟁 초기에 우세를 점한 쪽은 수비하는 입장의 고조선이었다. 양복이 이끄는 수군은 일찌감치 고조선 수도인 왕검성 부근까지 진입했지만, 공을 세우고 싶은 마음에 단독으로 전투를 벌이다가 고조선군에 크게 패하고 말았다. 결국 양복은 근처 산 속에 숨어 들어가 순체가 이끄는 육군이 도착하기를 기다리는 신세가 되고 말았다. 그러나 순체가 이끄는 육군의 사정도 좋지 않았다. 고조선군과의 첫 싸움에서 선봉이 크게 패한 데 이어 본진도 패수浿水 방어선에 막혀 더 이상 전진하지 못하게 된 것이다.

한 무제는 전황이 좋지 않게 돌아가자 사신을 보내 외교적으로 전쟁을 수습하고자 했다. 고조선도 당장은 전쟁에서 이기고 있었으나 대국인 한나라를 상대로 싸움을 지속하는 일은 부담스러웠다. 이에 화의 교섭이 이뤄졌고, 고조선이 형식적으로 지난 일을 사죄하는 방식으로 전쟁을 마무리하려 했다. 그런데 문제가 발생했다. 고조선 태자가 배상물인 말 5000필과 군량미를 가지고 1만 명의 병력과 함께 패수를 건너려 했는데, 만일의 사태를 두려워한 순체가 강을 건너는 고조선군의 무장해제를 요구한 것이다. 고조선 태자 입장에서는 비무장 상태로 적의 진영으로 건너가는 것은 불안했으므로, 이를 수용할 수 없었다. 결국 양자가 서로를 신뢰하지 못하는 상황에서 협상은 결렬되고 전쟁은 재개됐다.

이후 순체의 군대는 우여곡절 끝에 패수 방어선을 돌파했다. 순체군은 왕검성에 이르러 그 서북쪽을 포위했고, 근처 산에 숨어 있던 양복도 육군이 도착하자 군사들을 수습하고 내려와 왕검성 남쪽에 자리를 잡았다. 고조선 사람들은 곤혹스러웠다. 튼튼한 성에 의지해 적의 공격을 잘 막아 내고 있었지만, 왕성이 적의 대군에 포위된 상황은 누가 보더라도 위기였다. 고조선 지배층에서는 자신들의 안전을 확보하기 위해 항복을 원하는 사람들이 나타났다.

당시 고조선 입장에서 만약 항복을 한다면 적의 두 지휘관인 순체와 양복 중 누구에게 하는 것이 낫다고 여겼을까. 바로 양복이었다. 순체는 고구려의 패수 방어선을 돌파하고 온 터라 그 기세가 사나웠고, 고조선군을 대하는 태도가 교만했다. 그 반면 양복은 앞선 전투에서 크게 패한 터라 병사들의 사기가 높지 않았고, 전체 병사 수도 많지 않았기 때문에 왕검성 공격에도 소극적이었다. 고조선 입장에서는 양복과 교섭을 하는 편이 훨씬 유리한 조건으로 항복할 수 있다고 여겼을 것이다.

양복은 양복대로 고조선 사람들이 자신에게 접촉해 오는 것이 반가웠다. 그는 전쟁이 시작된 이래 공을 세운 적이 전혀 없었기 때문에, 전쟁이 끝난 후 있을 한 무제의 질책을 우려했다. 만약 고조선의 항복을 받아 낸다면 이번 전쟁에서 가장 큰 공을 세우는 사람은 경쟁자인 순체가 아니라 자신이 될 수 있었다.

왕검성과 양복 진영 사이에서는 여러 차례 사람이 오가며 교섭이 진행됐다. 그 사이 순체는 온 힘을 기울여 왕검성을 공격했으나 몇 달째 성과를 거두지 못했다. 특히 양복이 왕검성 공격에 시종일관 소극적 모습을 보이자, 순체의 불만은 극에 달했다. 이에 순체는 한 무제가 전황을 파악하기 위해 보낸 사신과 짜고 양복을 자기 군영으로 부른 다음 갑자기 체포하고 구금했다. 이후 양복의 병력마저 모두 자기 지휘하에 재편하고 왕검성을 맹렬히 공격했다.

생각지 못한 전개에 당황한 고조선 내부의 항복파는 서둘러 순체에게 항복을 했지만 우거왕은 끝까지 저항했다. 결국 이미 항복한 고조선 사람들은 자객을 보내 우거왕을 암살했다. 우거왕이 암살된 이후에는 대신이던 성기成己가 저항을 이끌었으나, 그 역시 살해당하며 결국 왕검성은 함락됐다. 기원전 108년 고조선은 멸망했다.

보편적 역사로서
고조선사

한국사 최초의 국가라는 상징성 때문일까. 많은 사람들이 고조선의 역사에 크게 관심을 가진다. 하지만 고조선은 알려져 있는 것이 매우 적은 수수께끼의 나라다. 많은 사람들이 당연한 역사적 사실로 생각하는 것들 중에도 확실치 않은 것이 많다. 단군신화가 정말 고조선 당대의 이야기인지, 고조선은 언제 만들어졌는지, 고조선의 중심지는 어디인지, 비파형 동검·탁자식 고인돌·미송리형 토기는 정말 고조선의 유물이 맞는지, 하나하나 따지고 보면 불확실한 것투성이다. 고조선에 대한 문자화된 역사 기록이 극히 적고, 고고학 자료는 직접 말을 하지 못하니 신중한 해석을 거쳐야만 한다.

근대에 들어 서구로부터 민족주의 이데올로기가 유입돼 퍼지고, 대한제국이 일제에 의해 식민지로 전락하는 파고를 겪으며 한국인들에게 단군과 고조선은 단순한 역사적 사실의 의미를 넘어서는 그 무언가로 인식됐다. 단군과 고조선이라는 기표에는 종교적·정치적 함의가 강렬하게 부여됐고, 관심의 크기와 실제 확보된 지식의 불균형 때문인지 검증되지 않은 이야기도 많이 만들어졌다. 그 파장은 지금까지도 남아 있다.

《환단고기》로 대변되는 가짜 역사서의 존재와 이를 신봉하는 사이비 역사가들의 문제는 차치하더라도, 우리나라 사람들이 고조선사를 대하는 방식이 지나치게 역사적 당위와 바람에 의존하고 있지는 않은지 되돌아볼 필요가 있다. 고조선을 한민족의 기원이나 민족사의 순수한 원형, 과거의 찬란한 문명으로만 인식하는 것은 역사 속에 실재했던 고조선의 실체를 밝혀내는 데 그다지 도움이 되지 않는다. 우리가 역사를 공부하는 이유는 인간과 그 인간들이 구성하는 사회를 더 잘 이해하기 위해서지, 국력과 영토에 대한 콤플렉스를 달래고 환상을 충족시키기 위해서가 아니다. 현대인들이 가지고 있는 욕망의 거품을 걷어 내고, 보편적 역사로서 고조선사를 대할 필요가 있다.

기 경 량

낙랑군 위치에 대한 왜곡된 주장
식민지들도 식민사학자?
사이비 역사가의 양대 '자 사료' 활용
진짜 '당대 사료'가 증언하는 낙랑군 위치
낙랑군의 이동과 교치
'스므기 건', 평양 지역 낙랑군 유적과 유물
열린 질문이 필요한 낙랑군

낙랑군은
한반도에
없었다?

낙랑군 위치에 대한
왜곡된 주장

낙랑군은 한나라가 고조선을 멸망시킨 후 설치한 네 군郡 중 하나다. 임둔군臨屯郡과 진번군眞番郡은 설치된 지 얼마 되지 않아 폐지됐고, 현도군玄菟郡은 군 치소가 몇 차례 서쪽으로 이동하며 기능이 크게 축소됐다. 오직 낙랑군만이 여러 차례 부침을 겪으면서도 처음 설치된 지역에 400년이 넘게 존속했다.

낙랑군을 제외한 각 군의 위치에 대해서는 설이 분분하다. 하지만 임둔군은 대략 함경남도와 강원도 북부 일대, 진번군은 황해도 일대, 현도군은 함경남도 함흥 일대에 설치됐다가 나중에 랴오닝성 싱징興京(홍경)으로 옮겨 가고(제2 현도군), 다시 랴오닝성 푸순撫順(무순) 일대(제3 현도군)로 이동했다고 파악하는 경우가 많다.

낙랑군의 위치에 대해서는 지금의 평양 지역에 있었다고 본다. 이는 수많은 문헌 기록과 고고학적 증거를 통해 교차 검증이 됐기 때문에, 역사학계에서는 통설을 넘어선 상식으로 여기고 있다. 하지만 이를 격렬히 부정하며 역사학계를 식민사학이라 매도하는 이들도 있다. 그들은 '낙랑군은 결코 한반도 내에 있어서는 안 된다'는 당위에 빠져 관련 사료들을 왜곡·조작해 대중을 선동하는 비학문적 행위를 일삼고 있다. 심지어 정치인들과의 유대를 통해 세를 과시하며 역사학계의 학문 활동에 압력을 가하고 방해하는 모습마저 보인다.

이들은 스스로를 '민족주의 역사학', '재야사학'이라고 칭하고 있다. 하지만 결코 학문의 범주로 인정할 수 없는 반지성적이고 기만적인 행태를 보이고 있기 때문에 학계에서는 '사이비역사학'이나 '유사역사학'이라고 규정하고 있다.

사이비 역사가 중에서 최근 대표 주자로 활동하는 이는 역사 저술가 이덕일이다. 그는 낙랑군이 평양 지역에 있었다는 설은 식민지 시기 일본의 식민사학자들이 '만들어 낸' 왜곡된 인식이며, 식민사학의 계승자인 우리나라 역사학자들은 이를 아무런 의심 없이 그대로 따르고 있다고 주장한다. 심지어 그는 낙랑군이 평양에 있었다는 역사 기록이 단 하나도 없다는, 깜짝 놀랄 주장을 펼치기도 했다.

'낙랑군 = 평양'설說은 1913년 일제 식민사학자 이마니시今西龍가 처음 주장한 것인데, 해방 후에 이병도李丙燾 교수가 《신수新修 한국사대관韓國史大觀》(1972) 같은 책에서 계속 이를 지지하면서 현재까지도 정설定說의 지위를 차지하고 있다.

- 《조선일보》 2006년 11월 7일, 〈'이덕일사랑' 낙랑군 갈석산樂浪郡 碣石山〉

중국의 사료를 뒤지면 뒤질수록 … **한사군은, 낙랑군은 평양에 있다는 사료는 단 한 개도 없고**, 낙랑군은 지금의 허베이성 일대, 아니면 그 서쪽으로 더 가는 데 있다는 사료들이 중국 사료에 계속 수십 개 나옵니다.

- 2016년 6월 26일 '미래로 가는 바른역사협의회 발대식'에서의 이덕일 강연

역사는 사실을 다루는 학문이므로, 당연히 증거에 입각해 연구해야 한다. 그런데 이덕일의 말에 따르면 우리나라 역사학계는 단 하나의 증거조차 확보하지 못한 이야기를 정설로 삼고 있는 셈이 된다.

물론 이건 사실이 아니다. 실제로는 낙랑군이 평양에 있었음을 증명하는 수많은 증거가 존재한다. 낙랑군이 평양에 있었다는 인식 또한 이덕일의 주장처럼 식민사학자들이 하루아침에 뚝딱 만들어 낸 발명품이 아니다. 낙랑군이 평양 지역에 있었다는 인식은 기나긴 우리 역사에서 내내 통설로 공인돼 온 이야기다.

실학자들도 식민사학자?

조선 후기를 대표하는 학자 다산 정약용丁若鏞(1762~1836)의 사례를 살펴보자. 정약용은 다방면에 걸쳐 해박한 지식을 갖

춘 학자로 유명하다. 그는 역사지리와 자연지리에도 조예가 깊었는데, 그 결과물이 바로 《아방강역고我邦疆域考》와 《대동수경大東水經》 같은 저서다. 다음은 당시 임금 정조正祖(재위 1776~1800)가 우리나라의 역사지리와 관련해 던진 질문에 정약용이 답한 내용이다.

낙랑은 지금의 평안도와 황해도 2도의 땅입니다. 현도는 지금 함경남도의 1천 리쯤 되는 땅이요, 임둔은 지금의 저수瀦水 남쪽이자 열수洌水의 북쪽으로 경기의 북쪽 교외 지방입니다.

－《다산시문집》 제8권, 대책對策, 지리책地理策

이처럼 정약용은 낙랑군이 평안도와 황해도 지역, 즉 평양 일대에 있었다고 이해했다. 조선 후기의 실학자 안정복도 《동사강목》에서 "지금 평양을 낙랑이라고 칭하니 그 유래가 오래다. … 낙랑에 속한 여러 현은 마땅히 압록강 동남쪽에서 찾아야 한다"라고 서술했다.

조선 후기는 그렇다 치고 그 앞 시기는 어떨까. 조선 전기에 편찬된 역사지리서인 《세종실록지리지世宗實錄地理志》와 《동국여지승람東國輿地勝覽》의 평양부조에도 한사군 설치 내용이 서술돼 있다. 평양을 고조선의 수도이자 한사군이 설치된 중심 지역으로 보았기 때문이다. 조선 초에 편찬된 《고려사高麗史》 지리지에서도 역시 '평양이 고조선의 수도인 왕험성이자 낙랑군이 설치된 곳'이라고 설명했다. 더 앞 시기로 가면 고려 중기에 편찬된 《삼국사기三國史記》 지리지에서도 "평양성은 한의 낙랑군"이라고 언급했다. 그 외에도 우리나라 역사서에서 낙랑군의 위치를 평양으로 이해하는 사례는 너무도 많아 일일이 열거할 수조차 없을 정도다.

사이비 역사가들은 낙랑군이 평양에 있었다는 인식에 대해 거두절미하고 식민사학이라는 굴레부터 뒤집어씌우는 행동 유형을 보인다. 복잡한 학술적 논증보다는 이런 식으로 공동의 '적'을 설정해 제시하는 것이 대중을 선동하기 쉽기 때문이다. 하지만 앞서 살펴보았듯이 그들의 주장은 사실이 아니다. '낙랑군 재평양설 = 식민사학'이라는 그들 논리대로라면 낙랑군이 평양에 있었다고 주장한 정약용이나 안정복 같은 실학자들, 더 거슬러 올라가 고려시대 사람들까지 모두 식민사학자가 돼야 할 것이다.

조선 후기에 이르면 역사지리에 대해 관심이 높아지며, 낙랑군을 비롯한 한사군의 위치에 대한 설이 다양하게 제시된다. 그중에는 성호 이익李瀷(1681~1763)처럼 낙랑군의 위치를 통설과 다르게 요동 지역에서 찾아보려는 시도도 있었다. 하지만 이는 실학자들 간의 학문적 토론을 통해 자연스럽게 반박이 됐다. 결과적으로 우리 역사에서 낙랑군이 평양에 있었다는 주장이 통설로서의 지위를 잃은 적은 한 번도 없다.

사이비 역사가의 엉터리
'1차 사료' 활용

혹자는 앞에서 살펴본 낙랑군 위치에 대한 인식이 어디까지나 고려나 조선 같은 후대인의 견해에 불과한 것이 아닌가 하는 의문을 제기할 수도 있다. 실제로 사이비 역사가들은 최근 오래된 중국 역사서들의 내용을 소개하며 '1차 사료'를 통해 낙랑군이 요서 지역에 있었음이 증명됐다는 식의 주장을 펼친다.

'1차 사료'나 '2차 사료'는 역사 연구자들이 연구에 활용하는 개념이다. 처음 듣는 사람은 다소 낯설게 느낄 수도 있지만, 어렵거나 복잡한 개념은 아니다. 연구의 대상이 되는 시기에 작성된 가장 오래된 자료(1차 사료)가 후대인들이 앞 시기 자료를 재차 인용해 만든 것(2차 사료)보다 사료로서 우월한 가치를 가진다는 개념이다. 1차 사료의 중요성에 대한 강조는 역사학계에서 널리 통용되므로 사이비 역사가들이 1차 사료의 중요성을 강조하는 것 자체는 문제될 것이 없다.

문제는 정작 이들이 이 개념을 엉뚱하게 적용하고 있다는 것이다. 사이비 역사가 대부분은 고대사 사료를 다루는 훈련을 제대로 받지 못해 터무니없는 실수를 저지르는 경우가 많다. 2015년 11월 16일 국회 동북아역사왜곡대책특별위원회(동북아특위) 주최로 열린 학술대회 '한국 상고사 대토론회 – 한군현 및 패수 위치 비정에 관한 논의'에서 발생한 사건이 대표적이다.

이 학술대회에서 사이비 역사가들의 대표 격으로 참석한 인물이 이덕일이다. 그는 후대 사람인 조선의 학자들, 즉 정약용 같은 사람이 한사군을 어떻게 보았느냐 하는 문제는 별로 중요하지 않다고 주장하면서, "가장 중요한 건 한사군이 실제로 설치됐을 당시에 써진 1차 사료들"이라고 강조했다. 그러고는 자신이 준비한《한서漢書》나《후한서後漢書》같은 '1차 사료'들의 내용을 장황하게 열거했다. 그러나 이는 토론 상대자(윤용구)의 지적에 의해 한순간에 무너져 버리고 말았다.

> 윤용구: 그것은《한서》에 나온 이야기가 아니에요. 그것은《한서》에 주를 붙인 거예요. … 이건《후한서》의 기록이 아니에요. 여기 주가 달려 있는 … 괄호 친 건 다 주예요.
>
> — 2015년 11월 16일, '한국 상고사 대토론회' 녹취

알고 보니 이덕일이 1차 사료라고 자신만만하게 제시한 자료들은 후대인 당唐나라 때 안사고顏師古(581~645)나 이현李賢(654~684) 같은 사람들이《한서》나《후한서》에 붙인 주석 내용이었다. 당연히 1차 사료가 될 수 없는 것들이었다. 이 상황을 이해하기 쉽게 비유하자면 이렇다. 고려 중기에 김부식金富軾(1075~1151)이 지은《삼국사기》가 있고, 현대의 역사학자인 A가《삼국사기》본문에 이러저러한 보충 내용과 해설을 추가적으로 단 역주본이 있다고 치자. 이덕일은 현대 역사학자 A가 붙인 보충 내용과 해설을 긁어 와서는 '이것이 바로 김부식 본인이 쓴 서술이다. 후대 사람이 덧붙인 내용 따위는 하나도 중요하지 않다.

김부식 본인이 어떻게 썼는지가 중요하다'는 엉뚱한 주장을 늘어놓은 셈이다. 사료에 대한 몰이해와 착각으로 발생한 대참사였다.

이 일로 인해 이덕일을 비롯한 사이비 역사가들의 연구 역량이 어느 정도인지 만천하에 폭로됐다. 알고 보니 역사서의 본문과 후대인이 덧붙인 주석조차 구분하지 않은 채 마구잡이로 갖다 붙여 1차 사료라고 우기는 수준이었던 셈이다. 허술하고 부족한 역량에 어울리지 않는 과도한 자신감이 결국 공개적인 학술 회의장에서 얼굴을 들고 다니지 못할 정도로 큰 망신을 사게 만든 것이다.

진짜 '당대 사료'가 증언하는 낙랑군 위치

그렇다면 낙랑군과 관련된 실제 당대 사료의 내용은 어떠할까. 낙랑군이 존재하던 당시에 만들어진 사료는 서진西晉 때 역사가인 진수陳壽(233~297)가 편찬한 《삼국지》다. 《삼국지》 동이전에는 3세기 무렵 만주와 한반도에 걸쳐 존재하던 여러 정치체에 대한 상세한 정보가 실려 있다. 특히 고구려 · 부여夫餘 · 동예東濊 · 옥저沃沮 · 마한馬韓 · 진한辰韓 · 변한弁韓 등의 상대적 위치와 방향이 설명돼 있는 점은 크게 참고할 만하다. 여기에 보조 자료 격으로 약간 뒤 시기의 기록인 《후한서》 동이전 내용까지 참조하면 낙랑군 위치를 더 분명하게 알 수 있다.

• 《삼국지》 동이, 고구려

고구려는 요동의 동쪽 천 리 밖에 있다. **남쪽은 조선**과 예맥, 동쪽은 옥저, 북쪽은 부여와 접하고 있다.

• 《삼국지》 동이, 예

예는 남쪽으로는 진한, 북쪽으로는 고구려·옥저와 접했고, 동쪽으로는 큰 바다(대해)에 닿는다. 지금의 **조선 동쪽**이 모두 그 땅이다.

• 《후한서》 동이, 예

예는 북쪽으로는 고구려와 옥저, 남쪽으로는 진한과 접해 있다. 동쪽은 큰 바다(대해)에 닿으며, **서쪽은 낙랑**에 이른다. 예 및 옥저, 고구려는 본래 모두가 옛 조선의 땅이다.

• 《삼국지》 동이, 한

한은 대방의 남쪽에 있는데, 동쪽과 서쪽은 바다로 한계를 삼고, 남쪽은 왜와 접경하여 면적이 사방 4천 리쯤 된다. 세 종족이 있으니 첫 번째는 마한, 두 번째는 진한, 세 번째는 변한이다.

• 《후한서》 한

한에는 세 종족이 있으니 하나는 마한, 둘째는 진한, 셋째는 변진이다. **마한은 서쪽에 있는데, 54국이 있으며, 그 북쪽은 낙랑, 남쪽은 왜**와 접해 있다.

《삼국지》와《후한서》에 보이는 주요 정치체의 위치

• 《삼국지》동이, 왜

왜인은 대방 동남쪽 대해 중에 있다. … **(대방)군에서부터 왜까지는 해안**
을 따라 물길로 간다. **한국을 거쳐 남쪽으로 가다가 동쪽으로 나아가면 그**
북쪽 대안인 구야한국에 도착하니, 거리가 7000여 리다. **비로소 바다 하나**
를 건너는데, 1천여 리를 가면 **대마국**에 도착한다.

이들 기록에 따르면 고구려는 요동의 동쪽 1000리 밖에 있었다. 그리고 고구려 남쪽에는 조선현을 치소로 하는 낙랑군이 존재했다. 참고로 조선현은 낙랑군을 구성하는 스물다섯 현의 수현首縣으로, 이곳에 낙랑군의 군 치소가 있었다. 낙랑군 남쪽에는 원래 낙랑군의 속현이었으나 중국 삼국시대에 요동을 지배하던 공손씨公孫氏에 의해 군으로 승격된 대방군帶方郡이 설치돼 있었고, 다시 그 남쪽에는 마한이 자리했다.

낙랑군 동쪽에는 예濊가 접해 있었으며, 그보다 더 동쪽은 바다로 가로막혔다. 또한 대방군에서 구야한국(경상남도 김해 지역)를 거쳐 왜의 대마국(쓰시마섬)으로 가는 바닷길도 상세히 묘사돼 있다. 《삼국지》와 《후한서》가 전하는 이 같은 지리 정보는 낙랑군의 위치가 평양 일대였고, 대방군은 그 남쪽인 황해도 일대에 있었다고 보는 역사학계의 통설과 정확하게 부합한다.

이와 달리 이덕일은 낙랑군이 한반도의 평양이 아닌 중국 허베이성 河北省(하북성) 루룽현盧龙县(노룡현) 일대에 있었다고 주장한다. 문제는 루룽현이 바닷가 바로 북쪽에 자리하고 있다는 점이다. 이덕일의 주장대로라면 낙랑군 남쪽에 있었다고 전하는 대방군과 마한·진한·변한 등은 서해 바다 위에 둥둥 떠 있는 존재가 돼야 한다. 《삼국지》나 《후한서》의 기록을 도저히 설명할 수 없게 되는 것이다.

사이비 역사가들은 낙랑군을 중국 대륙에 옮겨다 놓는 것만으로 충분히 만족스럽고 의미 있는 일을 했다고 여길지 모르겠지만, 역사지리

비정 작업은 그렇게 간단한 것이 아니다. 이와 상충되는 수많은 다른 자료들에 대해 책임을 지고 설명을 해야 한다. 낙랑군을 중국 쪽으로 옮겨 비정하려면 당연히 그 주위에 있던 고구려·예·삼한·왜까지도 모두 옮겨서 이해해야 한다. 고대 한반도는 텅텅 빈 공간이 되고 만다. 이는 우리가 살고 있는 소중한 공간인 한반도의 역사를 말살하는 행위다.

낙랑군의
이동과 교치

낙랑군은 313년 고구려 미천왕美川王(재위 300~331)에게 공격을 받아 그 생명을 다하게 된다. 평양 일대는 고구려 영역으로 재편됐다. 당시 낙랑군을 이끌던 장통張統이라는 인물은 자기를 따르는 낙랑인 일부를 이끌고 요서와 요동 지역을 장악하고 있던 선비족의 수장 모용외慕容廆(재위 285~333)에게 망명했다. 모용외는 낙랑인 망명자들을 위해 자기 영토 내에 새롭게 낙랑군을 설치해 주었다. 이 같은 내용은 중국 역사서인《자치통감資治通鑑》에 실려 있다.

위의 예처럼 본거지를 떠난 이들을 새로운 땅에 정착시키며 과거에 살던 지역명을 계승해 사용케 하는 것을 '교치'라고 한다. 그리고 이렇게 설치된 군현을 교군·교현이라고 부른다. 교치는 중국 남북조南北朝시대에 크게 성행한 현상이다. 서진 말 흉노족이 일으킨 '영가永嘉의 난'을 계기로 중원 지역 한족들은 이민족들에게 쫓겨 멀리 남쪽 지역으로 대규모 망명을 한다. 중국 역사상 일대 혼란기인 5호16국시대가 열린 것이다.

그런데 남쪽 지역으로 망명한 한족들은 근거지를 옮긴 이후에도 과거의 정체성을 포기하지 않고 중원 지역에서 사용하던 지역명을 계속 사용하려는 경향을 보였다. 이에 남조南朝계 국가에서는 과거 북쪽에 있던 주·군·현의 이름을 그대로 딴 행정구역을 남쪽 지역에 새롭게 설치했다. 형주荊州의 중심지이던 양양襄陽 부근에 과거 장안長安을 중심으로 존재하던 옹주雍州와 그 예하의 군현이 설치된 것이 대표적이다. 그뿐만 아니라 문서상으로만 존재하는 허구의 행정구역과 호적 편제를 활용하기도 했다.

5호16국시대는 여러 종족과 왕조가 부침을 반복하는 혼란기였기 때문에 중국 전역에서 대량의 유이민이 발생했다. 각 지역 세력가들은 이러한 유이민을 자기 영토에 정착시켜 인구를 늘림으로써 세력 확대를 도모했다. 요동·요서 지역의 실력자이던 모용외가 평양 지역에 있다가 고구려에 쫓겨 도망 온 낙랑 유민들을 받아들인 것도 그러한 정책의 일환이었다.

요하 일대에 새로 설치된 낙랑군은 정치 격변에 따라 이후에도 여러 차례 이동을 거듭하다가 결국 소멸하고 만다. 313년 이후의 내용을 담은 중국 역사서에서 낙랑군과 조선현이라는 명칭이 요하 일대 이곳저곳에 산발적으로 등장하는 이유다. 사이비 역사가들은 이 시기 중국의 역사 전개나 교치 개념에 대한 이해가 없기 때문에 후대 역사서의 단편적 기록들만을 보고 낙랑군이 처음부터 요동이나 요서 지역에 있었다고 주장하는 것이다.

이덕일은 역사학자들에게 교치에 대한 이해 부족을 여러 차례 지적받자 '교치 개념' 역시 식민지 시기에 일본인 식민사학자들이 발명해낸 것이라는 주장을 펼치기도 했다.

> **313년 낙랑군이 지금의 요서 지역으로 '교치 이치'했다는 주장을 가장 먼저 펼친 것은 조선총독부에서 만든 《조선반도사》다.** … 《조선반도사》의 고대 편을 서술한 인물이 남한 식민사학의 교주인 이마니시 류인데, 그가 **바로** 313년에 장통이란 인물이 고구려 미천왕과 싸우다가 패해서 1천 가구를 거느리고 모용외에게 가서 귀부하니 **모용외가 낙랑군을 설치해 주었다는 '교치·이치설'을 발명**해 냈다.
>
> — 《코리아 히스토리 타임즈》 2017년 10월 9일,
>
> 〈평양시 보성리 고구려 벽화무덤, 식민사관 뿌리 뽑다〉

물론 이 역시 사실이 아니다. 낙랑군 교치설은 이미 조선 후기에 역사지리를 전문적으로 연구한 실학자들 사이에서 널리 통용되던 지식이었다. 예컨대 안정복은 《동사강목》의 현도고조에서 "대개 낙랑과 현도의 이름이 양진兩晋(동진과 서진) 연간에 혹 지금 요지遼地에 교치된 것을 후대 사람이 분변하지 못하고 결국 사실로 여겨서 그런 것이 아니겠는가"라고 언급했다. 한진서韓鎭書(1777~?)는 《해동역사속海東繹史續》

지리고 낙랑군조에서 "원위元魏(북위) 때 이르러 낙랑, 대방 등의 군현을 요서 지역에 설치했는데, 이것은 우리나라와는 관련이 없는 것이다. … 중국의 서책에서는 혹 요동의 여러 현을 한나라의 낙랑 지역이라 여기는데, 잘못이다"라고 정확히 지적한 바 있다. 사이비 역사가들은 자신의 마음에 들지 않는 학설에 대해 근거도 없이 '일본 식민사학자가 발명해 낸 것'이라고 모함해 깎아내리는 행태를 반복하고 있다. 이는 저급한 선동에 불과할 뿐 결코 학문적 태도가 아니다.

'스모킹 건', 평양 지역 낙랑군 유적과 유물

사이비 역사가들의 비상식적인 면모가 가장 잘 드러나는 부분은 고고학 자료를 대하는 태도다. 고고학 자료는 말 그대로 물증이다. 요즘 유행하는 식의 표현을 빌리자면 '스모킹 건'이라 할 수 있다.

평양 지역에서 출토된 낙랑 유물 중에는 문자가 적혀 있는 것이 적지 않다. 예컨대 '낙랑예관樂浪禮官', '낙랑부귀樂浪富貴'처럼 대놓고 '낙랑'이라 적혀 있는 막새기와가 있다. 막새기와는 기와 건물의 지붕 끝에 설치하는 마감용 기와다. 장식 기능이 있어서 다양한 문양이나 글자를 새긴다. 또 낙랑군에 속한 현들의 이름이 확인되는 봉니封泥도 발견됐다. 봉니는 문서나 귀중품을 상자에 넣고 끈으로 묶은 다음 매듭에 진흙을 붙인 후 도장을 눌러서 봉한 것을 말한다. 이런 것이 수백 개

낙랑예관이 적힌 막새기와(위)와 봉니(아래)

출토됐다.

봉니에 대해서는 식민지 시기부터 이미 위조설 시비가 일었다. 당시 유통되던 낙랑 봉니 중 일부는 실제로 위조품일 가능성도 있다. 하지만 최근까지의 연구에 따르면 적어도 현재 국립중앙박물관에 소장돼 있는 낙랑 봉니 대부분은 1970년대 이래 중국에서 발견된, 실제 한나라 때의 봉니들과 제작 기법에서 차이가 없는 등 위조로 보기 어렵다.

낙랑군의 증거로 가장 압도적인 고고학 자료는 무덤 유적이다. 북한 학계는 1990년대 도시 개발 과정에서 평양시 낙랑 구역 안에서만 2600여 기에 달하는 무덤을 발굴했고, 1만 5000여 점에 달하는 유물을 수습했다. 무덤의 유형은 주로 덧널무덤과 벽돌무덤으로, 이 역시 같은 시기 중국에서 만들던 무덤 양식이다. 이들 무덤 안에서는 중국제 유물이 그야말로 '쏟아져' 나왔다. 대표 유물로는 칠기漆器가 있다. 칠기는 나무에 옻을 칠한 기물이다. 칠기는 중국 한나라에서 중요한 신분을 가진 이들의 무덤에 묻히던 대표적 부장품 중 하나였다. 한나라 때 칠기 한 점은 청동 술잔 열 개의 값어치에 해당할 정도로 고가품이었다. 낙랑 무덤들에서 출토된 칠기의 상당수는 글이 새겨져 있어 어느 지역에서 만들었는지 확인할 수 있는데, 모두 중국제다.

그 밖에도 주목할 유물은 많다. 1958년 발굴돼 '정백동 1호'로 명명된 덧널무덤에서는 '부조예군夫租薉君'이라고 새겨진 은도장이 나왔다. '부조 지역의 예족 군장'이라는 뜻인데, 부조는 낙랑군의 속현 중 하나다. 이처럼 무덤 주인의 신분이나 이름을 새긴 도장이 다른 무덤에서

도 여럿 나왔다. 도장에 새겨진 이름 중에는 중국 계 성씨인 '왕'씨가 많다. 대동강 하류인 평안남도 용강군에서는 역시 낙랑군의 속현 중 하나였던 점제현黏蟬縣의 비석이 발견됐다. 이 모두가 평양 을 중심으로 한 평안도 일대에 낙랑군이 존재 했음을 입증하는 확실한 물적 자료들이다.

이 같은 '증거의 산山' 앞에서 논리가 궁색 해진 사이비 역사가들은 이 유적·유물이 낙 랑군과 상관없는 것이라 고 애써 우기거나 위조 된 것이라는 주장을 펼치 고 있다. 예컨대 이덕일은 평 양 지역에 존재하는 거대한 낙랑 고분군이 고 구려에서 잡아 온 중국인 포로들의 것에 불과 하다고 한 바 있다.

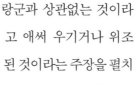

평양 지역 덧널무덤에서 출토된 칠기 중에는 연대가 적혀 있는 것만 수십 점에 달한다. 이를 통해 무덤이 조영된 시기를 정확히 알 수 있다. 칠기 중 제작 시기가 이른 것 은 낙랑군이 설치된 기원전 108년과 가까 운 기원전 85년의 것이며, 다른 것들도 대

낙랑 칠기

개 기원 전후한 시기의 연대가 적혀 있다. 기원전 85년은 《삼국사기》에 따르면 고구려 건국 연도(기원전 37)보다도 이전이다. 이덕일의 주장을 따르자면 아직 건국조차 하지 않은 고구려가 이 시기에 이미 평양 일대까지 영역화했고, 수만 명에 달하는 중국인 포로들을 잡아다 정착시켰으며, 그 중국인 포로들은 정작 고구려인들보다도 훨씬 호화로운 무덤을 조성해 묻힌 셈이 된다. 상식을 벗어나는 이야기가 아닐 수 없다.

사이비 역사가들의 최후 보루는 조작설이다. 그들은 평양 지역이 낙랑군이었음을 증명하는 결정적인 증거들에 대해 가짜라고 단정한다. 대표적 유물이 1993년 평양의 정백동 364호분에서 출토된 '초원 4년 현별 호구부'다. 이 유물은 넓적한 나무판 세 개에 붓글씨를 이용해 문서를 작성한 것으로, 초원 4년(기원전 45) 낙랑군에 속하던 모든 현의 인구를 기록한 행정 문서다. 고대에 종이가 발명돼 보편적으로 사용되기 전에는 이처럼 나무를 다듬어 종이처럼 사용했다. 길쭉하게 다듬은 나무 조각에 글씨를 쓴 것을 목간木簡, 대나무 조각에 글씨를 쓴 것을 죽간竹簡이라 하는데, 정백동 364호분에서 출토된 것처럼 나무판에 글씨를 써 작성한 문서는 목독木牘이라고 구분해 부르기도 한다.

초원 4년 현별 호구부는 낙랑군 연구에 있어 획기적인 자료다. 이 자료에는 낙랑군에 소속된 각 현들의 호구와 인구수가 상세히 기록됐을 뿐 아니라, 전년도 수치와의 증감분까지 표시돼 있다. 이를 통해 기원전 45년과 그 전해의 낙랑군 인구를 한 자리 수치까지 정확하게 파악할 수 있다. 당시의 인구 규모는 물론 낙랑군의 행정 체제까지 더 깊

초원 4년 현별 호구부

이 있게 이해할 수 있게 된 것이다.

평양에서 출토된 이 자료가 사이비 역사가들에게 얼마나 불편하고 껄끄러운 존재였는지는 쉽게 짐작할 수 있다. 따라서 그들은 이 자료의 가치를 폄훼하기 위해 안간힘을 썼다. 이덕일은 급기야 이 목독이 일제 식민사학자들이 만든 위조품으로, 나중에 파내려고 몰래 묻어 놓은 것이라는, 기상천외한 주장을 펼치기도 했다.

조작설의 가장 큰 문제점은 일본인들이 그렇게까지 낙랑군 유적·유물 조작에 집착해야 하는 동기를 설명할 수 없다는 점이다. 낙랑군 유적은 이미 확인된 것만 수천에 달하며, 거기서 출토된 유물의 수는 만 단위에 이른다. 이 모든 것을 조작하기 위해서는 천문학적 비용과 인력, 시간이 소요된다. 현존하는 어마어마한 규모의 낙랑군 유적과 유물이 모두 식민지 시기 때 조작됐다면 조선총독부의 재정이 과연 어떻게 버텨 낼 수 있었을지 의문이다.

일제 식민주의 사관 중에는 '만선사관'이 있다. 한반도와 만주 지역을 하나의 역사 단위로 묶어 이해하려는 역사관이다. 일제는 만주를 침략하는 과정에서 만주에 대한 자신들의 지배를 정당화하기 위해 만주의 역사적 연원을 중국으로부터 분리시키고, 한반도의 역사를 만주와 결합해 강조했다. 이는 일본 식민사학자 입장에서 봤을 때 조선인들의 역사를 한반도 내로 제한하고 가두어 둘 이유가 전혀 없음을 보여 준다. 오히려 식민지 조선의 역사를 만주와 연관 지어 강조하는 편이 일제의 제국주의 팽창 정책에 도움이 된다. 조선인에게 만주 지역에 대한 역사적 연고권이 있다면, 이미 현실 세계에서 조선인들을 지배하고 있는 일본에도 만주 지역에 대한 연고권이 있다는 논리로 이어질 수 있기 때문이다. 일본인들이 우리 역사를 한반도 내로 욱여넣기 위해 엄청난 인력과 재력을 낭비해 가며 평양 지역에 낙랑군 유적을 조작했다는 것은 설득력이 전혀 없는 망상에 불과하다.

열린 접근이 필요한
낙랑군

현재까지 확보된 수많은 증거에 따르면 낙랑군이 평양 지역에 있었다는 것은 움직일 수 없는 명백한 사실이다. 그런데도 낙랑군을 한반도 밖에 있었던 것으로 주장하고 싶어 하는 심리 저변에는 크게 두 가지 요소가 있다.

첫째는 식민지 콤플렉스다. 고대 한반도 내에 외부 세력이 설치한 '식민지'가 존재했다는 것이 감정적으로 싫은 것이다. 그러나 고대에 설치된 중국의 군현을 근대의 식민지 개념과 동일시하는 것은 부적절할 뿐더러, 설령 낙랑군이 평양이 아닌 한반도 바깥에 있었다 하더라도, 고조선이 기원전 108년 한나라와의 전쟁에서 패해 멸망하고 그 자리에 낙랑군이 들어섰다는 역사적 사실이 변하는 것도 아니다. 낙랑군이 설치된 곳이 '한반도 안쪽만 아니면 돼'라는 것은 그야말로 유치한 태도다.

둘째는 고조선이 대륙에 존재했던 아주 큰 나라였다는 영토적 허영심을 충족하는 것이다. 사이비 역사가들은 일제 식민사학자들이 광대한 대륙을 호령했던 우리 역사를 반도로 축소했다고 열을 올려 주장한다. 하지만 이러한 주장은 '대륙의 역사는 우월하고 반도의 역사는 열등하다'는 잘못된 인식을 내포하고 있다는 점에서 문제다. 넓은 영토에 대한 환상과 욕망에 취해 정작 우리가 발을 디디고 살고 있는 한반도를 혐오하고 폄하하는 것은 옳지 않다. 이것이야말로 과거 식민주의 사학이 파 놓은 함정에 빠져 있는 것이다.

평양 지역에 낙랑군이 설치된 이유는 그곳이 고조선의 수도였기 때문이다. 평양이 고조선의 수도였다는 것은 한반도가 그만큼 중요하고 유구한 역사를 지닌 곳이라는 뜻이기도 하다. 이것이 과연 한국인 입장에서 기를 쓰고 거부해야 할 일인지 생각해 볼 일이다.

수많은 증거를 부정하면서까지 낙랑군의 존재를 한반도에서 지우려는 것은 병적인 강박이다. 사실은 사실대로 인정하고, 거기서 어떤 역사적 의미를 찾아낼 수 있을지를 고민하는 것이 역사학의 정도다. 무작정 부정하고 밀어내려 하기보다는 낙랑군의 존재가 한국사의 전개에서 어떤 역할을 했는지 섬세하게 탐구하는 열린 태도가 필요하다. 강박적 쇼비니즘은 우리 시야를 편협하게 만든다. 세계 시민들과 공유할 수 있는 보편적 역사의식을 가지고자 한다면, 자신이 속해 있는 국가나 민족 단위의 욕망을 객관화할 수 있는 열린 마음이 필요하다.

안
정
준

고구려사와 광개토왕비
광개토왕비 제막식과 안내문부
일본 학자들의 해석과 민족주의 역사학자들의 반격
신묘년조를 둘러싼 논쟁과 능비 조작설
"능비 조작은 없었다", 새롭게 제기된 반론들
고구려인의 '육성'

광개토왕비 발견과
한·중·일
역사전쟁

고구려사와 광개토왕비

우리나라 사람들은 고구려 역사에 대한 애착이 강하다. 신라와 백제 등도 한반도의 고대 사회 모습을 들여다볼 수 있는 중요한 역사지만, 고구려를 더 각별하게 생각해 온 이유는 무엇일까? 그것은 고구려가 중국 왕조에 빼앗겼던 만주 일대와 한반도 북부 등 옛 고조선 영토를 되찾고 그곳을 터전으로 발전해 왔다는 '민족사'적 상징성이 강하기 때문일 것이다.

실제로 고구려가 압록강 중류 유역에 나라를 세웠을 당시, 인접 지역의 옛 고조선 주민들은 한나라가 설치했던 지방 통치 기구인 현도군·낙랑군·요동군 등에 의해 다스려지고 있었다. 고구려가 나라를 세운 이래로 주변 지역으로 영토를 확장해 가는 과정은, 곧 중국 군현들과 치열하게 투쟁한 역사였다. 고구려의 이러한 투쟁은 낙랑군과 대방군 지역이 있던 평안도와 황해도 지역, 그리고 요동군 지역을 완전히 장악한 서기 400년경까지 이어졌다.

고구려가 중국 군현들을 모두 쫓아내고 만주와 한반도 중북부 일대를 포함하는 넓은 영역을 차지한 시기는 4~5세기다. 이때 고구려의 전성기를 이끈 왕들이 바로 광개토왕廣開土王(재위 391~412)과 장수왕長壽王(재위 412~491)이다. 현재 중국 지린성 지안시 지역에 우뚝 서 있는 광개토왕비는 장수왕이 아버지 광개토왕을 기리기 위해 세운 비로서, 전성기에 이른 고구려의 국력을 보여 주는 상징으로 우리 머릿속에 각인돼 있다.

1918년 촬영한 광개토왕비

높이 6.4미터에 무게가 10톤에 육박하는 이 거대한 비는 그 형태와 크기 면에서 역사상 유례를 찾아보기 어렵다. 또한 비문에는 당시 고구려인이 인식했던 동북아시아의 국제 정세가 그대로 담겨 있기 때문에 근대 이후 한국·중국·일본의 역사학자들뿐만 아니라 일반 대중에게도 많은 관심을 받아 왔다.

그런데 비교적 잘 알려지지 않은 사실이 있다. 바로 1880년대 광개토왕비의 재발견을 계기로 근대 일본 역사학계의 '임나일본부'설이 더 강조돼 왔다는 사실이다. 4세기에 일본열도에 있던 왜倭가 한반도 남부 지역을 장악하고 오랫동안 지배했다는 임나일본부설은 당시 일본 학계의 통설이었는데, 광개토왕비문 기록이 이를 뒷받침하는 매우 결정적 근거로 활용된 것이다.

임나일본부설과 광개토왕비문 해석을 둘러싼 논쟁은 단순한 학술 논쟁에서 그치지 않고, 한일 양국의 근대적 가치관과 이데올로기가 고스란히 투영된, 사실상의 '역사전쟁'으로 비화됐다. 이 치열한 역사전쟁의 여파는 비문에 대한 연구 현황이 일반에 왜곡된 형태로 알려지는 주된 원인이 되기도 했다.

사실 지금도 한국 사회에서 광개토왕비 연구의 실상을 제대로 알고 있는 사람은 많지 않다. 난해한 비문 내용에 직접 접근하기 어렵다는 문제도 있지만, 다른 한편으로는 자신들이 '믿고 싶고', '보고 싶은' 정보만을 좇아 왔던 경향도 문제라고 할 수 있다. 그렇다면 한국과 일본 학계의 광개토왕비 연구는 실제로 어떻게 전개됐으며, 이와 관련된 임나일본부설 이해는 어떻게 진행됐을까.

광개토왕비 재발견과 임나일본부

5세기 초반까지 고구려의 수도로서, 또 평양으로 수도를 옮긴 이후에도 '별도別都'로서 융성하던 국내성國內城(지린성 지안시) 지역은 668년에 고구려가 멸망한 이후 한동안 사람들의 관심에서 벗어나 있었다. 그리고 이 지역에 세워진 광개토왕비 역시 오랫동안 잊힌 채로 기록에 등장하지 않았다.

사실 중국 왕조 입장에서 지안 지역은 자국의 수도에서 멀리 동떨어진 변방 지역에 불과했다. 이후에도 그들은 압록강 중류 유역의 돌무덤 떼나 성城 유적에 특별히 관심을 갖거나 보살피지 않았다. 게다가 고구려와 발해가 멸망한 이후 만주 지역에서는 거란과 여진족이 주로 활동했는데, 이들 역시 지안 지역과 관련된 기록들을 자세히 남기지 않았다. 광개토왕비에 대한 기록은 고구려가 멸망하고 약 800년이 지난 조선시대에서야 일부 나타나기 시작했다.

당시 압록강 이북인 지안 지역은 조선의 영토가 아니었기 때문에 조선 사람들도 매우 제한적으로만 접근할 수 있었다. 특히 조선의 북방 진출을 경계하던 명나라의 견제 등으로 조선 문인들이 그 지역을 자유롭게 왕래하는 일은 쉽지 않았다. 게다가 이끼와 덩굴 등으로 뒤덮인 거대한 비석 표면을 드러내고 정식으로 글자를 종이에 뜨는 작업인 탁본을 하려면 상당 기간 비석 근처에 머물며 작업을 진행해야만 했는데, 정작 그곳에 가더라도 주변 여건상 그런 일을 몰래 하기가 쉽지 않았다.

이로 인해 이 지역을 간혹 왕래하던 사람들은 눈에 띄는 고구려 성곽과 무덤을 단지 과거 여진족이 세웠던 왕조인 금金나라(1115~1234)가 남긴 유적으로 여겼던 것 같다. 광개토왕비에 대한 최초의 기록으로 여겨지는, 15세기 중반의 〈용비어천가龍飛御天歌〉 주에서도 그러한 인식이 엿보인다.

> 평안도 강계부江界府 서쪽으로 강 건너 140리에 큰 들판이 있고 그 가운데 옛 성이 있다. 민간에서 말하길 대금황제성大金皇帝城이라 한다. 성 북쪽 7리에 비碑가 있는데 그 북쪽에 돌로 만든 고분石陵이 둘 있다.

'대금황제성'은 고구려의 도성 유적인 국내성을 가리키는 것으로 보이며, '성 북쪽 7리의 비'는 광개토왕비, '돌로 만든 고분'은 현재 장군총將軍塚과 또 다른 왕릉으로 비정된다. 당시 조선 사람들이 현지인들의 진술을 토대로 국내성과 광개토왕비 등을 막연히 금나라 유적으로 판단했음을 알 수 있다.

> 넓은 황성 뜰은 긴 강가에 아득한데
> 당시의 종적은 찾을 길 막막하고
> 우뚝하게 천척비千尺碑만 남아 있네

위 글은 15세기 평안 감사 성현成俔(1439~1504)이 남긴 〈황성皇城 교외를 바라보다〉라는 시의 일부다. 여기에도 압록강에서 지안 지역을 바라보며, 국내성(넓은 황성)의 모습과 광개토왕비(천척비)의 모습을 묘사한 구문을 찾을 수 있다. 조선 후기에 이르러서도《신증동국여지승

람新增東國輿地勝覽》이나 이수광李睟光(1563~1628)의 《지봉유설芝峯類說》
등에 광개토왕비에 대한 짧은 언급이 나온다. 다만 이러한 기록들에서
도 조선시대 사람들은 모두 광개토왕비를 막연히 금나라 황제가 세운
비석으로 인식했다.

이처럼 광개토왕비의 존재는 오랫동안 베일에 가려져 있었다. 특히
17세기 중반의 '봉금封禁' 조치가 광개토왕비 발견을 더욱 지연시켰다
고 할 수 있다. 만주 일대에 기반을 둔 청淸나라 사람들이 중원 지역으
로 대거 이주하면서 지안 지역을 비롯한 만주 일대가 텅 비게 됐고, 많
은 한족들이 빈 경작지를 노리고 이곳으로 이주해 왔다. 이에 1670년
청나라 황제 강희제康熙帝(재위 1662~1722)는 자신들의 발상지이자 신성
한 지역인 만주 지역으로 민간인이 출입하지 못하게 하는, 이른바 봉
금 조치를 시행했다. 이 조치는 200여 년 지속됐으며, 이 때문에 광개
토왕비 발견도 한참 뒤로 미루어지게 됐다.

봉금 조치는 1876년 무렵 해제됐다. 청나라 정부는 봉금을 해제하
고 관리를 파견해 이 지역을 다스렸다. 이를 계기로 많은 농민이 지안
지역에 들어와 경작하게 됐는데, 1880년 무렵 농경지 개간을 하던 한
농민이 광개토왕비를 발견해 현지의 청나라 관리에게 보고했다. 고구
려가 멸망한 지 자그마치 1200여 년이 지난 이후에 비의 존재가 다시
금 세상에 알려지게 된 것이다.

발견 당시 비는 온통 이끼와 덩굴로 뒤덮여 있어서 그 일부를 제거
한 뒤에야 겨우 일부 글자를 알아볼 수 있었다고 한다. 그리고 비의 부

1883년 사코우 가게노부가 일본에 전했던 광개토왕비 탁본(묵수곽전본)
노란색 표시 부분이 신묘년조 문구

분 탁본이 베이징 금석학계에 소개됨으로써 광개토왕비의 존재가 드디어 청나라의 몇몇 지식인에게도 알려지게 됐다. 당시 청나라 지식인들 사이에서는 고증학考證學이 유행했고, 그 일환으로 오래된 비석의 글자들을 토대로 한 서체書體 연구가 많이 진행됐다.

다만 청나라 사람들은 광개토왕비문의 내용에는 별반 관심이 없었던 것 같다. 그들은 광개토왕비에 보이는 일부 글자의 형태에만 관심을 보였을 뿐, 비문의 전체 내용을 체계적으로 분석하지는 않았다. 만약 이때부터 전체 내용을 연구했다면 어떤 결과가 나왔을까. 굳이 이러한 가정을 해 보는 이유는 비문의 전체 글자를 해독하고, 그에 대한 연구를 본격적으로 시작한 곳이 바로 근대 제국주의 일본이기 때문이다.

1883년 일본군 중위 사코우 가게노부酒勾景信는 지안 지역에서 현지 조사 임무를 수행하다가 우연히 광개토왕비를 발견했다. 거대한 크기와 네 면에 새겨진 수많은 글자를 보고 범상한 비가 아님을 직감한 그는 광개토왕비의 전체 탁본을 구해서 일본에 반입시켰다. 이렇게 반입된 탁본들은 일본 내 연구자들 손에 들어갔고 이들은 탁본을 통해 광개토왕비문을 수년간 분석했다. 그리고 마침내 1889년에 비문 전체 판독문과 기초적인 연구 보고서가 작성돼《회여록會餘錄》이라는 학술지에 실렸다. 바로 이 연구 보고서를 통해 광개토왕비가 고구려 때 세워졌다는 사실이 최초로 밝혀졌다. 일본 근대학자들의 비문 연구가 본격화된 셈이다.

일본 학자들의 해석과 민족주의
역사학자들의 반격

1880년대 당시 일본은《일본서기日本書紀》의 내용을 근거로 해서 4세기 이래 왜가 한반도 남부의 가야를 비롯해 백제·신라까지도 정치적 영향력 아래에 두었다는, 이른바 임나일본부설을 강력하게 주장했다. 왜가 한반도 남부를 약 200여 년간 실질적으로 지배했다는 주장이다. 그러나 문제는《일본서기》의 기록을 입증할 교차 자료가 없었다.《삼국사기》를 비롯해 다른 어느 기록에도 왜의 한반도 남부 지역 장악을 뚜렷하게 입증할 만한 내용이 보이지 않았던 것이다. 그러던 중 일본인 연구자들은 사코우가 입수한 광개토왕비문 탁본에서 다음과 같은 문구를 발견했다.

百殘新羅 舊是屬民 由來朝貢 而倭以辛卯年來 渡海破百殘□□新羅 以爲臣民

일본 측은 이를 "백잔(백제), 신라는 옛날부터 (고구려의) 속민으로서 조공해 왔다. 그런데 왜가 신묘년(391)에 바다를 건너 백잔, □□, 신라를 격파하고 신민臣民으로 삼았다"라고 해석했다.

실로 놀라운 기록이었다. 광개토왕비는 당대의 1급 사료다. 5세기 초반 당시에 고구려인이 직접 작성한 사료이기 때문에 후대에 작성된 문헌 사료들보다 훨씬 생생한 기억에 의거한 정보가 담길 수 있다. 그런데 바로 이 사료에서 왜가 신묘년에 바다를 건너 백제·신라 등을 격파하고 신하된 백성(臣民)으로 삼았다는 내용이 발견된 것이다. 이는 곧《일본서기》에 기록된 대로 왜가 한반도 남부에서 실제로 활동했음을 증명하는 기록이 아닌가.

일본 학자들은 이 구절을 근거로 해서 왜가 4세기 후반에 한반도 남부의 백제, □□(가야), 신라를 격파하고 신하 된 백성으로 삼았으며, 더 나아가 한반도 남부의 지배권을 두고 북방의 강자였던 고구려와 대립할 정도로 강대한 세력이었다고 파악했다. 광개토왕비문의 신묘년조가 4세기 왜의 한반도 남부 지배설, 즉 임나일본부설의 결정적 근거로 활용되기 시작한 것이다.

> 이 비문은 당시에 가장 신용할 만한 역사상의 유물이다. 이로써 일본이 조선 남부를 지배했음을 확실하게 알 수 있다. … 일본이 한반도 남부의 삼국을 지배하고 또 지속하기 위해서는 어떻게 해서든지 북부의 고구려를 꺾지 않으면 안 되었다. 그 관계는 마치 일본이 지금의 조선을 충분히 휘어잡기 위해서 북쪽의 노국(러시아)를 치지 않으면 안 되는 것과 조금도 다름이 없다.
>
> - 白鳥庫吉, 〈滿州地名談 好太王の碑文について〉, 《中央公論》20-8,
> 中央公論新社, 1905; 《白鳥庫吉全集》5, 岩波書店, 1970, 454쪽

당시 일본이 순수하게 학술적인 동기만으로 임나일본부설을 주장한 것은 아니었다. 19세기 말 일본은 장차 한반도를 식민지화하려고 했다. 그러나 대외적으로 이미 조선에 정치적 영향력을 끼치고 있던 청나라, 그리고 한반도로의 진출을 노리던 러시아 등과 대립하게 됐다. 또한 대내적으로는 일본 내부의 반대 여론도 있었다. 당시는 일본 제국주의자들 입장에서 한반도 진출의 역사적 정당성을 입증하기 위한 증거 확보가 절실하게 요구되던 시기였다.

일본 제국주의자들은 광개토왕비문의 신묘년조가 임나일본부설, 즉 4세기에 이미 왜(일본)의 진구황후神功皇后가 '속국'이던 한반도 지역을 정벌했다는 설을 뒷받침한다고 인식했다. 고대의 한반도 정벌은 곧 16세기 도요토미 히데요시豊臣秀吉(1537~1598)의 '조선 정벌(임진왜란)'과도 관련 있으며, 더 나아가 일본이 한반도를 식민지화하는 역사적 배경이기도 하다고 인식하기에 이르렀다. 즉 근대 일본인들은 광개토왕비라는 고대의 역사 기록을 끌어다가 자신들의 정치·외교적 이해관계를 정당화하는 데 활용한 것이다.

상황이 이렇게 되자 일제 식민지 치하에 있던 한국의 민족주의 사학자들이 1930년대 이래로 이를 반박하고 나섰다. 대표적 인물로 정인보鄭寅普(1893~1950)를 들 수 있는데, 그의 견해는 일제강점기 이후인 1955년에 이르러 정식 발표됐다. 정인보는 신묘년조의 행위 주체를 왜가 아닌 고구려로 보고 새로운 해석을 제시했다.

백잔(백제), 신라는 옛날부터 (고구려의) 속민으로서 조공해 왔다. 그런데 왜가 신묘년에 오니 (고구려가) 바다를 건너가 (왜를) 격파했다. 백잔이 (왜와 통해) 신라를 침략해 신민으로 삼았다.

- 鄭寅普,〈廣開土境平安好太王陵碑文釋略〉,《庸齋白樂濬博士還甲紀念論叢》,

延世大學校, 1955

정인보는 한문이 갖는 독특한 특성, 다시 말해 앞에서 반복되는 주어나 목적어 등이 문맥에 따라 종종 생략될 수 있다는 점을 감안해 문장 중간중간에 '고구려의', '고구려가', '왜를'과 같은 생략된 주어와 목적어를 끼워 넣었다. 이 새로운 해석에 따르면 왜가 바다를 건너와 백제·신라를 격파했다는 일본 학자들의 주장과는 달리, 고구려가 바다를 건너가 왜를 격파한 상황이 된다. 이후 북한의 김석형도 고구려를 주어로 한 새로운 신묘년조 해석안을 내놓았다.

> 백잔(백제), 신라는 옛날부터 (고구려의) 속민으로서 조공해 왔다. (백제가) 왜를 동원해 신묘년에 (고구려에) 쳐들어왔으므로, (고구려는) 바다를 건너 백잔을 격파(破)하고 □□ 신라를 신민으로 삼았다.
> — 김석형, 〈삼한삼국의 일본열도내 분국에 대해서〉, 《력사과학》 1, 과학원출판사, 1963

이 해석 역시 중간에 주어와 목적어가 다수 생략됐다는 가정하에 바다를 건너 백제를 격파한 주체를 고구려로 설정했다. 이러한 해석들은 《삼국사기》 등에 나타난 4세기 당시의 국제 정세를 고려할 때 왜가 백제·신라를 군사적으로 압도할 수 없었을 것이라는 견해를 전제로 한다. 이에 신묘년조 기사에서 왜의 비중을 줄이면서 고구려 우위의 상황으로 다시 해석했고, 이를 통해 일본(왜)에 대한 한민족(고구려)의 압도적 승리를 기록한 것으로 뒤바꿔 이해한 것이다.

그러나 새로운 금석문 자료를 발견했을 때는 사료 그 자체에 입각한 해석을 1차적으로 할 필요가 있다. 그런 관점에서 순수하게 신묘년

조의 한문 해석 자체만 놓고 본다면 어느 쪽 해석이 더 자연스럽다고
할 수 있을까. 현재의 관점에서 냉정하게 판단해 본다면 아무래도 문
장 중간중간에 주어와 목적어를 임의로 끼워 넣은 정인보·김석형 등
의 해석에는 부자연스러운 면이 있다. 해석 논쟁이 한창이던 당시에도
제3자 입장인 중국 학자가 이런 민족주의 사학자들의 해석이 갖는 어
색한 점을 강하게 비판하기도 했다.

이처럼 일본 학계의 광개토왕비문 연구와 이를 토대로 한 임나일본
부설 주장은 1950년대 이후에도 여전히 논리적 반박이 쉽지 않았다.
그러나 이러한 국면은 1970년대 초에 등장하는 한 재일교포 사학자의
본격적인 문제 제기를 통해 큰 전환점을 맞게 된다.

신묘년조를 둘러싼 논쟁과
능비 조작설

신묘년조의 해석을 두고 벌어지던 한·일 역사학자들의
논쟁은 1970년대에 들어서면서 완전히 새로운 문제로 전환됐다. 바로
한문 해석이 아닌, 글자 판독과 탁본에 대한 문제 제기가 시작된 것이
다. 그 전말을 살펴보기 위해서는 먼저 1883년에 사코우 가게노부가
처음 탁본을 입수했을 때로 거슬러 올라가야 한다.

원래 비석의 표면에 종이를 대고 먹을 사용해 글자를 떠내는 작업
인 탁본은 그 작업 형태에 따라 여러 종류로 나뉜다. 사코우가 일본으

비면에 종이를 대고 그대로 찍어 낸 탁본(왼쪽)과 묵수곽전본(오른쪽) 비교

로 가져간 탁본은 지금은 잘 사용되지 않는 독특한 방식으로 만들어졌다. 비면에 종이를 댄 뒤에 얇은 종이를 통해 비쳐 보이는 글자 획을 펜 등으로 그리고 글자 획의 바깥 부분을 까맣게 먹으로 칠한 방식이다. 이를 보통 '묵수곽전본墨水廓塡本'이라고 부르는데, 이는 엄밀한 의미에서 탁본이라기보다는 모사본이라고 해야 맞다.

실제로 묵수곽전본은 비면의 글자 모양을 그대로 떠내는 탁본에 비해서 정밀도가 상당히 떨어진다. 다시 말해 글자 획을 그리는 사람의 주관이 개입되기 쉽다. 이를 잘 알고 있던 일본에서는 비면에 종이를 대고 먹솜을 두드려서 글자를 떠내는 방식의 정밀한 탁본들을 추가로 입수했다. 그리고 이렇게 얻은 여러 탁본을 근거로 자신들이 최초에 비문에서 판독한 글자들이 전혀 문제가 없다고 주장했다. 그러나 일본 학자들의 이러한 '믿음'은 얼마 지나지 않아 산산조각이 나고 말았다.

당시 일본에서 광개토왕비 연구를 하던 재일교포 학자 이진희는 비문의 탁본을 통해 글자들을 판독하는 작업에 관심이 많았다. 그는 일본에 입수된 여러 탁본을 비교하면서 새로운 판독 작업을 진행했는데, 그 과정에서 상식적으로 납득할 수 없는 이상한 점들을 발견했다. 비문의 같은 위치에 있는 동일한 글자들이 탁본들마다 형태가 조금씩 다르게 나타난 것이다.

물론 탁본을 하는 작업자의 정성에 따라 같은 글자라도 조금 흐리거나 진하게 나타나는 차이는 발생할 수 있다. 그러나 글자 획의 위치가 달라지거나 기울기가 변하는 경우는 문제가 다르다. 동일한 비면에 정상적으로 탁본 작업을 했다면 결코 일어날 수 없는 현상이다.

도대체 왜 이런 일이 발생했을까? 비면에 발린 석회 때문이었다. 광개토왕비의 표면에 누군가가 의도적으로 석회를 바른 흔적들이 나타난 것이다. 그렇다면 누가, 어떤 목적으로 비면에 석회를 발랐을까? 이진희는 비문의 탁본을 최초로 일본에 반입시킨 사코우 가게노부라는 인물에 주목했다. 그는 최초에 포병 장교로 알려졌으나 이후의 집요한 조사를 통해 일본 참모본부의 밀정密偵이었음이 밝혀졌다. 당시 일본은 중국 만주 지역으로의 군사 진출을 앞둔 상황이었고, 이 지역에 스파이를 보내 다양한 정보를 조사했다. 사코우는 바로 이때 참모본부의 명령으로 만주 지역에 파견된 인물이었으며, 정보 조사 과정에서 뜻밖에 광개토왕비를 발견한 것이다.

이진희는 1972년 10월에 위와 같은 사실들을 기반으로 해서 일본

참모본부가 광개토왕비의 글자들을 변조했다는 충격적인 주장을 들고 나왔다. 이진희는 1883년 사코우가 광개토왕비의 이용 가치가 큰 것을 알고 탁본을 직접 제작했으며, 그 과정에서 일본 측에 유리하도록 신묘년조 기사 등 비문의 스물다섯 글자를 변조했다고 주장했다. 그 이후인 1900년 전후에 일본 참모본부는 사코우가 최초 탁본 글자들을 변조했다는 사실을 은폐하기 위해 광개토왕비가 있는 지역에 다시 사람들을 파견했다. 그리고 비면에 석회를 발라 글자를 다시 조작한 다음, 그렇게 제작한 탁본들을 일본에 차례로 들여왔다는 것이다. 결국 일본에 남아 있는 탁본들은 변조된 것이므로 이를 바탕으로 제시된 광개토왕비문의 글자들은 인정할 수 없다는 것이 이진희 주장의 요지였다.

이 주장은 당시 엄청난 파문을 일으켰다. 일본 학자들은 이진희가 제기한 참모본부의 조직적 변조 가능성을 받아들이지 않았다. 그러나 비면에 석회가 발린 것은 엄연한 사실이었다. 일본 학자들은 비문에 석회가 발린 경위를 제대로 설명할 수 없었다. 또한 일본 내의 기존 탁본 가운데 제작 과정에서 석회가 발린 것과 그렇지 않은 것을 명확하게 구분할 수가 없었고, 이를 근거로 판독된 기존 글자들에 대한 신뢰도는 뚝 떨어질 수밖에 없었다.

한편, 한국 연구자들은 해방 이후의 혼란한 정국과 한국전쟁의 후유증 속에서 나라 밖의 고구려 관련 유적·유물을 조사하는 데 여러모로 한계를 느꼈다. 특히 공산권 중국에서 자료를 입수하는 일도 쉽지 않았기 때문에 탁본 입수를 통한 정밀한 비문 판독은 매우 어려운 상황이었다. 따라서 일단 일본 측에서 제시했던 광개토왕비의 탁본과 판독문 자체를 크게 의심하지 않는 가운데 연구를 진행했다.

그런데 일본 내에서 이진희의 '석회 조작설'을 통해 일본 측이 최초 제시했던 광개토왕비문 판독 안에 신뢰도가 떨어지자, 한국 연구자들 역시 이를 그대로 받아들이기 어렵게 됐다. 이에 비문의 일부 글자들, 특히 논란이 돼 왔던 신묘년조 일부 글자들을 형태가 비슷한 다른 글자로 바꿔서 판독하는 방안이 제기됐다. 즉, 신묘년조의 일부 글자를 바꿔서 고구려가 주도했던 상황으로 재해석하기 시작한 것이다.

사실 이진희가 조작설을 제기한 배경에는 광개토왕비가 있던 지안 현지에 대한 조사가 부족했다는 점도 있었다. 즉, 당시까지의 연구자들은 입수된 탁본들을 통한 연구에만 급급했을 뿐, 비면의 상태나 현지에서 탁본을 제작하는 정황 등은 자세히 알지 못했다. 이는 1980년대까지 일본과 한국 모두 중국과 수교가 어려웠던 상황에서 현지에 오랫동안 머물며 조사를 진행하는 일이 불가능했던 사정에도 기인했을 것이다.

이에 현지 조사를 비롯해 석회가 발리지 않은 탁본에 대한 연구가 새롭게 요구되는 상황이 됐다. 그리고 누군가가 이러한 학계의 요구에 주목하고 또 다른 방식의 연구를 진행하기 시작했다.

"능비 조작은 없었다",
새롭게 제기된 반론들

중국 학자인 왕젠췬王健群은 광개토왕비가 있는 지안 현지에서 연구를 진행했다. 한·일 양국 사이에서 한창 진행돼 온 광개토왕비를 둘러싼 논쟁을 지켜보면서 현지에 머물며 연구하겠다고 마음먹은 것이다. 그는 중국인이었기 때문에 당국의 허락만 구하면 지안 지역에서 오랫동안 조사를 진행하는 데 문제가 없었다. 여기서 왕젠췬 연구의 독특한 장점이 발휘된다.

그는 현지에서 비문의 글자들을 단순히 판독하는 작업에만 열중하지 않고, 그 주변에서 오랫동안 살아온 주민들을 일일이 인터뷰했다. 농업 인구가 많던 이 지역에는 오랫동안 대대로 살아온 주민이 적지 않았다. 왕젠췬은 주민들의 오랜 기억과 전승 등을 통해 광개토왕비 탁본 과정 등을 철저히 파헤치려고 했다. 이 연구를 통해 그동안 알려지지 않았던, 광개토왕비와 관련된 중요한 사실이 차례로 드러났으며, 급기야 이진희의 조작설은 흔들리기에 이르렀다.

왕젠췬은 먼저 사코우가 탁본을 직접 제작하는 과정에서 조작이 이뤄졌다는 이진희의 주장은 현실성이 떨어진다고 지적했다. 보통 광개토왕비는 전문 탁본업자 두 명이 함께 작업을 하는데, 보름 이상 걸리는 힘들고 어려운 작업이었다고 한다. 그런데 지나가던 군인인 사코우가 우연히 발견한 광개토왕비에 달라붙어 직접 탁본을 했다고 보기는 어렵다는 것이다.

또한 사코우가 직접 탁본을 했다고 가정하더라도 문제가 생긴다. 과연 사코우의 능력으로 신묘년조의 한문 문구를 일본 측 고대사 연구에 유리하도록 조작하는 일이 가능했겠는가 하는 점이다. 실제로 1883년 사코우의 광개토왕비 탁본이 일본에 처음 입수됐을 당시에 일본 내 역사학·한문학 등 관련 전문가들이 모두 달려들어서 판독과 역주, 기초적 연구 결과를 내기까지 수년이 걸렸다. 그런데 과연 사코우가 현지에서 비문을 탁본하면서 신묘년조의 중요성을 정확하게 짚어 내고 이를 임나일본부설의 정황에 맞춰서 글자들을 조작하는 일이 가능했을까? 만약 어설프게 조작했다가 나중에 비문 내용에서 큰 오류나 모순점이 발견된다면 그땐 어떻게 할 것인가?

또한 왕젠췬은 주민들의 증언을 통해 지안 현지에서 광개토왕비 탁본 작업을 전문적으로 도맡아 한 사람이 있었다는 증언을 들었다. 초천부와 초균덕이라는 부자는 원래 현지 주민이었는데, 탁본에 대한 수요가 많다는 것을 알고 오랫동안 이 일을 업으로 삼아 왔다. 그런데 주민들의 관련 증언을 종합한 결과 비면에 석회를 바른 사람이 바로 이 초씨 부자, 즉 중국인 전문 탁본업자였음이 밝혀졌다.

본디 광개토왕비 표면은 1600여 년간 비바람에 풍화돼 표면이 울퉁불퉁한 상태였다. 이 때문에 탁본을 하면서 종이를 붙였다가 나중에 떼어 낼 때 쉽게 찢기는 현상이 발생했다. 이에 초씨 부자는 비면을 매끄럽고 평평하게 만들려는 의도로 비면 일부에 석회를 발라서 굳힌 뒤에 탁본을 한 것이다. 다시 말해 이들이 탁본을 수월하게 하려는 의도

에서 비면 일부에 석회를 발랐을 뿐, 글자를 조작하려는 의도는 전혀
없었다고 봐야 한다는 주장이다.

왕젠췬의 현지 조사와 더불어, 1980년대에 이루어진 일본 학계의
탁본 조사 과정에서 석회를 바르기 이전에 제작한 탁본들이 차례로 확
인됐다. '원석탁본'이라고도 부르는 이 탁본들은 석회를 바르기 이전의
비면 글자들, 특히 논란이 돼 온 신묘년조의 글자들이 본디 어떤 형태
였는지를 밝혀 줄 가장 확실한 증거였다. 그리고 이를 근거로 정밀한
판독 작업이 다시 진행됐다.

새롭게 발견된 원석탁본의 글자들, 그리고 일본 측이 기존에 석회탁
본 등을 근거로 제시해 온 글자들은 차이가 컸을까? 결론적으로 양자

간에는 큰 차이가 없었다. 즉, 일본 측이 신묘년조를 의도적으로 조작했다고 보기 어렵다는 주장이 힘을 얻게 된 것이다.

이처럼 1980년대에는 제3자인 중국인 학자에 의해 일본의 탁본 입수 과정이 소상하게 밝혀졌다. 또 새로 확인된 원석탁본들을 통해서도 원래 일본 측의 판독에 별다른 문제가 없다는 것이 입증됐다. 이를 계기로 이진희의 조작설은 힘을 잃었고, 일본이 최초 제시했던 신묘년조의 판독 안과 해석이 다시 주목받는 상황이 이어지게 됐다.

그렇다면 이제 논쟁은 끝난 것일까? 마땅히 4세기 후반 당시 왜가 백제·가야·신라를 격파해 신민으로 삼았다는 광개토왕비문의 기록, 즉 고구려인들의 진술을 사실 그대로 받아들이는 것이 자연스러운 수순일 것만 같다. 그런데 이렇게 엎치락뒤치락하던 비문 연구는 1990년대에 접어들면서 또다시 새로운 전환점을 맞게 됐다. 도대체 한·중·일 연구자들의 인식에 어떤 문제가 남아 있던 것일까.

고구려인의 '욕망'

동서고금을 막론하고 비석에 쓰인 문자들 속에는 인간의 다양한 욕망이 숨어 있다. 무덤 옆에 박힌 비석은 죽은 자의 유지를 받든 주변 사람들이 작성한 기록이다. 죽은 후에 자손과 주변 사람들이 나를 이렇게 봐주었으면 하는 바람들, 바로 그러한 인간의 욕망이 죽은 이후에도 여전히 무덤 곁을 맴돈다. 이 때문에 비석에 쓰인 글들은 죽은 이의 생전 모습을 기록한 글이지만, 때로는 실제 사실과는 전혀 다른 내용으로 우리 앞에 남아 있기도 한다. 그렇다면 광개토왕비는 어떨까? 우리의 위대한 조상인 고구려 왕실에서 작성했을 테니 마땅히 정확하고 진실된 기억만을 기록으로 남겼다고 봐야 할까?

재일교포 사학자인 이성시는 논란이 되는 신묘년조의 해석을 검토하던 중 내용상 이상한 점을 발견했다.

• 일본 측 해석

백잔(백제), 신라는 옛날부터 (고구려의) 속민으로서 조공해 왔다. 그런데 왜가 신묘년에 바다를 건너와 백잔, □□, 신라를 파破하고 신민臣民으로 삼았다.

百殘新羅 舊是屬民 由來朝貢 而倭以辛卯年來渡海 破百殘 □□新羅 以爲臣民

위 인용문에서 강조한 부분, 즉 "백잔(백제), 신라는 옛날부터 (고구려의) 속민으로서 조공해 왔다"라는 내용에서다. 신라는 둘째치고 백제가 4세기 당시에 고구려에 복속해 조공을 바쳐 왔다는 언급은 무언가 미심쩍은 내용이 아닐 수 없다. 이 시기는 근초고왕近肖古王(재위 346~375)과 근구수왕近仇首王(재위 375~384) 등이 재위하던, 백제의 최전성기다. 《삼국사기》의 기록을 통해 신묘년 20년 전 상황으로 한번 돌아가 보자.

• 371년 겨울

근초고왕이 고구려 평양성을 공격했다. **고구려 고국원왕이 화살에 맞아 전사했다.**

• 377년 겨울 10월

백제 근구수왕이 군사 3만을 거느리고 고구려 평양성을 공격했다.

• 390년 9월

백제 진사왕이 달솔 진가모에게 명령하여 고구려를 쳤다. 도곤성을 함락시키고 200여 명을 사로잡았다.

• 391년(신묘년)

고구려 광개토왕이 즉위했다.

《삼국사기》에서는 백제가 신묘년에서 불과 20여 년 전인 370년 대부터 고구려 영역을 군사적으로 공략했다. 심지어 371년에는 고구려 고국원왕故國原王(재위 331~371)이 평양성으로 쳐들어온 백제군을 맞아 싸우다가 화살에 맞아 전사하는 사건까지 벌어진다. 그 이후에도 백제는 광개토왕이 즉위하기 직전인 390년까지 집요하게 고구려의 남방을 공격했으며 고구려는 이를 막아 내기에 급급했다.

이러한 상황만 종합해도 신묘년 당시 백제는 고구려에 복종하는

'속민'이 아니라 고구려와 치열하게 싸우며 대립하던 적국敵國이라고 보는 것이 순리다. 그렇다면 "백제는 옛날부터 (고구려의) 속민으로서 조공해 왔다"라는 비문 속 진술, 즉 고구려인의 발언을 우리가 곧이곧대로 신뢰해야 할까? 논란이 돼 온 신묘년조는 바로 이 의심스러운 진술을 전제로 해 뒤에 이어지는 문장이다.

이성시는 비문 내용, 즉 고구려인의 발언이 사실인지 여부를 심각하게 의심하기 시작했다. 최초 일본의 신묘년조 해석을 그대로 인정하되 고구려인에 의해 작성될 당시에 이미 내용 자체가 과장 혹은 왜곡됐을 가능성을 들고나온 것이다. 고구려인은 광개토왕비문에 정말 거짓말을 적었을까? 그렇다면 왜 거짓말을 비문에 적었을까?

보통 우리가 아는 사마천의《사기》나 조선시대에 작성된《조선왕조실록朝鮮王朝實錄》등은 중립을 표방하는 사관史官에 의해 집필된 정사正史 기록이라고 할 수 있다. 그 내부에서도 일정한 왜곡은 이루어졌겠지만, 적어도 원칙적으로 대외적 사건들에 대한 기록은 객관적 사실에 근거해서 기술돼야 한다.

그러나 광개토왕비는 이러한 정사 기록이 아니다. 장수왕이 자기 부왕인 광개토왕의 업적을 대외에 과시하고자 작성한 훈적비勳績碑인 셈이다. 또한 비문은 고구려 왕가의 입장에서 과거에 일으킨 전쟁이 정당한 명분하에 치러졌으며, 어려운 여건 속에서도 성공적으로 수행했음을 국내성의 귀족과 주민에게 널리 알리는 정치 선전물이기도 했다.

그렇다면 신묘년조를 다시 살펴보자. 그 앞부분에서는 "백제, 신라는 옛날부터 (고구려의) 속민으로서 조공해 왔다"라며 고구려 중심의 상하질서를 먼저 제시했다. 이는 거짓말이다. 그러나 당시 국제 관계에서 지금처럼 국가들 사이의 대등한 관계란 없었다. 중국 왕조는 주변 국들에 비해 뚜렷한 국력의 우위를 지키지 못하던 시기에도 자국 황제를 중심으로 한 천하 질서 속에서 주변 세계를 인식했고, 일관되게 조공과 책봉이라는 형식으로 외교 관계를 맺었다. 고구려 역시 한반도 남부의 백제·신라에 대해 고구려 중심의 상하 관계에 포섭돼 있는 복속국으로서 인식하고자 했다. 즉 백제·신라는 광개토왕비문 내에서 설정된 고구려의 천하 내에 들어와 있던 '속민'이었던 셈이다(물론 실제 관계가 그러했는지 여부는 별개 문제다).

바로 이러한 거짓말에 이어서 고구려인은 "그런데 왜가 신묘년에 바다를 건너와 백잔, □□, 신라를 파하고 신민으로 삼았다"라고 언급했다. 당시 왜는 고구려인이 생각하던 천하 질서 내에 포함되지 않는, 바다 건너 외부 세력이었다. 바로 이 외부 세력이 쳐들어와서 마땅히 고구려의 아래에 있어야 할 백제·신라를 공격해 자기들의 신민으로 삼았다고 한 것이다. 즉 비문 내에서 '왜'라는 존재는 고구려 중심의 평화로운 국제 질서를 어지럽히는 '무도無道한 악당'으로 그려진 것이다.

비문에서는 이러한 대외적 위기 상황에서 광개토왕이 등장해 놀라운 활약을 펼친다. 왕이 군대를 파견하거나 혹은 몸소 군대를 이끌고 가서 왜군을 수차례 물리쳤고, 마침내 고구려 중심 국제 질서를 회복했다는 내용으로 끝맺은 것이다. 여기에서 고구려인의 두 번째 거짓말이 등장한다. 바로 광개토왕을 대적하는 악당인 '왜'라는 세력을 비문 내에서 크게 과장한 것이다.

비문에서는 신묘년조 이외에도 왜의 역할을 크게 부각한 기사가 여 럿 있다.

영락 9년에 … 신라왕이 (고구려에) 사신을 보내어 아뢰기를, "왜인이 국경 에 가득 차서 성지城池를 부수고 저를 왜의 백성으로 삼으려 하니, 이에 왕 께 귀의하여 구원을 요청합니다"라고 했다.

영락 10년에 광개토왕이 보병과 기병 도합 5만 명을 보내어 신라를 구원하 게 했다. (고구려군이) 남거성男居城을 거쳐 신라성에 이르니, 그곳에 왜군 이 가득했다. 고구려군이 막 도착하니 왜적들이 퇴각했다.

영락 14년에 왜가 법도를 지키지 않고 대방계에 침입했다. … 광개토왕의 군대가 적의 길을 끊고 막아 좌우로 공격하니, 왜구가 궤멸했다. (왜구를) 참살한 것이 무수히 많았다.

위 기록에 따르면 영락 9년(399)과 10년(400)에는 왜가 신라를 침공 해 그 군대가 신라의 국경에 가득 찼으며, 이 때문에 신라왕이 고구려 에 다급하게 구원을 요청했다고 한다. 또한 영락 14년(404)에는 왜가 지금의 황해도 지역에 해당하는 '대방계帶方界'로 침입해 왔다고 전한 다. 학계 연구자들은 위 기사들에서 각각 신라와 고구려를 침공한 주 체가 왜가 아닌 백제(혹은 가야)라고 본다. 즉 400년 백제(혹은 가야)의 신라 침입과 404년 백제군의 황해도 침공을 광개토왕비문 내에서는 마치 왜가 주도한 것처럼 기록했다는 것이다.

사실 이 전투에서 왜군이 백제군과 같이 참전했을 가능성은 있다. 당시 왜는 백제와 군사동맹을 맺고 용병을 자주 보내던 상황이었다. 이때 왜군은 백제군 예하에 종속돼 활동했지만, 비문 속에서는 광개토왕의 업적을 극대화하기 위한 구상하에 '속민'인 백제를 지우고 대신 '강력한' 외부 세력인 왜가 전투를 주도한 것처럼 서술한 것이다.

과연 고구려 왕실에서 그런 거짓말을 했을까? 사실 신문과 인터넷이 활성화된 지금도 전쟁에 대한 정보는 객관적으로 대중에게 전달되지 않는 사례가 많다. 북한은 지금도 여전히 한국전쟁을 미국과 남한이 먼저 쳐들어온 전쟁으로 주장하고 가르친다. 5세기 초반 당시 고구려 왕실과 조정 사람들은 돌아가신 광개토왕의 무덤 근처에 왕의 업적을 과시하는 비문을 작성하고자 했다. 이들은 그 업적을 되도록 화려하게 서술하고자 했고, 그 과정에서 자국 중심의 국제 질서 상像과 전쟁에서의 승리를 비문 내에 극적으로 재구성하려 했다.

고구려 왕실의 주도하에 비문에 기재된 과거 전쟁의 기억, 즉 도성의 귀족과 주민에게 고구려 왕가가 내세우고 싶던 '전쟁의 추억'은 이토록 정치적으로 짜인 각본하에 서술됐다. 그 과정에서 '영웅'인 광개토왕이 상대했던 왜는 실제보다 '강력한' 악당으로 그려졌으며, 왜의 세력과 관련된 사건 몇몇이 비문 내에서 왜곡되기에 이른 것이다. 왜의 실체가 비문의 어느 문구에서 얼마나 왜곡됐는지 여부에 대해서는 학자들마다 의견이 조금씩 갈린다. 다만 이제 어느 연구자도 광개토왕비 문이 진실만을 전한다고 보지 않는다. 정작 중요한 것은 비문에서 드러난 국제 정세에 대한 고구려인의 '인식'과 자기 '욕망'이며, 여기에 토대를 둔 정치적 발언 자체를 사실로 보는 것은 순진한 발상에 불과하다.

이러한 연구에 덧붙여 이성시는 19세기 말 이래로 광개토왕비문 해석을 두고 벌어진 한·일 양국 연구자들의 논쟁이 사실상 역사적 사실 자체에 대한 탐구였다기보다는 근대 일본의 욕망과 이를 부정하려는 근대 한국의 욕망이 서로 대립해 온 과정이었다고 지적했다. 그리고 그 사이에 1600여 년 전 비문 작성의 당사자인 고구려인의 욕망을 끄집어낸 것이다.

현재 광개토왕비 연구는 이처럼 근대 한·일 양국의 정치적·외교적 가치관을 역사에 투영해 온 과거를 반성하는 가운데, 실제 비문을 작성한 고대 사회의 정치적 이데올로기가 어떤 형태였으며, 그 이면에 감춰진 객관적 진실이 무엇이었는지를 추적하는 단계에 와 있다. 이러한 수준의 연구를 통해서 양국 연구자들 사이에서는 임나일본부설이 잘못된 주장이라는 합의가 상당히 이뤄졌다. 즉, 과거 일본의 임나일본부설을 비롯한 식민사관 논리에 대한 엄정한 비판을 통해 전혀 다른 시각으로 비문 연구가 전개되고 있는 것이다.

근대 일본이 광개토왕비를 과도하게 자국 중심의 역사의식을 정당화하는 데 이용해 온 전력은 현재 연구자들에게 많은 비판을 받고 있다. 그러나 돌이켜보면 사실 우리 내부에서도 지난 100여 년간 민족주의 이데올로기로 인해 빚어진 과도한 고대사 해석이 있었다. 정인보와 신채호申采浩(1880~1936) 등이 주도한 민족주의 역사학의 광개토왕비 연구는 근대 일본의 역사 왜곡에 대응한다는 정당한 목적이 있었지만, 그 과정에서 우리 내부의 근대적 가치관을 고대사에 투영해 이해하는 오류도 범했다. 현재의 역사학 연구는 이러한 과거의 연구 경향까지도 반성하고 극복하는 가운데 역사의 진실에 다가가는 수준에서 이뤄지고 있다.

일각에서는 역사학의 연구 목적이 우리나라의 현재 정치적·외교적 이익에 부합하기 위한 것이며, 이를 통해서만 일본과 중국의 역사 왜곡에 대응할 수 있다고 주장하기도 한다. 또한 '어차피 고대사는 사료가 적고 정확한 실상을 알 수 없으니 우리에게 유리한 대로 해석하면 된다'고 주장하는 사람들도 있다. 그러나 학문으로서 역사학은 현재의 가치관이나 당장의 정치적·외교적 이익에 부합하는 논리를 만들어 내는 분야가 아니다. 역사학은 '현재'를 냉정하게 되돌아보고 이를 바탕으로 우리가 앞으로 지향해야 할 '이상'을 제시하는 학문이다.

근대 광개토왕비 연구사가 지금 우리에게 던지는 메시지는 무엇인가. 과거 일제의 식민사관이나 중국의 동북공정이 무엇을 위해 복무해 왔는지를 떠올려 보자. 역사 연구가 현실의 이해관계에 무조건 부합해야 한다고 하는 일각의 주장은 엄연히 '퇴행적' 현상일 뿐, 결코 '진보적' 가치와 동일시될 수 없다. 19세기 말 이래로 광개토왕비문 해석을 둘러싸고 벌어져 온 한·중·일 간의 역사전쟁을 다시금 되돌아봐야 하는 이유가 바로 여기에 있다.

백
길
남

미스터리 해양 강국 백제
금정과 부정의 쌍바퀴
요서 진출 정보는 어디에서 나왔나
요서 진출 정보는 왜 기록됐나
광대한 영토의 신화를 넘어서

백제는
정말
요서로
진출했나

미스터리 해양 강국
백제

　　　　사실 자체를 판정하기 어려울 때, 우리는 '미스터리 mystery'라는 말을 쓴다. 자료가 많지 않은 고대사 중에서 미스터리하지 않은 주제가 몇이나 될까. 백제의 역사에서도 사건의 전말을 종잡기 어려운 논쟁거리가 몇 있다. 그중 대표적인 것이 위례성慰禮城 위치 논쟁이었다. 백제의 첫 번째 수도인 위례성의 위치는 오랫동안 베일에 싸여 있었다. 서울, 경기도 하남, 충청남도 천안 등 다양한 지역이 후보지로 제시됐지만, 마땅한 해답을 찾지 못했다. 시쳇말로 '맨땅에 헤딩'을 해야 했던 상황이라고 할까.

　　그런데 우스갯소리와 같이 정말 '맨땅'에서 실마리를 찾았다. 고고학의 도움을 받은 것이다. 서울올림픽대회 덕분에 몽촌토성을 발굴할 수 있었고, 1997년 우연한 신고로 주택으로 둘러싸여 있던 한강변 풍

풍납동토성 전경

납동토성이 재발견됐다. 1킬로미터도 채 안 되는 가까운 거리에 있는 두 토성에서 무수한 백제의 유물과 유적이 발견되면서 이제 서울에 위례성이 없었다고 주장하는 게 더 어려운 상황이 됐다. 어쩌다 이런 기막힌 드라마가 시작됐을까? 그 시작은 《삼국사기》 지리지에서 위례성의 위치를 모르겠다고 한 데서 비롯한다.

한 나라의 수도 위치조차 제대로 알 수 없던 것은 《삼국사기》 기록의 한계가 컸다. 그러나 이를 《삼국사기》 편찬자의 탓이라고만 할 수는 없다. 백제의 비극적인 역사가 그 배경이 된다. 백제는 두 번 멸망했다. 첫 번째 멸망은 475년 고구려 장수왕長壽王(재위 412~491)의 침공으로 한성漢城이 함락되고 개로왕蓋鹵王(재위 455~475)이 죽임을 당했을 때다. 백제로서는 재기 불능의 치명타를 입은 꼴이었다. 그럼에도 백제는 지금의 충청남도 공주인 웅진熊津으로 수도를 옮겨 다시 일어섰다. 그렇지만 전란 속에서 수백 년 동안 축적된 상당한 양의 기록 자료를 잃어버렸을 것이다.

두 번째 멸망은 660년 신라와 당 연합군의 침공 때문이었다. 이때 백제의 역사는 외국 군대에 의해 철저히 파괴됐고 지워졌다. 아마 많지 않은 자료가 신라 사람들 손에 들어갔을 것이다. 불행 중 다행이었을까. 일본으로 건너간 백제 유민들이 남긴 기록 일부가 《일본서기》에 반영됐다. 물론 일본인의 입장과 이해관계에 따라 그 내용이 재편집됐지만.

《삼국사기》를 포함하더라도 백제에 대한 국내 기록은 많지 않다. 그래서인지 상대적으로 백제사 연구는 신라사와 고구려사 연구에 비해 속도가 나지 못했다. 1971년 무령왕릉을 발굴한 이후 굵직굵직한 고고考古 발굴이 계속되면서 백제의 역사가 다시 주목받았다. 그럼에도 사료 부족 현상은 해소되지 않았다. 국내 사료가 워낙 적다 보니 일찍부터 주변 나라의 사료를 찾게 됐다. 바로 《일본서기》와 중국 정사正史다.

가장 이른 시기에 '백제'라는 국호가 등장하는 중국 정사는 진晉나라의 역사를 기록한 《진서晉書》다. 《진서》는 뤄양洛陽(낙양)에 도읍을 둔 서진西晉 시기(265~316)와 난징南京(남경)으로 도읍을 옮겼던 동진東晉 시기(317~420)를 다룬 역사서다. 150년이 넘는 시기를 기술한 역사서임에도 《진서》 본기에 백제 국왕의 조공·책봉에 대한 짧은 기록이 있을 뿐, 외국전에 백제전이 입전되지는 않았다.

중국 정사 외국전에 백제가 처음 편제된 것은 동진 다음의 송宋나라(420~479) 역사를 기록한 《송서宋書》부터다. 지금의 양쯔강 유역에 있던 송·제齊(479~502)·양梁(502~557)·진陳(557~589), 네 왕조를 '남조南朝'라고 한다. 백제는 남조와 활발히 교류하면서 선진 문물을 받아들였고 백제 고유의 문화를 만들어 나갔다. 그런데 남조의 역사 자료에서 백제의 요서 진출 내용이 전하고 있어 눈길이 간다.

백제국은 본래 고려高驪와 함께 요동의 동쪽 천여 리 밖에 있었다. 그 후 고려가 요동을 공략해 차지하자, 백제는 요서를 공략해 차지했다. 백제가 다스리는 곳을 진평군晉平郡 진평현晉平縣이라 했다.

－《송서》 열전, 백제국

그 나라는 본래 구려句驪와 함께 요동의 동쪽에 있었다. 진나라 때 구려가 이미 요동을 공략해 차지하자, 백제도 역시 요서·진평 2군의 땅을 점거하고 스스로 백제군百濟郡을 설치했다.

－《양서》 열전, 백제

백제는 옛날 동이 마한에 속하던 나라다. 진나라 말기에 구려駒麗가 요동을 공략해 차지하자, 낙랑樂浪 역시 요서 진평현을 차지했다.

－《양직공도》백제국사

《송서》는 5세기에, 《양서梁書》는 7세기에 완성된 역사서다. 그리고 《양직공도梁職貢圖》는 훗날 양나라 원제元帝(재위 552~554)가 되는 소역蕭繹이 6세기 전반에 주변 나라 사신의 모습을 그리고 그 나라의 사정을 기록한 것이다. 원본은 사라졌고, 현재는 11세기 북송北宋시대에 다시 그린 《양직공도》 모사본 등이 남아 있다.

기록들을 보면 고구려가 요동을 차지했을 때, 백제 역시 요서를 차지하고 진평군현, 백제군과 같은 군현을 설치했다고 한다. 가슴이 뛴다. 정말 백제가 요동 벌판과 맞닿은 요서 지역을 차지했던 것일까. 얼마 안 되는 기록이지만, 백제의 요서 진출은 많은 사람에게 무한한 영감을 불러일으키는 소재가 된다. 이런 세간의 관심을 반영하듯 이문열의 소설 《대륙의 한》이 스테디셀러가 됐고, 소설을 모태로 KBS 대하드라마 〈근초고왕〉이 제작·방영되기도 했다.

《양직공도》백제국사

이 밖에도 많은 작품 속에서 백제의 요서 진출은 다양한 형태로 인용·재생산된다.

백제의 요서 진출은 사실과 허구의 경계에 있는 작품 세계에서만 다뤄지지 않았다. 1974년 국정 국사 교과서부터 검정제로 전환된 2007년 한국사 교과서까지 백제의 요서 진출은 엄연한 '역사적 사실'로 서술됐다. 그리고 백제의 요서 진출을 설명하는 글 옆에는 항상 지도가 따라붙는다. 한반도 백제에서 출발해 요서와 산둥 그리고 일본 열도로 진출하는 화살표가 그려진 지도를 한번쯤 봤을 것이다. 이 지도를 통해 서남해안을 주름잡던 해양 강국으로서의 백제 이미지는 더욱 각인됐다.

역사 교과서의 사회적 영향력은 상당하다. 교과서의 내용은 학생들에게 평생의 지식이 된다. 즉, 시민의 '상식'이 되는 것이다. 게다가 입시 위주의 교육이 발달한 우리 사회에서 교과서에서 배운 내용은 부정할 수 없는 '정답'으로도 인식된다. 그래서 백제의 요서 진출은 우리 고대사의 자랑스러운 일대 사건으로 기억된다.

그렇다면 백제는 언제 어떻게 요서로 진출했고 얼마 동안 요서를 차지했을까? 아쉽게도 이런 궁금증을 속 시원하게 풀어 줄 만한 내용은 교과서 어디에서도 없다. 최근 발간된 2009년 한국사 교과서에는 백제가 요서로 진출했다는 것에 논란이 있다고 하고, 산둥으로 진출하는 화살표도 사라졌다. 백제는 과연 요서 지역을 차지한 해양 강국이었을까?

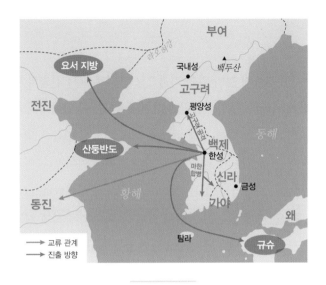

7차 교육과정 고등학교 국사 교과서 속 백제의 요서 진출 지도

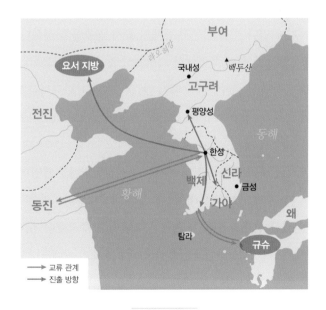

2009년 고등학교 한국사 교과서 속 백제의 요서 진출 지도

긍정과 부정의
쳇바퀴

현재까지 남아 있는 기록으로는 백제 요서 진출의 앞뒤 맥락을 완전히 이해하기 어렵다. 단지 사건의 결과만이 간략하게 기록 됐기 때문이다. 바로 이러한 맹점 때문에 백제의 요서 진출은 역사학 자들의 역사적 상상력을 자극하면서 논쟁의 불씨를 키워왔다. 역사학 은 과거의 사실을 이해할 수 있는 '증거'를 바탕으로 성립한다. 그리고 다른 주변 증거들과 충돌하는 현상이 있다면, 더욱 신중하게 사건의 실체에 접근할 수밖에 없다. 백제의 요서 진출을 역사적 사실이었다고 선뜻 단정하기 어려운 점이 바로 여기에 있다.

조선 후기 역사학자인 한진서는 "바다 만 리를 건너 요서의 여러 군 을 차지했다는 것은 사리에 맞지 않으며 단지《송서》기록을 따랐던 것 이니 증명하기 어렵다"라고 하면서 백제의 요서 진출을 부정했다. 또 한 안정복은 "백제가 원래 부여에서 나왔으므로 중국 사람들이 자주 혼동한다"라고 하면서 중국인의 오해가 있었다고 했다. 한진서와 안정 복은 백제와 요서의 지리적 거리를 고려해 기록에 착오가 있었다고 보 았다.

백제의 요서 진출에 대한 부정적 이해는 일제강점기에도 있었다. 일 본 학자들은《일본서기》를 비롯해서《송서》와 광개토왕비문과 칠지도 명문 등의 자료를 근거로 백제가 왜에 복속됐다고 주장했다. 이른바 '임나일본부설'이다. 일본 학자들은 한반도 남부를 왜가 지배했다고 주장했기 때문에 백제가 강력한 군사력을 가진 선비족 등의 북방 민족을 상대로 해서 요서를 차지했다고 이해하기란 어려웠다. 일본 학자들은 일본의 식민 지배를 합리화하는 데 그 목적을 두고 백제의 요서 진출 문제에 접근했다는 점에서 조선 후기 연구자들의 부정론과는 결이 다르다.

백제의 요서 진출을 부정하는 연구자들의 근거는 다음과 같다. 첫째, 남조 역사서에만 이 사실이 기록됐을 뿐, 정작 당사자인 북조 역사서와 국내 역사서에는 관련 기록이 없고, 요서 지역에서 이를 증명해 줄 만한 고고 자료도 발견되지 않았다. 둘째, 한반도와 요서 지역이 바다를 사이에 두고 지리적으로 멀리 떨어져 있는데, 굳이 백제가 바다를 건너 요서로 진출했을 이유가 없다. 셋째, 강력한 군사력을 가진 북방 민족을 상대로 백제가 요서 지역을 차지하기 어려웠다. 특히 고구려와의 경쟁에서도 밀리고 있던 백제가 요서로 진출하기에는 무리라는 것이다. 이와 같이 백제의 요서 진출을 부정하는 연구자들은 당시 요서 지역과 백제의 상황이 관련 기록과는 맞지 않다고 판단했다.

그러나 백제의 요서 진출을 단순한 해프닝으로 치부하는 일 역시 쉽게 납득이 되지 않는다. 비록 국내 역사서와 북조 역사서에 기록되지는 않았지만, 남조 역사서에 계속해서 기록된 사실을 무시할 수 없다. 조선 후기 역사지리학자인 신경준申景濬(1712~1781)은 "백제는 바다를 건너 북쪽으로 요서를 경략하고 남쪽으로 월주越州를 경계로 삼던 시절이 있었는데, 특히 우리나라의 역사가 소략해 그 일을 빠트렸

정인보의 《조선사연구》

을 것이다"라고 했다. 신경준은 국내 기록의 불완전함을 지적하면서 중국에 남은 기록을 존중해야 한다고 봤다.

　백제의 요서 진출설은 신채호와 정인보에 의해 주변 근거가 보완됐고 논리를 갖추게 됐다. 신채호는 백제의 요서 진출을 중국 정사에 기록된 명백한 사실이라고 인정하고, 근구수왕 초기에 바다를 건너 요서를 차지했다고 보았다. 그는 사건 발생 시점에 대한 구체적 근거를 제시하지는 못했지만, 근초고왕 때 한반도 서남부 일대를 장악하고 단계적으로 아들인 근구수왕 대에 요서를 점령했다고 이해했다. 그리고 정인보는 2세기 요서 지역에서 이미 백제의 군사 활동이 있었고, 근초고왕 대인 370년 대에 이르러 군을 설치했다고 해석했다. 정인보가 백제의 요서 진출 시기를 2세기로 끌어올릴 수 있었던 것은 《삼국사기》의 낙랑·대방군 기사를 요서의 백제와 요동의 낙랑·대방군과 관련된 사건으로서 이해했기 때문이다.

　신채호와 정인보는 백제의 왕성한 해양 활동 능력에 주목했고, 백제가 요서와 산둥 그리고 중국 동부 해안 지역으로 군사적 진출을 단행했다고 보았다. 특히 사건의 발생 시점을 근초고왕 전후로 파악한 점은 지금까지도 큰 영향을 미치고 있다. 민족주의 사학자들이 제기한 백제의 요서 진출설은 백제가 왜에 복속된 신민에 불과했다는 일본 학자의 역사상을 극적으로 뒤엎는 파격적 주장이었다. 그래서 백제의 요서 진출설은 식민사학 청산이라는 시대적 요구에 부응하면서 민족의 자긍심을 드높일 수 있는 학설로 주목받았다.

백제의 요서 진출을 인정하는 연구자들은 국내 기록의 불완전성을 지적하면서 백제가 남조와 활발하게 교류했던 만큼 백제의 요서 진출 정보가 남조 역사서에 기록될 수 있었다고 한다. 그리고 양쯔강 유역과 일본열도를 넘나들던 백제의 해양 활동 능력을 볼 때, 충분히 요서 지역으로도 진출할 수 있었다고 추정한다. 다만 진출 시점과 진출 기간에 대해서는 연구자에 따라 2세기부터 6세기까지 다양하게 제시됐는데, 대체로 근초고왕 대로 이해한다. 진출 영역에 대해서는 롼허강灤河(난하) 유역의 요서군 일대로만 한정하거나, 다링강大凌河(대릉하)과 롼허강 유역 사이의 넓은 영역으로 보기도 한다. 그리고 진출 배경에 대해서는 고구려를 견제하기 위한 목적이라고 보거나 요서 지역에 있던 부여와 고구려의 포로와 유민을 확보하기 위해서였다고 이해하기도 한다.

백제의 요서 진출 시점, 기간, 영역, 배경에 대해서는 연구자마다 제각기 의견이 다르지만 진출의 성격만큼은 대체로 군사 진출 또는 상업적 성격으로 모아진다. 그렇지만 백제의 요서 진출 전후 배경에 대한 설명이 자세히 이뤄지지 않았고, 진출의 성격 역시 명료하게 정리

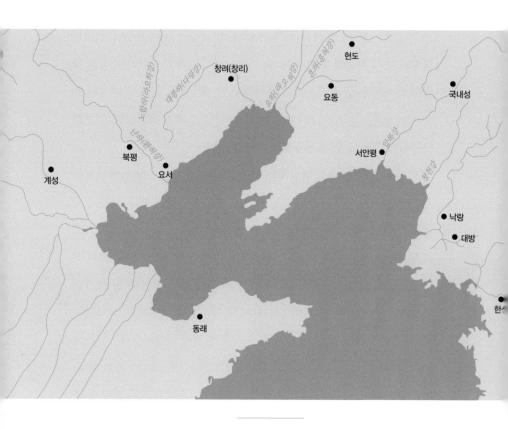

요서 지역과 주변 지역

된 것은 아니었다. 이런 연구 경향은 백제의 '영역 진출'이라는 전제 속에 백제와 요서 지역의 관계 설정이 우선적으로 이루어졌기 때문이다. 그러므로 요서 진출 여부와 성과 등을 논의하기에 앞서, 어떻게 《송서》 등의 자료에 백제의 요서 진출 기록이 나타나게 됐는지를 해명할 필요가 있었다.

백제의 요서 진출 기록 중에 단연 이목을 끈 것은 《양직공도》의 '낙랑'이었다. 1960년대 처음 세상에 알려진 《양직공도》의 낙랑 기록은 백제의 요서 진출 연구에 큰 파장을 일으켰다. 낙랑 기록을 통해 사건의 주체가 백제가 아닐 수 있다는 가능성이 제기됐다. 《양직공도》 발견을 통해 남조 역사서에 실린 백제의 요서 진출 기록에 대한 신뢰 문제가 다시 도마에 오르게 됐다.

4세기 초 낙랑군은 한반도 대동강 유역에서 요서 지역 다링강 유역으로 이동했다. 백제는 4세기 중후반 한반도의 낙랑·대방군 지역 일부를 차지한 후 동진과 교류를 시작했다. 그래서 동진을 계승한 남조의 역사가들이, 요서를 장악하고 있던 선비족 모용씨慕容氏에게 옮겨 간 낙랑군과 백제가 일부 차지한 낙랑·대방군을 서로 혼동하게 되면서 백제가 요서로 진출한 것처럼 기록했다는 견해가 제기됐다. 한편, 백제에는 낙랑·대방군 유민이 많이 살았던 만큼 이들을 매개로 요서 지역 낙랑군과의 교류가 지속됐고 백제가 이런 교류 활동을 중국에 강조하면서 백제가 요서로 진출한 것처럼 잘못 기록됐다는 주장도 나왔다.

그런데 낙랑의 실체를 주목한 견해는 요서 지역에서 나타난 군사 활동에 대해서는 다루지 않았다. 특히 백제가 요서로 진출한 시점이 고구려가 요동을 점령한 시점과 같다는 점을 주목할 필요가 있었다. 고구려가 요동 지역을 완전히 장악한 때는 광개토왕 대인 400년경이었다. 그러나 이전에도 고구려가 요동 지역을 잠깐 차지한 적이 있었는데, 바로 385년 6월부터 11월 사이였다. 383년 북중국 일대를 제패한 전진前秦이 동진 정벌에 실패하면서 각지에서 반란이 일어났다. 이때 선비족 모용수慕容垂가 화북 지역에 세운 나라가 후연後燕이다. 후연이 요서·요동 지역으로 진출해 장악한 시점은 385년 2월 이후인데, 그 지배력은 공고하지 못했다. 바로 이 틈을 타 고구려가 요동 지역을 장악했다. 그리고 같은 해 7월에서 11월 사이 부여 유민 여암餘巖은 후연을 상대로 우이武邑(무읍)에서 처음 난을 일으킨 후, 요서군 영지로 이동했다. 여암의 반란은 고구려가 요동을 점령한 시점에 요서 지역에서 이뤄진 유일한 군사 활동이었고, 여암의 성씨가 백제의 왕실과 같은 '부여씨扶餘氏'라는 점에서 남조 역사가가 이 사건을 곧 백제의 요서 진출로 오해했으리라는 견해가 제기됐다.

한편, 여암이 같은 부여 계통인 백제 왕실과 연합해 짧은 기간이나마 요서를 점령했다는 견해도 제기됐다. 북벌을 추진하던 동진이 여암의 반란을 계기로 백제 측에 군사 지원을 요청했고 이에 백제가 여암과 연합해 일시적으로 요서를 차지할 수 있었다고 한다. 백제의 요서 진출에 있어 동진의 영향력이 컸다고 보는 근거로 '낙랑'과 '진평군' 기록을 주목한다. 백제 국왕의 동진 책봉호가 지방관인 '낙랑태수樂浪太守'였던 만큼 동진의 출동 명령에 따라야 했고 동진의 의도에 따라 요서로 진출했기 때문에 '진평군'으로 지명을 정했다는 주장이다. 그리고 군사 활동과는 별개로 요서 지역의 부여 유민과 연계해 서해안 해상 교역의 주도권을 백제가 얼마간 장악한 것이 백제의 요서 진출로 알려졌다는 주

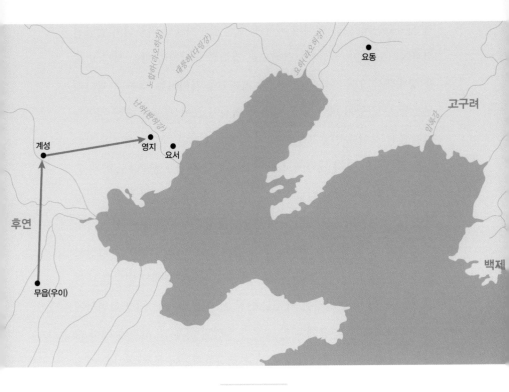

여암 반란군의 이동 경로

장도 제기됐다. 이와 같이 백제의 요서 진출은 백제와 부여 유민의 군
사 활동 또는 해상 교역으로 인해 생긴 기록으로 이해한다.

관련 기록에 대한 분석이 거듭되면서 백제 요서 진출의 주체로서
'낙랑 유민'과 '부여 유민'의 존재가 주목받았다.《양직공도》의 낙랑 기
록과 385년 요서 지역에서 일어난 '여암의 반란'을 근거로 다양한 견해

백제는 정말 요서로 진출했나

가 제시됐는데, 이는 백제의 국력에 대한 연구자들의 의구심이 반영된 결과이기도 했다. 즉, 백제 단독으로 강력한 군사력을 가진 북방 민족을 상대해서 요서 지역을 장악하기 어려웠을 것이라는 '정황'을 쉽사리 무시할 수 없었기 때문이다. 그래서 백제의 요서 진출에 대한 논의는 낙랑 또는 부여 유민으로 인해 관련 기록에 오류나 착오가 생겼을 것이라는 부정론과 요서 지역에서 백제가 영향력을 확보했더라도 백제 혼자만의 힘은 아니었고 낙랑 또는 부여 유민과 같은 3자의 도움을 받았으며 그 기간은 비교적 짧았을 것이라는 긍정론이 맞서게 됐다.

백제의 요서 진출 문제는 연구자의 관점과 이해에 따라 그 입장이 엇갈린다. 역사학계의 오랜 논쟁은 역사 교과서 서술에도 영향을 미쳤다. '민족의식 함양'이라는 역사교육 목표 아래 1974년 국정 교과서에 처음 백제의 요서 진출에 대한 내용이 반영된 이후, 이 사건에 대한 교과서 서술은 긍정일변이었다. 그러나 역사학자들이 문제 제기를 지속한 덕분에 최근 발간된 교과서에서는 백제의 요서 진출은 아직 풀지 못한 논쟁거리임을 고백하게 됐다.

요서 진출 정보는 어디에서 나왔나

백제의 요서 진출설 연구는 긍정과 부정의 갈림길 앞에 멈춰 서 있다. 어려운 길일수록 원점으로 돌아가 다시 나아갈 길을 살펴볼 수밖에 없다. 그래서 백제가 요서를 차지했다는 정보가 어디에서 처음 나왔고, 최종적으로 왜 남조의 역사서에만 기록됐는지를 정보의 '생산과 유통' 관점에서 차근차근 따져 볼 필요가 있다.

일단 백제의 요서 진출 정보는 어디에서 나왔을까. 남조 사람들이 관련 정보를 직접 입수했거나, 아니면 백제가 남조에 정보를 전달했다고 추정할 수 있다. 먼저 남조 사람들이 정보를 입수했을 가능성을 살펴보자. 남조 사람들은 잃어버린 북쪽 영토 사정에 촉각을 세웠고 실제 영토를 되찾기 위해 북벌을 여러 번 시도했다. 그래서 남조 사람들은 요서 지역에서 일어난 여암의 반란도 주목했을 것이다. 특히 여암이 백제 왕실의 성씨와 같은 부여씨라는 점에서 남조 사람들의 오해가 빚어졌다고 추정할 수 있다.

그런데 남조 사람들이 백제와 부여의 연관성을 강하게 의식하고 있었는지가 의문이다. 북조 역사서인 《위서魏書》에는 백제가 부여에서 비롯했다고 기록됐는데, 남조 역사서에서는 줄곧 백제가 본디 삼한(마한)에 속했다고만 서술됐다. 즉, 남조 역사서 어디에도 백제가 부여에서 갈라져 나왔다는 기록이 없다. 왜 그럴까? 남조는 한·위·진, 한인漢人 왕조의 정통을 계승한 나라들이다. 후한後漢 시기부터 한인들은 백제가 삼한에서 갈라져 나왔다고 이해했다. 남조 사람들이 백제와 부여의 연관성을 이해했더라도, 남조 입장에서는 백제가 삼한의 한 나라로서 오래전부터 한인 왕조를 섬겨 온 제후국, 즉 번국藩國이었다고 강조하는 게 더 의미가 있었다고 볼 수 있다. 그러므로 남조 사람들이 백제와 부여의 연관성을 의식했기 때문에 요서 진출 정보를 수집해 〈백제전〉에 기록했다고 보기는 어려울 것 같다.

그렇다면 백제가 관련 정보를 제공했을 가능성을 생각해 보자. 백제가 요서 진출 정보를 제공했다면, 중국과의 외교 관계 속에서 전달했을 가능성이 높다. 관련 정보는 백제 사절단의 말과 외교문서, 즉 '표문表文'을 통해 전달됐을 것이다. 표문에는 중국 황제 중심의 세계 질서를 인정하면서 중국 입맛에 맞도록 꾸며진 글, 즉 미사여구가 쓰인다. 미사여구는 중국 왕조의 권위를 인정하면서 조공국의 '사행 목적'을 원활하게 달성하기 위한 목적으로 동원됐다.

백제의 표문 내용 중에 독특한 점은 백제가 동진·남조를 상대로 자국의 군사 능력을 지속해서 과시했다는 사실이다.《진서》에 자세한 기록은 없지만, 371년 근초고왕이 평양성전투에서 크게 승리한 직후에 동진으로부터 책봉된 것을 볼 때 아마도 표문에서 평양성전투의 승리를 적극 내세웠으리라고 추정된다.《송서》에는 백제의 요서 진출에 대한 기록이 처음 등장하고,《남제서南齊書》에는 백제가 북위北魏를 크게 이겼다는 동성왕東城王(재위 479~501)의 표문이,《양서》에는 백제가 고구려를 여러 번 격파했다는 무령왕武寧王(재위 501~523)의 표문이 전한다.

하지만 표문에 기록된 백제의 눈부신 전공이 모두 사실이라고 단정하기는 어렵다.《남제서》에선 백제가 북위의 '기병 수십만 명'을 격파했다고 한다. 이와 같은 대단위 병사 동원은《위서》에서 확인되지 않을

양나라의 책봉호인 '영동대장군寧東大將軍'이 새겨진 무령왕의 묘지석

뿐더러 북위가 다른 나라와 벌인 전쟁에서도 찾아보기 어렵다. 그리하여 북위를 고구려로 바꿔 보거나 실제 전투가 없었다고 이해하기도 한다. 최소한 북위가 동원했다는 병사 수는 '과장'됐을 개연성이 높다. 북위로 전달된 개로왕의 표문 역시 의심쩍다.

쇠釗(고국원왕)의 목을 베어 매다니 그 이후부터는 감히 남쪽을 엿보지 못했다.

-《위서》열전, 백제국

《삼국사기》고구려본기에 따르면 고국원왕이 평양성에서 백제군에 맞서 싸우다가 화살을 맞고 전사한 것은 사실이다. 그러나 백제가 고국원왕의 목을 매달았다는 기록은 '과장'이다. 그리고 평양성전투 이후에 고구려가 감히 남쪽을 엿보지 못했다는 것은 광개토왕 즉위 이후 백제가 고구려에 밀린 것을 상기해 보면 '허위사실'이다. 이처럼 백제는 전공을 극적으로 나타내기 위해 말을 꾸몄다. 그래서 백제가 요서를 공략해 차지했다는 식으로 군사 능력을 강조한 내용을 액면 그대로 믿기는 어렵다.

이와 같이 백제는 동진·남조를 상대로 군사 능력을 과시하거나 사신을 파견한 공로를 내세우면서 자국의 존재감을 드러냈다. 이를 명분으로 동진·남조에 선진 문물을 요구하거나 백제 국왕과 신료에게 중국의 관직과 작호를 인정해 달라고 요청하기도 했다.

요서 진출 정보가 남조와의 외교 관계 속에서 전달됐을 가능성을 보여 주는 또 하나의 증거가《양직공도》의 낙랑 기록이다. 이 낙랑을 어떻게 이해할지에 대해서는 설왕설래가 있었다. 하나는 한반도에서 요서 지역으로 옮겨간 '낙랑군 세력'을, 또 다른 하나는 동진으로부터 책봉된 백제 국왕의 '낙랑태수'를 뜻한다고 한다.

먼저 낙랑군 세력이 4세기 초 모용씨가 장악한 요서 지역으로 이주했고, 여러 곡절 속에서도 6세기까지 중국 내륙에 존재했다는 점은 사실이다. 낙랑군 세력 일부가 백제로도 이주했던 만큼 양자 간의 교류도 추정해 볼 수 있다. 그러나 낙랑군 세력이 요서 지역에 진평군현과 백제군 같은 별도의 군현을 설치하고 다스렸다고 하기는 어렵다. 낙랑 군이 요서에 존재했던 것은 인정되지만, 독자 세력을 구축했다거나 정 치적 영향력을 가지고 있었다고 볼 만한 근거가 없기 때문이다.

그렇다면 남은 가능성은 하나다. 백제 스스로가 낙랑이라고 말한 것 이다. 동진은 근초고왕을 '진동장군鎭東將軍 영낙랑태수領樂浪太守'로 책 봉했을 뿐, 책봉호로서 백제 왕호는 인정하지 않았다. 이민족 군주에 게 왕호를 인정하지 않은 동진의 보수적인 대외 정책에서 비롯된 일이 었다. 이때 백제는 동진의 대외 정책에 반기를 들기보다는 이를 적극 활용했던 것 같다. 백제 국왕은 지방관인 낙랑태수를 자처하면서 중국 황제 중심의 세계 질서를 존중하는 의사를 전달하고, 황제의 신료로서 자기 역할과 업적을 미화하는 외교 전술을 구사했던 것 같다. 실제 백 제는 남조에 한인 출신 관료를 외교사절단으로 파견해 친밀한 외교 관 계를 유지하려고 노력했다. 다만 백제가 국왕 책봉호를 근거로 자기 정체를 낙랑이라고 말한 단계가 있었다 하더라도, 진평군현과 백제군 같은 별도의 군현을 설치하고 거느렸다는 점은 일개 군 태수의 권한을 넘어선 일이었다. 따라서 백제가 낙랑태수를 외교적 수사로 활용했을 뿐, 책봉호에 얽매인 것은 아니었음을 알 수 있다.

백제의 요서 진출 정보는 동진·남조와의 외교 관계 속에서 백제가 전달했다고 이해하는 편이 자연스러워 보인다. 다만 요서 진출 정보가 백제에 의해 동진·남조에 전달됐다면 백제의 국익이 반영된 외교 정 보로서 다듬어졌을 가능성을 무시해서는 안 된다. 특히 백제는 중국 관작 추인 등의 사행 목적을 달성하기 위해 과장과 허위를 섞어 자국의 군사 활동을 남북조 여러 왕조에 강조한 사실이 있는 만큼, 백제의 요서 진출 성격을 군사 진출로 이해하려고 할 때는 유의가 필요하다.

요서 진출 정보는
왜 기록됐나

《송서》와 《양서》 백제전 머리글에 백제의 요서 진출 내용이 있다. 그만큼 남조 입장에서도 백제의 요서 진출에 적지 않은 의미를 두었다고 볼 수 있다. 그런데 이런 서술 양상을 백제 입장에서만 이해하고 해석해 왔다. 즉, 백제가 요서를 차지할 만큼의 강국이었기 때문에 남조에서도 이를 인정해 기술했다는 것이다.

수긍이 되기도 하지만, 백제 입장에 치우친 감도 없지 않다. 백제에게 요서 지역은 무척 중요한 지역일 수 있다. 남조에게 요서 지역은 다시 되찾아야 할 옛 땅이라는 점도 사실이다. 그런데 요동과 요서 지역은 남조 입장에서는 동북쪽 변경 지역에 불과했다. 남조 입장과는 별개로, 그간 연구에서는 백제와 요서의 관계 설정에만 몰두해 온 측면이 있다.

남조 역사가들이 백제와 요서 지역에 계속해서 관심을 가졌을 만한 또 다른 이유가 있을 수 있다. 여기서 진평군현과 같이 진조 이름을 붙인 지명이 주목된다. 남조 사람들에게 진조 회복은 하나의 소명과도 같았다. 남조는 북방 민족에 비해 군사력은 열등했지만, 진조가 중원을 지배하던 과거의 기억만큼은 잊지 않았다. 그래서인지 북방 민족에 쫓겨 중원 외곽으로 이주한 한인들이 세운 나라에서 진조가 붙인 군현 이름을 짓는 경우를 종종 찾아볼 수 있다. 중국 남쪽인 양쯔강 유역의 동진·남조뿐만 아니라 중국 서북쪽 변경인 하서河西 지역에 한인들이 세운 나라인 전량前涼에서도 이런 현상이 포착된다. 중국 동북쪽 외곽인 요서·요동 역시 전란을 피해 다양한 지역 출신의 한인 집단이 대거 유입됐다. 이런 역사적 배경을 지닌 요서 지역과 관련해 이민족인 백제가 군사 활동을 감행하고 진조 이름을 붙인 군현을 설치했다는 정보는 동진·남조의 한인들에게도 각별한 의미로 다가왔을 개연성이 있다.

그렇다면 백제는 왜 요서와 관련해 진평군현과 같은 중국식 군현을 설치했을까? 이 문제에 답하기 위해서는 두 가지 사항을 고려해야 한다. 우선 4~5세기 백제에서는 중국식 군현제를 실시하지 않았다는 점이다. 백제가 차지한 영토에 중국식 군현을 설치했다는 점은 쉽게 이해가 안 되는 사실이었다. 《삼국사기》와 광개토왕비문 등의 사료를 보면 백제는 성·촌과 같은 고유한 지역 단위명을 사용했음을 알 수 있다. 중국식 군현 설치 기사를 일반적인 백제의 영역 확장 과정으로 이해하기에는 특수성이 있다.

그리고 백제가 차지했다는 요서군이 과연 요동군 건너편인 요서 지역을 말하는지 그 실체를 근본적으로 의심할 필요가 있다. 연구자에 따라 요서 인근에 진평군현과 백제군이 있었을 것이라고 추정한다. 그러나 진평군현과 백제군은 중국 사서 지리지 어디에도 그 존재를 증명해 줄 만한 기록이 없다는 게 문제다. 여기서 백제가 설치했다는 중국식 군현이 실제 중국 영역 안에 없었을 가능성을 배제할 수 없다.

4세기 초 북방 민족이 남쪽으로 침투해 오면서 중원 지역의 한인은 전란을 피해 고향 사람들끼리 함께 다른 지역으로 이동했다. 한인 유이민 집단은 새로 정착한 곳에 마을을 이루고 살면서 옛 고향의 군현 이름을 그대로 사용하기도 했다. 이를 '교군僑郡·교현僑縣'이라고 한다. 유럽 사람들이 아메리카 대륙으로 건너가 '뉴욕New York'을 만든 일화와 유사하다. 교군·교현 설치는 한인들이 대거 이주한 동진·남조에서 빈번하게 발생한 사회현상이었다. 4~5세기 중원 지역에서 전개된 정치적·사회적 혼란으로 인해 한인 유이민이 장기간 발생했고, 이와 함께 중국 군현 지명이 이동하는 현상이 있었다는 점을 주목할 필요가 있다.

동진·남조와 마찬가지로 요서·요동 지역을 다스린 모용씨와 고구려도 한인 유이민 집단을 받아들일 때 이런 사정을 고려해야 했다. 모용씨는 중국 내륙의 군현 이름을 그대로 받아들여 해당 지역 출신의 유이민을 수용하거나 인근 지역 출신끼리 묶어 새로운 교군·교현을 설치해 이들을 통제했다. 한반도에서 요서 지역으로 이동한 낙랑군 지명을 모용씨가 그대로 인정한 사례가 대표적이다.

고구려 역시 한인 유이민 집단을 수용할 때 유사한 방식을 선택한

덕흥리 고분 13군 태수 벽화

듯하다. 지금의 황해도 재령강載寧江 일대의 벽돌무덤과 돌방무덤에서 확인된 여러 중국 지명과 중국 관직명이 기록된 먹글씨(墨書)와 벽돌이 주목받는 이유다. 특히 평안남도 강서군江西郡 덕흥리德興里 고분의 벽화에서 지금의 베이징 일대를 다스리던 유주자사幽州刺史와 중국 내륙의 열세 군 태수가 기록된 먹글씨가 널리 알려져 있다. 논자에 따라 이 먹글씨를 근거로 고구려가 베이징 일대까지 진출했다고 주장하기도 한다. 그러나 이 견해를 뒷받침할 만큼 설득력 있는 근거가 없다는 게 문제다. 최근 연구에서는 중국의 다른 사례와 마찬가지로 고구려 역시 한인 유이민의 출신지 의식과 집단 형태를 존중하는 가운데 이들을 고구려 사회의 일원으로 받아들였다고 해석하기도 한다.

백제 역시 같은 시기 한인 유이민 집단이 유입됐고 역사서에 중국 군현명이 등장한다. 4세기 초 낙랑·대방군이 고구려에 의해 소멸된 이후, 낙랑·대방군 출신 유민 상당수가 백제로 넘어왔다. 그리고 중국 정사 백제전 머리글에 요서군·진평군현·백제군과 같은 중국식 군현을 백제가 차지하거나 설치했다는 기사가 등장하고, 5세기 중후반 백제가 남조에 전달한 표문에는 낙랑·대방뿐만 아니라 서하西河·광양廣陽·광릉廣陵·청하淸河·성양城陽 등 중국 내륙의 지명이 연달아 나타난다. 특히 중국 지명의 군 태수직을 한인 출신인 백제 사절단에게 정식으로 임명해 달라는 백제의 요청이 반복된다. 이 사료를 근거로 백제가 요서를 넘어 산둥 지역과 중국 내륙으로 진출했다고 이해하기도 하지만,《위서》를 비롯한 북조 역사서를 함께 검토해 보면 이 주장은 실

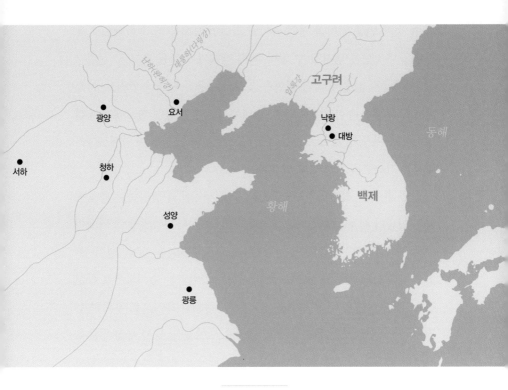

《송서》·《남제서》백제전에 기록된 중국 지명(서진 시기 기준)

상과 거리가 있다. 남조 역사서 〈백제전〉에 한동안 요서를 비롯한 중국 군현명이 자주 등장하는 현상은 모용씨와 고구려의 경우처럼 백제의 한인 유이민 수용 정책과 관련된 것이 아닌가 한다.

요서 지역은 중국 내륙 각지의 한인 유이민 집단이 모여들던 피난 처였다. 고구려가 요동을 점령하고 요서에서 여암의 반란이 일어나는 등 정세 변동에 따라 한인 유이민 집단이 요서를 떠나 한반도로 유입됐을 가능성을 생각할 수 있다. 이때 백제가 이들을 요서군·진평군현·백제군과 같은 중국식 군현을 설치해 수용한 단계가 있었고, 이후 백제가 다양한 출신지별로 나뉜 군 태수직을 한인 출신 관료에게 우선 임명하고 이를 정식으로 인정해 달라고 남조에 요청하는 단계로까지 발전한 가능성을 고려할 수 있겠다.

한인 유이민 집단의 이동 현상과 주변 세계에서 등장하는 중국식 군현 이름이 서로 연관된다고 이해한다면, 북조 역사서에서 왜 백제의 요서 진출 기록이 없는지도 생각할 수 있다. 흉노匈奴·갈羯·선비·저氐·강羌, 오호五胡로 구분되는 북방 민족은 한인과는 종족적으로 구분된다. 북방 민족은 중원 지역을 장악한 뒤 양쯔강 유역으로 후퇴한 동진·남조도 언젠가는 흡수해야 할 대상으로 여겼다. 특히 북방 민족을 평정한 북위는 스스로 '중화中華'라고 생각했고 남조를 섬 오랑캐인 '도이島夷'라고 부르며 멸시했다. 이와 같은 대외 인식을 갖고 있던 북위를 비롯한 북방 민족을 상대로 백제가 외교 관계를 가질 때, 과연 진조와 결합된 지명을 강조할 이유가 있었을까? 북위를 비롯한 북방 민족이 백제의 요서 진출을 부정하기 위해 의도적으로 기록을 회피하지 않았다면, 백제 스스로가 외교 마찰을 염려해 요서와 관련된 정보를 북방 민족에게 의도적으로 전달하지 않았을 가능성도 고려할 수 있다.

그 반면, 백제가 제공한 요서 관련 정보는 한인 왕조인 동진·남조 입장에서는 흥미로웠을 것이다. 일단 백제로 유입된 한인 유이민과 관련된 정보라는 점에서 주목할 만한 가치가 있었을 테고, 백제의 사절단이 한인 출신으로 구성됐다는 점도 적지 않은 영향을 미쳤을 것이다. 특히 백제가 요서에 군사 활동을 전개한 후 진조가 붙은 군현명 등을 설치한 사실을 직접 알려 왔고, 태수직을 승인해 달라고 한 점은 남조의 역사가에게도 백제는 잠재적으로 군사적 자원이 될 만한 남조의 충실한 번국임을 증명하는 근거로써 활용될 수 있었을 것이다. 결국 백제뿐만 아니라 최종적으로 관련 정보를 기록한 남조 입장에서도 백제의 요서 진출 정보에 대한 의미를 찾을 수 있다.

백제의 요서 진출 정보가 중국 정사에 기록됐기 때문에 타자의 '객관적 시각'에 따라 서술된 '역사적 사실'이라는 믿음도 있다. 타자의 기록이 가진 긍정적 속성도 있지만, 무지와 편견과 이해관계에 따른 왜곡 역시 적지 않다는 사실을 잊지 말아야 한다. 그래서 남조 역사서를 해석할 때는 신중한 태도가 필요하다. 백제의 요서 진출을 이해하기 위해서는 백제와 남조, 양국의 입장이 반영된 인식의 퇴적을 걷어 내고 그 실체에 접근하기 위한 연구 과정이 뒷받침돼야 한다. 이와 관련해《일본서기》의 연구를 참고할 만하다.《일본서기》연구에서는 천황가, 유력 씨족, 백제를 비롯한 한반도계 유민 등 다양한 역사적 주체의 인식 층위를 세밀하게 구분해 사건의 실체에 접근하는 방법을 활용한다. 이런 연구 방법을 중국 정사 연구에도 적용할 필요가 있다.

백제의 요서 진출 문제는 백제만의 관점에서 벗어나서 요서와 중국 내륙, 나아가 동아시아로 시야를 넓혀 입체적으로 바라봐야 한다. 그

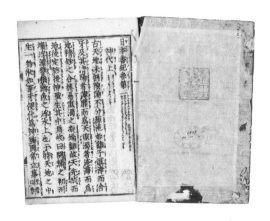

《일본서기》

리고 무엇보다도 '남조'라는 타자를 주의 깊게 이해해야 한다. 그들 입장에서 왜 기록하게 됐는지를 다각도로 따져 보는 과정 속에서 백제의 요서 진출에 대한 이해도 풍부해질 것이다.

광대한 영토의
신화를 넘어서

학교에서 '삼국시대의 전성기'를 공부할 때 필수 암기 사항이 있다. 바로 '4세기 백제, 5세기 고구려, 6세기 신라' 순서다. 여기에 하나 더 보탠다면, 백제 근초고왕, 고구려 광개토왕, 신라 진흥왕真興王(재위 540~576)이다. 이들의 공통점은 영토를 크게 확장시킨 군주들이라는 점이다. 예나 지금이나 한 나라의 영토 크기는 국력의 기준이 되기도 한다. 광대한 영토를 차지하기 위해서는 막강한 군사력과 경제력이 뒷받침돼야 한다. 따라서 '영토=국력=전성기'라는 공식이 자연스럽게 성립된다.

이 군주들 시대를 중심으로 드라마, 영화, 소설 등도 끊임없이 쏟아진다. 때론 기적과 영광의 역사, 즉 '신화'로 재구성된다. 특히 광개토왕은 우리나라 사람들이 가장 위대한 역사 인물로 손꼽는 인물이고, 그에 대한 관심도 지대하다. 백제의 요서 진출 시기와 관련해서도 "고구려가 요동을 차지했을 때"라는 기록이 있는데도, 근초고왕 대에 요서에 진출했을 것이라는 막연한 이해가 오랫동안 이어져 온 것은 근초고왕이 가지고 있는 정복 군주로서의 이미지가 워낙 강했기 때문이라고 볼 수 있다.

그렇다면 우리는 왜 광대한 영토를 차지한 군주들의 시대에 열광할까? 역설적으로 우리 현실이 녹록지 않다는 증거일 수도 있다. 한반도는 반 토막으로 나뉘었고 남북 간 갈등과 반목은 오랫동안 이어져 왔다. 그리고 우리를 둘러싼 주변 나라는 세계 초강대국들뿐이다. 앞으로 예상되는 정세 역시 불투명하기만 하다. 이런 현실 세계의 불만과 불안이 과거 고대사의 영광스러운(?) 시대에 투영돼 현재의 어려움도 그때와 같이 극복되리라는 위안을 얻는 현상일지도 모르겠다. 그러나 영화 〈최종병기 활〉의 명대사처럼 "두려움은 직시하면 그뿐, 바람은 계산하는 것이 아니라 극복하는 것이다". 만들어 낸 과거의 환상 속에 기대어 이 순간을 모면하려 애쓴다고 현재의 어려움이 사라지지는 않는다.

고대사를 연구하는 것은 고대인의 활동을 당대의 사회구조 속에서 이해하면서 지금의 현실을 판단하고 더 나은 미래로 나아가기 위한 지혜를 모으기 위함이다. 백제는 주변 세계와 활발히 교류하면서 우수한 문화 자원을 확보했고, 다양한 출신 배경을 가진 인적 구성원 간의 조화로운 협력을 이끌어 냈다. 이를 통해 백제는 여러 종족이 어우러진 거대한 문화의 '용광로'를 만들어 냈다. 백제의 역사는 세계 여러 나라와의 교류·협력이 날로 중시되는 글로벌 시대를 살아가는 우리에게 여러모로 시사하는 바가 크다. 백제의 개방성과 국제성을 고려한다면, 백제의 요서 진출은 백제와 남조의 외교 관계 그리고 고대 동아시아의 인구 이동과 인적 교류 문제로 새롭게 논의할 수 있을 것이다. 백제는 자기 역사를 밝혀 줄 매력적이고 흥미로운 제안들을 기다리고 있다.

임 동 민

침지도란?
신궁에서 발견되는 침지도
침지도는 현장품인가, 하사품인가?
침지도 연구의 역사
백제와 왜의 관계를 주목하자

칠지도가
들려주는
백제와
왜 이야기

칠지도란?

　　칠지도七支刀는 일본 나라현奈良縣 덴리시天理市의 이소노 카미 신궁石上神宮에서 발견된 백제시대 칼이다. 일본 나라현은 아스카 飛鳥, 나라 등 고대 일본의 수도들이 밀집해 있는 역사적 지역이다.

　칠지도가 발견된 덴리시는 아스카와 나라 사이에 위치한 도시인데, 일본의 신흥종교인 덴리교天理敎의 중심지로 더 유명하다. 실제로 덴리 시에서는 검은 옷을 입고 지나가는 덴리교 신자들을 흔히 볼 수 있고, 거대한 덴리교 본부 건물도 확인할 수 있다. 그렇기 때문에 이 지역에 는 종교적이고 신비로운 분위기가 감돈다.

　이소노카미 신궁은 덴리시 외곽의 한적한 도로변에 자리 잡고 있다. 신궁 입구에는 이소노카미 신궁이라고 새겨진 커다란 돌이 있고, 조금 만 더 들어가면 도리이鳥居를 지나 신궁 안으로 진입할 수 있다. 관광객 의 발길이 그다지 닿지 않는 신궁 경내는 조용하고 차분하다. 자갈로

이소노카미 신궁의 위치

덮인 넓은 길을 지나 오래된 누문樓門 안으로 들어서면, 비로소 이소노카미 신궁의 배전拜殿과 마주한다.

이소노카미 신궁의 설명에 따르면, 배전은 가마쿠라鎌倉 시대(1185~1333) 초기에 지어졌으며 일본의 국보로 지정돼 있다. 이곳도 역시 관광객이 그리 많지 않기 때문에, 한적하고 고요한 분위기를 느낄 수 있다. 배전 뒤편으로 일반인 출입을 금지한 본전本殿이 위치한다. 나무로 만든 벽 틈새로 본전의 모습이 어렴풋하게나마 보이는데, 그 자체만으로도 신비로운 기운을 느끼게 해 준다.

백제에서 만든 고대의 칼 칠지도는 무슨 이유로 멀리 떨어진 이 신궁에 소장됐을까? 또한 칠지도는 어떻게 발견됐으며, 누가, 언제, 왜 만들었을까? 덴리시와 이소노카미 신궁을 둘러싼 신비로운 기운은 칠지도에 이르러 더욱 증폭된다.

칠지도라는 이름은 '일곱 개의 가지가 달린 칼'이라는 뜻이다. 칠지도의 모양을 보면, 가운데 몸체를 중심으로 왼쪽 셋 오른쪽 셋, 모두 여섯 가지가 양옆으로 돌출된 형태다. 처음에는 여섯 개의 가지에 주목해 육차모六叉鉾(여섯 개의 가지 달린 창)라고 부르기도 했지만, 칼에 '七支刀'라고 새겨져 있기 때문에 일반적으로 칠지도라고 부른다. 여섯 개의 가지와 칼의 몸체를 합치면 모두 일곱 개의 가지가 있는 셈이다.

하나의 칼에 양옆으로 거추장스러운 가지가 여섯 개나 뻗어 있다면, 실제 전쟁에서 사용하기는 힘들다. 칠지도는 그 독특한 모양만으로도 신비로운 분위기를 주기 때문에, 종교적 의미를 담아 사용됐을 것이다. 한국과 일본의 칠지도 연구에서도 칠지도를 도교나 불교 등 각종 종교의 상징물과 관련지어 해석한다.

칼은 강하게 단련된 철로 만들어졌으며, 총 길이는 74.9센티미터에 달한다. 칠지도를 만든 백제 사람들은 단단한 철 표면에 홈을 파고 금실을 채워서 한자를 새겼다. 칼에 새겨진 글자를 해석하면, 백제에서 이칼을 만들어 후왕侯王인 왜왕에게 주었다는 내용이다. 그렇기 때문에 많은 한국인은 백제가 왜왕에게 칠지도를 내려주었다고 생각한다. 한국인에게 칠지도는 일본에 대한 한반도의 우월함을 증명하는 증거다.

그런데 칠지도에 대한 기록은 일본의 고대 역사서인《일본서기》에

이소노카미 신궁 입구(왼쪽)와 도리이(오른쪽)

이소노카미 신궁 배전(왼쪽)과 본전(오른쪽)

도 남아 있다. 이 기록에는 거꾸로 백제가 일본에 칠지도를 바쳤다고 나온다. 과거 일본 학자들은《일본서기》와 칠지도 기록을 결합해, 백제가 일본에 칠지도를 바쳤다고 주장했다. 일본인에게 칠지도는 한반도에 대한 일본의 우월함을 증명하는 중요한 증거였다.

칠지도에는 총 예순두 글자가 새겨져 있다. 겨우 60여 자의 글자 때문에 한국과 일본에서 100년 이상 논쟁을 벌여 왔다. 그러나 이 짧은 글 속에 고대 한국과 일본의 관계를 풀어 줄 비밀이 숨겨져 있다. 칠지도의 글자를 어떻게 해석하느냐에 따라 고대 한·일 관계는 전혀 다른 그림으로 그려진다. 한국과 일본 학자들이 오랫동안 칠지도에 매달려 온 이유가 바로 여기에 있다.

신궁에서 발견된 칠지도

칠지도가 처음 발견된 이소노카미 신궁에는 오랜 역사가 있다. 전설에 따르면, 이곳은 일본 초대 천황인 진무神武가 세웠다고 한다. 또한 예로부터 일본 천황과 관련된 신비한 무기류와 보물이 있는 곳으로도 유명했다. 이소노카미 신궁은 일본 막부幕府시대 (1192~1868)를 거치면서 쇠퇴했는데, 메이지明治시대(1868~1911) 때 국가적 지원과 관심을 받으면서 다시 발전했다. 일본은 메이지유신(1868) 이후, 천황을 중심으로 한 근대국가로 발돋움하려는 개혁을 추진했다.

따라서 이전까지의 막부시대와 달리, 메이지시대 사람들은 천황의 역사나 정통성을 찾는 일에 관심을 더 많이 가질 수밖에 없었다.

1873년 5월부터 1876년 12월까지 신궁의 대궁사大宮司로 근무한 간 마사토모菅政友도 그런 사람 중 하나였다. 1824년에 태어난 그는 조정의 관리로 근무하면서 일본의 역사를 편찬하는 일에 관심이 많았다. 특히 일본 고대의 역사, 천황의 계보, 역사지리 등의 분야에서 글을 많이 남겼다. 그런 그가 신궁에 남아 있는 천황 관련 전설과 유물에 크게 관심을 보인 것은 자연스러운 일이었다.

간 마사토모는 이소노카미 신궁의 신고神庫(신령한 보물을 보관한 창고)를 조사하는 과정에서, 예로부터 보관해 오던 독특

칠지도 정밀사진

한 모양의 칼을 발견했다. 칼의 표면은 녹이 심하게 슬어서 검게 보였다. 그런데 칼 표면에서 드문드문 금색이 보였다. 그는 이를 이상하게 생각하고, 칼 표면의 녹을 작은 칼로 떼어 냈다. 그러자 마침내 금색 실로 만든 글자들이 드러났다. 글자는 칼 몸체의 중앙 부분에 금실로 새

칠지도 복제품

겨져 있었는데, 앞면과 뒷면에서 모두 나타났다.

일부에서는 간 마사토모가 녹을 벗겨 내면서 일본에 유리하도록 글자를 고치려고 했다거나, 제작 연도의 일부를 지워 버렸다고 주장하기도 한다. 그러나 뒤에서 살펴보겠지만, 현재 남아 있는 칠지도의 글자는 전체적으로 상위자인 백제왕이 하위자인 왜왕에게 칼을 내려준다는 내용을 담고 있다. 또한 간 마사토모가 고의로 특정 글자를 지웠는지 여부는 학술적으로 증명하기 어렵다.

다만, 칠지도의 녹을 억지로 벗겨 내는 과정에서 일부 글자까지 함께 지워져 버린 것은 분명하다. 이에 따라 칠지도 글자를 완전히 판독하는 일은 어려웠다. 칠지도 글자에 대한 본격 분석은 정밀 촬영, 엑스선 조사 등 과학기술의 도입을 기다려야만 했다.

간 마사토모가 칠지도를 발견했을 당시, 신고는 배전 옆에 있었고 배전 뒤편은 금족지禁足地(사람의 출입을 금지한 땅)로 지정돼 건물이 없었다. 간 마사토모는 일본 조정의 허가를 받아 금족지를 발굴했고, 이곳에서 구슬과 칼 등의 유물을 발견했다고 한다. 그 뒤 금족지 내에 현재의 본전이 새롭게 건립됐고, 그 옆으로 신고가 옮겨져서 지금까지 이어지고 있다. 현재 칠지도는 신고에 없고, 다른 보물들과 함께 신궁 보물 수장고에 보관 돼 있다고 한다.

칠지도는 헌상품인가, 하사품인가?

칠지도 몸체에는 금으로 새겨진 글자들이 있으며, 글자 바깥 테두리에는 금으로 만든 선이 둘러져 있다. 각 글자는 칼의 몸체를 파고 금실을 채워 넣는 상감象嵌기법으로 새겨졌다. 그런데 철 표면에 상감기법으로 글자를 새겨 넣으려면, 한 글자 한 글자마다 엄청난 정성과 시간을 쏟아야 한다. 백제인들은 칠지도를 제작하기 위해 상당한 노력을 기울였다.

칠지도에서 발견된 글자는 앞면 서른다섯 자, 뒷면 스물일곱 자로서 모두 예순두 자다. 칠지도에는 앞면과 뒷면이 별도로 표시돼 있지 않으나, 일반적으로 제작 시기가 기록된 부분을 앞면으로 부른다. 뒷면에는 제작한 사람과 받는 사람이 기록돼 있다.

칠지도 글의 내용은 다음과 같다. 원문의 □는 알아보기 어려운 글자를 표시한 것이고, 〈 〉는 원문에 명확히 남아 있지 않지만 추정한 글자다. 칠지도에는 알아보기 어려운 글자가 많기 때문에, 학자들마다 제시하는 원문과 해석이 조금씩 다르다. 다음은 여러 견해를 종합해 나름대로 정리한 것이다.

• 앞면

태화泰和 4년 1□월 16일 병오丙午 한낮에 백번이나 단련된 철로 칠지도를 만들었다. 많은 적병을 물리칠 수 있어, 후왕侯王에게 주기에 알맞다. □□

□□가 만들었다.

泰〈和〉四年十□月十六日丙午正陽 造百練鋼七支刀 生辟百兵 宜供供侯王 □
□□□作

• 뒷면

선조들의 시대 이래로 이러한 칼은 없었다. 백제왕의 치세에 기이하게 성
음聖音이 생겼으므로 왜왕의 요청을 위해 만들었다. 후손들의 시대에 전해
보이도록 하라.

先世以來 未有此刀 百濟王世□ 奇生聖音 故爲倭王旨造 傳示後世

칠지도 앞면에는 칼을 만든 시점이 기록돼 있다. 이 가운데 태화의
'화和'라는 글자는 원문에 명확히 남아 있지 않지만 추정해서 넣은 것이
다. 현재 많은 학자가 태화로 추정하는데, 읽기 어려운 글자로 보기도
한다. 이때 태화는 중국 동진(317~420)의 연호인 태화太和(366~370)로 추
정하거나, 백제에서 만들어 사용한 독자 연호로 추정한다.

많은 한국 학자가 태화를 백제 근초고왕의 독자 연호로 파악하면서,
태화 원년을 369년, 태화 4년을 372년으로 보고 있다. 369년 백제 근
초고왕은 황색 깃발을 들고 군사들을 사열했으며, 371년에는 평양성
을 공격해 고구려 고국원왕을 전사시켰고, 372년에 처음으로 동진에
사신을 보냈다. 이 시기는 교과서에서 말하는 백제의 전성기다. 그러므
로 많은 학자가 태화를 근초고왕의 연호로 추정했다. 이와 달리, 태화

를 전지왕腆支王(재위 405~420)이나 무령왕武寧王(재위 501~523) 등 다른 백제왕의 연호로 보는 견해도 있다.

하지만 이 견해는 백제에서 독자 연호를 사용하지 않았다는 비판에서 자유로울 수 없다. 실제로 백제에서 연호 대신에 간지干支로 연대를 표기했다는 중국 기록이 있고, 무령왕릉 지석과 같은 백제 문자 자료 중에 독자 연호를 사용한 사례가 없다.

이에 따라, 태화를 중국 동진의 연호로 보는 견해도 일찍부터 제시됐는데, 현재 많은 일본 학자와 일부 한국 학자가 지지한다. 이 견해에 따르면 태화 4년은 369년에 해당한다.

그런데 태화를 동진의 연호로 볼 수 없다는 비판도 만만치 않다. 우선, 태泰를 태화 연호의 태太로 보기 힘들다는 지적이 있다. 칠지도의 글자는 철 표면을 깎아서 새겼는데, 굳이 쉬운 글자인 太를 어려운 글자인 泰로 바꿔서 새기지 않았으리라는 비판이다. 다음으로 백제가 동진과 처음 교섭한 것이 372년인데, 그보다 이전인 369년에 동진의 연호를 알고 사용하기 어려웠다는 비판이 있다.

하지만 太를 泰로 기록한 사례가 같은 시기 중국 벽돌에서도 나타나기 때문에, 太和를 泰和로 기록했을 가능성도 있다. 그리고 372년 이전에 대방군 지역과 고구려에서 이미 동진의 연호를 알고 있었고, 백제 지역에서 이른 시기 동진의 유물이 출토되기도 했다. 따라서 백제에서 372년 이전에 동진의 연호를 이미 알았을 가능성도 있다.

태화가 동진의 연호인지, 백제의 독자 연호인지는 단순히 이 두 글자를 해석하는 것만으로 결론내리기 어렵다. 다만, 앞면 글자들을 종합해 살펴본다면, 해결의 실마리를 찾을 수 있을지도 모른다.

앞면에는 태화 4년에 이어서 '1□월 16일'에 만들었다는 내용이 있다. 원문의 1□월은 예전에 '5월五月'로 추정했으나, 엑스선 사진을 보면 '五' 자리에 '十'으로 보이는 글자와 알아보기 어려운 한 글자가 더 있는 것으로 추정됐다. 정밀 사진에는 '十' 아래에 '一'로 추정되는 홈이 희미하게 보였다. 따라서 제작 월은 '11월十一月', '12월十二月' 중에 하나일 가능성이 있다.

그런데 11월 또는 12월이라면, 태화를 근초고왕의 연호로 보는 견해는 흔들리게 된다. 그 견해에 따르면 칠지도는 태화 4년(372) 11월 또는 12월에 제작됐는데,《일본서기》진구황후 기록에는 3~4개월 앞선 372년 9월에 왜로 전달됐다고 나오기 때문이다.《일본서기》의 기록을 전혀 다른 방식으로 해석하지 않는 한, 태화 4년을 372년으로 보기는 힘들다.

칠지도의 제작 연대에 대해서는 다양한 견해가 아직도 대립 중이지만, 이 글에서는 태화를 동진의 연호로 보는 견해를 따랐다. 백제의 독자 연호를 보여 주는 기록이나 유물이 없고, 369년 당시에 백제에서 동진 연호를 알고 사용했을 가능성이 있으며, 제작 월을 1□월로 보더라도 역사적 해석에 무리가 없기 때문이다.

이어지는 원문의 '정양正陽'은 불의 기운이 가장 강한 한낮을 의미한다. 즉, 철을 다루어 칼을 만들기에 좋은 날을 골랐다는 상징적 의미가

담겨 있다. 뒤이어 나오는 '백 번이나 단련된 철로 만들었다'는 구절이
나 '많은 적병을 물리칠 수 있다'는 구절도 칼의 신비로운 능력을 강조
하는 상투적 표현이다.

　앞면 가장 뒤에 나오는 '공공供供'에 대해서는 '공손하다', '주다', '바
치다' 등으로 해석이 엇갈린다. 그런데 목적어로 나오는 후왕侯王을 백
제왕보다 아래에 있는 왜왕倭王으로 본다면, '후왕(왜왕)에게 주기에(供
供) 알맞다'는 해석이 자연스럽다.

　뒷면에는 칠지도를 만들게 된 이유와 만든 사람, 받는 사람이 기록
돼 있다. '선세先世'는 선조들의 시대라는 뜻으로, 선조들의 시대에는
없던 칠지도를 지금 만들었다는, 당시 백제인의 자신감이 담겨 있다.

　이어지는 원문의 '백제왕세百濟王世' 다음 글자는 가운데에 가로획
'一'만 희미하게 남아 있다. 많은 학자가 이것을 '자子'로 보면서, 칠지도
를 만든 사람을 '백제왕세자'로 이해했다. 하지만 '一'은 '세世'의 가로획
일 가능성도 있기 때문에, 본디 어떤 글자인지 정확히 알기 어렵다. 결
국 이 부분의 해석은 앞뒤 맥락을 고려해 추정할 수밖에 없다.

　뒷면의 가장 마지막 구절은 '후손들의 시대에 전해 보이도록 하라'
는 뜻을 담고 있다. 이때 '후세後世'는 앞의 '선세'와 서로 대응된다. 따
라서 '후세'와 '선세'의 중간에 위치하는 '백제왕세□'는 현재, 즉 '백제
왕의 치세'를 말한다고 추정할 수 있다.

　'백제왕세□'와 '후세' 사이에는 '기생성음奇生聖音', '고위왜왕지조故爲
倭王旨造'라는 구절이 있는데, 이 부분도 학자들마다 견해 차이가 크다.

'기생성음'에서 '음'을 '진晉'으로 보는 독특한 견해가 있다. 이 견해에서는 "'백제왕'과 '세자'가 성스러운 동진晉에 기생寄生했으므로 왜왕倭王 지旨를 위해 만들었다"라고 해석했다. 중국 동진의 황제가 백제를 경유해 왜에 칠지도를 주었다고 파악하는 것이다. 이러한 견해는 '백제 경유 동진하사설'이라고 할 수 있다.

그런데 '音'을 '晉'으로 보기는 힘들다. 거의 대부분의 학자들도 '音'으로 본다. 게다가 칠지도에는 동진 황제에 대한 언급이 전혀 없고,《일본서기》진구황후 기록에도 백제에 대한 언급만 남아 있다. 따라서 '晉'으로 보기는 힘들다.

해석에서는 '기생성음'과 '왜왕지'를 사람 이름으로 볼 것인가, 아니면 하나의 문장으로 해석할 것인가를 두고 논란이 분분하다. '기생성음'을 사람 이름으로 보는 설에서는 앞의 '백제왕세□'를 백제 왕세자로 보고 논리를 전개했다. 그런데 만약 백제왕의 치세로 해석한다면, '기생성음'을 하나의 문장으로 풀이하는 것이 합리적이다.

'기생성음'을 그대로 해석하면, '성음이 기이하게 생겨나' 정도로 풀 수 있다. 이때 '성음'에 대해서는 '부처의 음성', '성상聖上의 말씀' 등으로 이해한 견해가 있지만, 정확한 의미는 알기 어렵다.

'왜왕지'에서 '지旨'의 의미를 '요청'으로 풀어 보면, '왜왕의 요청을 위해 만들다'라고 해석할 수 있다.《일본서기》에는 366년부터 백제와 왜 사이에 사신이 오갔다고 나오므로, 369년 칠지도 제작에 앞서 왜왕의 요청이 백제로 전달됐을 가능성이 존재한다. 이 글에서는 '기생성음', '고위왜왕지조'라는 구절을 하나의 문장으로 보는 견해에 따라 해석했다.

칠지도 해석은 한국과 일본 학자들마다 각양각색이었다. 다만, 칠지도가 백제에서 제작돼 왜왕에게 전달됐다는 것은 분명해 보인다. 그렇다면 칠지도가 어떠한 의도로 전달됐는지 궁금하다. 칠지도가 백제왕의 헌상품인지, 하사품인지에 따라 당시 백제와 왜의 관계를 바라보는 관점이 전혀 달라지기 때문이다. 이러한 의문을 해명하는 연구는 칠지도 발견 직후, 일본에서부터 시작됐다.

칠지도 연구의 역사

19세기 말, 칠지도 초기 연구에서는 《일본서기》 진구황후 기록에 특히 주목했다.

52년 가을 9월 … (백제 사신이) 칠지도 한 자루와 칠자경七子鏡 한 점, 그리고 귀중한 여러 보물을 바쳤다. 이에 아뢰기를, "신의 나라 서쪽에는 강이 있는데, 곡나철산谷那鐵山으로부터 흘러나옵니다. 너무 멀어서 7일간 가도 미치지 못합니다. 그 물을 마시다가, 문득 그 산의 철을 취하니, 성스러운 조정聖朝에 영원토록 바칩니다. … "라고 했다. … 이 이후로 매년 조공이 이어졌다.

－《일본서기》권9, 진구황후 52년 9월

이 사료는 《일본서기》에 등장하는 진구황후 52년 기록이다. 《일본서기》의 본디 연대를 그대로 믿는다면, 이 시점은 252년에 해당한다. 이 기록에 따르면, 백제왕이 왜에 칠지도와 여러 보물을 바쳤다고 한다.

메이지시대부터 1950년대까지 일본 학자들은 위의 기록을 그대로 인정하면서, 칠지도를 백제의 헌상품으로 보는 '헌상설'을 주장했다. 헌상설의 핵심은 백제가 왜에 조공을 바쳤으며, 더 나아가서 왜가 한반도 남부를 지배했다는 것이다. 이른바 '임나일본부설'의 출발이기도 했다. 당시 일본 학자들은 조선에 대한 식민 지배의 정당성을 칠지도를 비롯한 고대의 역사에서 찾고 싶어 했다.

일본의 메이지시대는 근대 일본을 새롭게 만들어 가는 시대였다. 이러한 근대화 과정은 일본 천황을 중심으로 이루어지는 한편, 한반도 등 주변 지역에 대한 침략을 동반했다. 따라서 고대 한반도에서 일본에 조공을 바쳤다는 《일본서기》 기록과 그것의 실제 증거라고 생각한 칠지도는 근대 일본의 팽창을 뒷받침하는 역사적 근거로 활용됐다.

그러나 폭주하던 일본의 팽창은 결국 비극적 결말에 도달했다. 계속 주변국을 침략하던 일본은 점차 군국주의, 전체주의의 길로 빠졌고, 중일전쟁과 태평양전쟁을 거쳐 마침내 1945년에 패전을 맞이하게 됐다. 그 결과, 일본 역사학계에서는 패전 이전의 역사학에 대한 반성을 하게 됐다. 특히 《일본서기》 진구황후 기록을 비판적으로 보거나, 연대를 120년 혹은 그 이상 늦춰 보는 경향이 강해졌다.

이와 함께, 1945년 이후 일본에서는 칠지도 글자를 정교하게 판독하고 연구했다. 이 시기의 연구에 따르면, 칠지도는 동진 태화 4년에 백제에서 만들어져 왜로 보내진 칼이 된다. 다만, 이 시기의 연구도 칠지도를 백제의 헌상품으로 보았기 때문에, 이전 시기의 헌상설을 계승한 연구였다고 할 수 있다.

헌상설 중심의 칠지도 연구는 1960년대 북한 학자 김석형이 '분국설'을 제기하면서 크게 흔들렸다. 분국설은 고대 한반도 국가들이 일본 열도에 분국分國을 만들었다는 주장이다. 김석형은 일본 학자들이 이용하던《일본서기》를 똑같이 활용하면서 정반대의 결론을 내렸다. 당시 일본 학계에 분국설이 미친 파장은 엄청났다.《일본서기》를 통해 만들어 온 일본 우위의 고대 한일 관계사가 정반대로 뒤집힐 수도 있었기 때문이다. 그 여파로 인해, 헌상설을 180도 뒤집어 생각할 수 있다는 사고의 전환이 가능해졌다.

1970년대 이후, 정밀 사진 판독과 엑스선 사진 판독 등을 통해 칠지도 글자 판독이 정밀해졌다. 칠지도 표면에서 금색 실이 떨어져 나가고 남은 홈이나, 녹 아래에 숨은 글자의 선을 확인했기 때문이다. 이와 더불어, 일본 학계 내부에서도 김석형의 분국설에 자극받아 기존의 헌상설과 임나일본부설에 대한 비판적 분위기가 점차 강해졌다. 특히 헌상설의 주요 근거인《일본서기》진구황후 기록이 일본 중심으로 과장됐다는 비판을 받게 됐다. 이러한 분위기 속에서, 칠지도 성격에 대한 견해는 크게 세 갈래로 정리됐다.

첫째는 칠지도를 백제의 하사품으로 보는 '하사설'이다. 둘째는 칠

칠지도 연구사의 흐름

시기 구분	주요 학자	연호	성격	비고
1기(~1940년대)	간 마사토모	서진 태시 4년(268)	헌상품	임나일본부설의 근거로 활용
2기(1950년대)	후쿠야마 도시오 福山敏男	동진 태화 4년(369)	헌상품	동진 태화 연호로 추정
3기(1960년대)	김석형	백제 독자 연호	하사품	분국설
3기(1960년대)	구리하라 도모노부 栗原朋信	동진 태화 4년(369)	동진 하사품	백제를 경유한 동진의 하사품
4기(~최근)	한국 학계 다수	백제 독자 연호	하사품/ 외교적 선물	엑스선 사진 판독, 다양한 연대 비정, 한국 학계 연구 증가
4기(~최근)	일본 학계 다수	동진 태화 4년 (369)	하사품/ 외교적 선물/ 동진 하사품	엑스선 사진 판독, 다양한 연대 비정, 한국 학계 연구 증가

지도를 동진에서 백제를 경유해 왜에 전해진 것으로 보는 '백제 경유 동진 하사설'이다. 셋째는 칠지도를 백제와 왜 사이의 외교적 상징물 내지 선물로 이해하는 견해다.

많은 한국 학자들은 태화 4년을 백제의 독자 연호로 보면서, 칠지도를 4세기 후반에서 6세기 초반 사이에 백제왕이 왜왕에게 하사했다고 보거나 백제와 일본의 우호 관계에 따른 외교적 상징물로 본다. 일본에서는 대체로 태화 4년을 동진의 태화 4년으로 보면서, 칠지도를 4세기 후반 백제의 하사품 또는 외교적 선물로 보거나, 동진에서 백제를 거쳐 하사했다고 본다.

1950년대까지 칠지도는 임나일본부설의 출발점으로 활용됐지만, 현재 임나일본부설에 따르는 칠지도 연구는 사라졌다. 다만, 여전히 칠지도의 제작 시점과 성격에 대해서는 매우 다양한 견해가 대립한다. 조금 과장해서 말한다면, 칠지도를 해석하는 모든 경우의 수가 이미 논문으로 제출됐다고 할 수 있다. 그렇다면 다시 궁금해진다. 칠지도는 어떠한 의도로 백제에서 왜로 전달됐을까? 칠지도의 성격을 제대로 이해하려면, 칠지도의 내용을 객관적 시선으로 바라보는 동시에, 당시 백제와 왜의 상황까지 함께 생각할 필요가 있다.

백제와 왜의 관계를 주목하자

과거 일본 학자들은《일본서기》를 그대로 신뢰하면서, 칠지도를 백제의 헌상품으로 이해했다. 이러한 헌상설이 나오게 된 가장 큰 배경은 당시 일본의 '필요'였다. 근대화 과정에 있던 일본은 한반도 침략의 역사적 근거로서 칠지도에 주목할 수밖에 없었다.

하지만 칠지도의 내용은 백제왕이 왜왕에게 하사하는 형식으로 기록돼 있다. 또한《일본서기》의 진구황후 기록은 일본 천황 중심으로 과장된 기록이라는 비판을 받는다.

그렇다면 칠지도는 백제왕이 왜왕에게 하사하는 하사품이었을까? 아니면 서로 대등한 관계에서 준 외교적 선물이었을까? 그것도 아니면 동진 황제가 백제를 경유해 내려준 물건이었을까?

이러한 질문을 던지면서 가장 먼저 생각하게 되는 것은, 또 다른 현재의 필요성 때문에 과거의 사실을 덮거나 잘못 해석하지 않을까 하는 우려다. 과거 일본이 자국 중심으로 칠지도를 바라보면서 저질렀던 실수를 되풀이하지 않으려면, 현재 우리의 필요성보다 칠지도 자체와 당시 국제 정세에 집중해야 한다.

칠지도에서는 왜왕을 후왕으로 표현했고, 이 칼을 후세에 전하라는 당부를 남겼다. 이러한 구절에 따르면, 칠지도는 백제왕이 왜왕에게 하사한 물건이다. 그런데 백제에서 만들어진 칠지도는 기본적으로 왜에 대한 백제의 '인식'을 보여 주는 물건이다.《일본서기》가 백제에 대한 일본의 '인식'을 보여 주는 사료라는 점과 마찬가지다. 따라서 칠지도에 보이는 백제의 인식이 당시 백제와 왜의 실제 관계를 보여 주는지 따져 볼 필요가 있다.

국가 간의 외교 관계에 있어서 어느 한쪽의 인식이 두 나라의 실제 관계와 다르게 기록되는 경우는 쉽게 찾아볼 수 있다. 예를 들어, 중국의 여러 나라들은 백제왕을 책봉할 때, 자국 중심의 인식에 맞춰 외교 문서를 보냈다. 백제왕도 그러한 인식에 어긋나지 않게끔 형식을 갖추어 외교문서를 보냈다. 이러한 관계를 흔히 '조공책봉 관계'라고 하지만, 둘 사이의 실제 관계는 그러한 인식과는 조금 달랐다. 백제왕은 국내의 필요성과 중국의 상황을 동시에 고려하면서, 백제의 외교적 이익에 따라 행동하기도 했다.

현재 한국 학계에서는 대체로 백제가 왜에 선진적인 문화나 물건을 전해 주는 대신에 외교적·군사적 지원을 받았을 것으로 추정한다. 백제와 왜의 관계를 일방적인 모습으로 보기보다, 서로 주고받는 관계로 이해하는 것이다. 백제에서 칠지도를 제작해 왜에 전달하는 과정도 이러한 상호관계 속에서 존재했다. 최근 한국의 칠지도 연구 중에는 '헌상품인가?', '하사품인가?'라는 논쟁에 집중하기보다, 당시 백제와 왜의 관계에 주목하는 시도가 늘어나고 있다.

고구려와 격렬한 전쟁을 치르던 백제 근초고왕에게 필요한 것은 후방의 안정과 외교적·군사적 지원이었다. 그러한 의미에서 당시 왜는 백제에 좋은 파트너였을 것으로 추정된다. '광개토왕비'나 《일본서기》에 기록된 왜군의 활동은 큰 틀에서 백제를 지원하기 위한 것으로 생각된다. 그렇기 때문에 백제에서도 왜에 왕자를 직접 보내는 등 다양한 노력을 기울였다.

왜 입장에서도 내부의 통합과 선진 문물 도입을 위한 최적의 파트너로 백제를 생각했을 것이다. 당시 백제는 중국의 동진과 긴밀한 관계를 맺고 있었고, 왜와 우호 관계를 유지하고 있었다. 같은 시기 왜는 이른바 고훈古墳시대에 접어들면서 거대한 무덤을 만들 정도로 발전했지만, 아직 일본열도 전체를 아우르는 통합력을 발휘하지 못하고 있었다. '일본'이라는 국호도 없던 시절이었다. 따라서 백제를 통해 선진 문물을 도입하고 국제무대에 데뷔하는 것은 내부의 통합을 위해 중요한 외교적 과제였을 것이다.

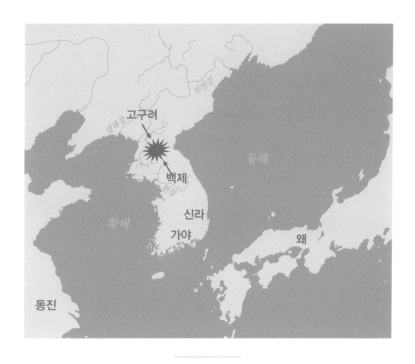

4세기 후반 한반도 주변 정세

칠지도는 백제왕이 왜왕에게 내려준다는 백제의 인식에 따라 제작
됐다. 다만, 실제 백제와 왜의 관계는 서로 필요한 것을 주고받는 우호
관계였던 것으로 보인다. 이러한 우호 관계를 고려한다면, 칠지도의 실
제 성격은 '헌상품'이나 '하사품'이라기보다, 외교적 선물에 가까웠을
것이다.

지금까지 칠지도에 대한 연구를 돌아보면, 현재의 '필요'에 따라 칠

지도 연구의 방향이 먼저 설정됐던 것 같다. 예를 들어, 과거 일본에서는 한반도를 침략하기 위한 '필요'에서 칠지도를 '헌상품'으로 이해한 측면이 있었다. 하지만 칠지도의 내용을 백제의 '인식'이 반영된 것으로 보면서, 당시 백제와 왜의 실제 관계가 어떠했는지에 주목할 필요가 있다. 그렇게 된다면, 현재의 '필요'에 따라 칠지도를 활용하는 잘못을 되풀이하지 않고, 당시 양국 관계를 더욱 정확하게 바라볼 수 있을 것이다.

이 성 호

신라의 삼국통일에 대한 인식들
독립을 꿈꾸다
한강 유역 확보와 신라의 흥로차기
생존을 위한 진덕 외교
생존을 위한 진덕 외교, 대야성전투
백제·고구려의 멸망과 나당전쟁
신라의 외교는 자주인가, 사대인가?

생존을 위한
전쟁,
신라의
삼국통일

신라의 삼국통일에 대한
인식들

　　　　　삼국으로 나뉘어 있던 지역을 하나의 왕조로 통합한 신
라의 삼국통일은 한국사의 큰 사건 가운데 하나다. 학계에서는 다양한
관점으로 이 사건을 바라본다. 그중 긍정적으로 보는 시각이 가장 오
래됐는데, 그 시각에서는 신라의 삼국통일이 한민족 형성의 시작이라
고 주장한다.

　이와 달리 발해를 주목하는 연구자들은 삼국통일이라는 용어를 부
정하거나 의미를 축소했다. 그래서 통일신라가 아닌 신라와 발해를 중
심으로 한 남북국시대라는 용어를 사용한다. 한반도만이 아닌 동아시
아 전체를 포괄해서 보는 연구자들은 이 전쟁을 고구려, 신라, 백제, 당
뿐만 아니라 돌궐突厥, 토번吐蕃, 왜까지 참전한 동아시아 국제전이라
는 관점에서 설명한다.

다른 한편으로 신라의 의도와 상황을 중시하는 측면에서는 삼국통일전쟁이 아니라 백제병합전쟁이었다는 논의도 나오는 상황이다. 이렇듯 학계에서는 삼국통일을 다양한 관점으로 연구하고 평가하고 있지만, 아쉽게도 그러한 연구가 시민사회로 전달되지 못했다.

그렇다면 시민사회에서는 이 역사적 사건을 어떻게 보고 있을까? 학계와는 달리 시민사회, 혹은 대중매체에서 드러나는 신라의 삼국통일에 대한 대중의 평가는 상당히 부정적이다.

특히 인터넷에서 삼국통일이나 김춘추金春秋(태종무열왕, 재위 654~661) 관련 방송이나 책을 소개하는 기사의 댓글란에는 김춘추를 외세를 끌어들인 민족 배반자라던지 혹은 친일파와 동일 선상에 놓고 비판을 하거나 사대주의의 시작이 된 원흉이라는 등의 악의적 비난이 이루어지고 있다. 이러한 댓글 외에도 소위 민족주의를 내세우는 역사 블로그나 역사 카페 등에서도 신라의 삼국통일을 서술할 때 민족을 팔아먹었다는 등의 악의적인 내용이 많이 나오고 있다. 그렇다면 이러한 인식은 왜 생겼을까.

아이러니하게도 이러한 평가의 근거로 이용되는 것이 단재 신채호다. 일제강점기 독립운동가이자 민족사학자로 명망이 높던 신채호는 《조선상고사朝鮮上古史》라는 책을 저술하면서 김춘추를 "외세를 끌어들여 동족을 멸한 '매국노'로서 도적을 끌어들여 형제를 친 것과 같으니 어찌 통일의 영웅이라 칭송하느냐?"라고 평가한 바 있다. 그러나 이것은 일제강점기라는 시대 배경 속에서 외세를 배척하고 저항적인 민족의식을 고취하고 자주성을 강조하기 위한 의도를 가진 평가였다.

하지만 후대에 와서 이 평가는 의도와 상관없이 소위 민족사학이라는 사람들에 의해 활용됐다. 그들은 고조선이나 고구려의 역사를 과장함과 동시에 신라와 김춘추를 외세를 끌어들인 사대주의자이자 민족 반역자, 더 나아가 한국사를 대륙이 아닌 한반도로 축소시킨 원흉이라고 악평했다. 그리고 이러한 인식이 애국 애족적인 것처럼 보이게 했고, 그 결과 각종 소설이나 비전문가의 칼럼 등에 상당히 많이 반영됐다. 이렇게 왜곡된 인식이 대중매체를 통해 사실인 것처럼 알음알음 퍼져나가게 돼 일부 대중들에게 무비판적으로 수용됐다. 그 결과가 앞에서 다룬 댓글처럼 나타나게 된 것이다.

하지만 이러한 사람들의 관점대로 신라의 삼국통일을 과연 한국사를 축소시키고 사대주의를 가져온 치욕적인 사건으로만 기억해야 할 것인가? 그리고 삼국통일을 이룩하는 데 가장 큰 역할을 한 김춘추를 민족 배반자, 혹은 사대주의자로 봐야 할 것인가? 우리는 그 시대로 돌아가서 어떠한 상황 속에서 이러한 사건들이 진행됐고 역사적 인물들이 왜 그러한 선택을 해야만 했는지를 살펴봐야 할 것이다. 그리고 그 이후에야 우리가 어떠한 입장에서 이들에 대해 역사적 평가를 내릴 수 있는가를 고민해 봐야 할 것이다.

독립을 꿈꾸다

　　신라는 경주 지역을 중심으로 발전한 국가다. 하지만 태백산맥과 소백산맥으로 인한 지형적 고립이라는 환경과 지리적 위치 때문에 고구려나 백제에 비해 발전 속도가 상당히 느렸다. 그리고 바로 남쪽에 가야제국伽倻諸國과 같은 강력한 경쟁 국가가 있다는 점도 문제가 됐다. 게다가 건국 초기부터 동해안을 통해 여러 차례 침탈해 온 왜구로 인해 국가적 위기 상황을 겪는 일이 비일비재했다.

　　이러한 위기를 극복하고 3~4세기에 이르러 겨우 국가 형태를 갖추어 갔다. 그런데 이 시점에 강력한 힘을 가진 고구려가 동해안 지역을 통해 진출해 와서 신라와 접촉했다. 그리고 그 결과 신라는 고구려의 신하국처럼 복속된 모습으로 됐는데, 이러한 상황은 충주고구려비를 통해 확인할 수 있다.

　　비에는 "신라 매금寐錦은 세세토록 형제같이 지내기를 원해 서로 수천守天하기 위해 동으로 왔다"라고 돼 있다. 비가 세워진 시점에 고구려왕이 신라왕을 불렀고 신라왕은 그 명령에 따라 충주 지역까지 직접 찾아가서 고구려왕을 맞이했던 것이다.

충주고구려비

또 비에는 "신라토내당주新羅土內幢主"라는 기록도 있는데, 고구려 군대가 신라 영토 내에 주둔한다는 내용으로 해석한다. 더욱이 경주의 한 고분에서 고구려가 하사한 것으로 보이는 호우壺杅(청동으로 된 뚜껑이 달린 그릇으로, 광개토왕을 기념하기 위해 열 번째로 만든 그릇)가 발굴됐는데, 이것 또한 당시 신라 지배층이 고구려가 하사한 물품을 귀하게 여겼음을 보여 주는 사례다.

경주 호우총에서 발굴된 국강상광개토지호태왕 글자가 새겨진 호우

특히 5세기에 이르러 내물이사금奈勿尼師今(재위 356~402), 실성實聖이사금(재위 402~417), 눌지마립간訥祇麻立干(재위 417~458)으로 왕이 교체되는 과정에서 고구려의 영향력을 통해 전대 왕을 축출하고 즉위하는 권력 다툼이 일어나기도 했다. 이러한 상황에까지 이르자 신라는 고구려의 영향력을 벗어날 필요를 인식하고 노력하게 됐다.

이러한 노력 가운데 하나가 백제와의 동맹 관계(나제동맹羅濟同盟)다. 고구려에 한강 유역을 빼앗긴 백제와 고구려로부터 독립을 꾀하는 신라가 고구려에 대항하기 위해 대등한 협력 관계를 구축하기 시작한 것이다.

377년과 381년 고구려의 속국에 준하던 현실에서 신라는 고구려의 사신과 동반해 전진에 방물方物을 바쳤으나, 동행만 했을 뿐 중국왕조와 공식 관계를 맺지는 못했다. 100여 년이 지난 521년에 이르러서야 신라는 백제의 사신을 따라서 남조인 양나라에 사신을 파견했다.

대등한 동맹 관계라고 생각했던 백제의 사신을 따라온 신라로서는 선진 문물을 가진 강대국인 남조와의 외교에 많은 기대를 걸었다. 하지만 당시 중국 왕조에 대한 외교 절차나 의례를 파악하지 못했고, 이런 문제들로 인해 모든 의사소통은 백제 사신을 통해서만 가능했다.

하지만 백제는 이러한 상황을 악용해 신라를 자기네 복속국인 것처럼 소개하고 문자도 없는 무지한 나라로 비하했다. 기록을 보면 다음과 같이 언급돼 있다.

《양서梁書》신라전과《양직공도梁職貢圖》제기題記에 의하면 "문자가 없으므로 나무에 금을 새겨 신표로 삼는다. 의사는 백제의 통역이 있어야 소통할 수 있다"라고 기록돼 있다. 또한 양나라에 조공하러 온 사신들을 그린《양직공도》에서는 백제에 부속된 아홉 나라로 "반파叛波, 탁卓, 다라多羅, 전라前羅, 사라斯羅, 지미止迷, 마련麻連, 상기문上己汶, 하침라下枕羅"를 열거했다. 그런데 신라의 다른 이름인 사라가 기록돼 있어 신라를 백제의 부용국으로 소개했던 것으로 보인다.

이렇듯 백제가 신라를 자신의 부용국으로 소개하거나 문자가 없다는 듯이 비하해 소개하는 동안 신라 사신은 그 사실을 몰랐을까?

신라가 양나라에 사신을 보낸 521년은 국가 체계에서 법과 제도의

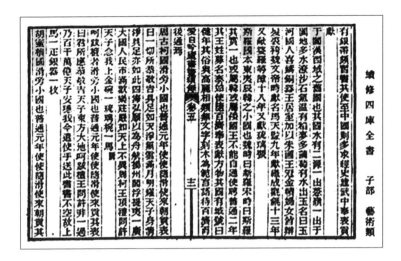

《양직공도》제기

근간이 되는 율령을 반포한 다음 해였다. 고대국가에서 율령을 만든다
는 것은 상당히 고도의 법과 제도를 만들어 운영한다는 의미로 수준
높은 통치체제를 갖추었음을 보여 주는 사실이다.

　게다가 당시 신라인의 문자 사용 현황을 보여 주는 자료도 확인되
고 있다. 501년에 만들어진 포항중성리신라비와 503년에 만들어진 포
항냉수리신라비, 524년 만들어진 울진봉평리신라비에 적힌 기록들을
보면 상당히 높은 수준의 정치체제와 문자 사용 능력을 알 수 있다.

　이런 상황에서 신라 사신이 한자를 몰랐을 가능성은 없었을 것이다.
그러므로 신라 사신은 백제 사신이 왜곡된 사실을 전하고 있다는 것을

포항중성리신라비   울진봉평리신라비

자세히는 아니더라도 이상하다는 정도로는 파악했을 것이다. 또한 이
전의 고구려 사신을 따라 갔을 때와 같이 중국과 직접 외교 관계를 맺
지 못했다는 한계를 절감했고, 교통로를 직접 확보해야 할 필요성을
다시 한번 확인했을 것이다. 신라는 양과의 외교를 통해 나제동맹의
한계를 절감했고 실리를 찾을 방법을 강구하게 됐다. 이러한 상황 속
에서 나제동맹과 고구려의 대치는 계속됐다.

한강 유역 확보와
신라의 홀로서기

　　진흥왕이 즉위(540)한 이후 신라는 백제와 함께 한강 유역을 확보하기 위해 고구려 공격을 감행한다. 이때 고구려는 북방의 돌궐 등의 세력과 각축전을 벌이느라 한강 유역에 대한 경계를 늦출 수밖에 없었고, 그 틈을 타 나제동맹군은 한강 유역을 차지하는 데 성공했다. 이 성과로 신라는 한강 상류 지역을, 백제는 하류 지역을 차지했다. 하지만 신라 입장에서 독자적으로 중국과 외교하기 위해서는 한강 하류 지역까지 확보하는 것이 반드시 필요했다.

　　결국 신라는 553년 백제가 장악한 한강 하류 지역을 공격해 차지하고 신주新州를 설치했다. 그러자 백제는 한강 유역을 다시 확보하기 위해 554년에 태자 여창(후에 위덕왕)을 총사령관으로 해 수만의 군대를 일으켜 신라 관산성管山城(충청북도 옥천)을 공격했다. 치열한 전쟁이 진행되던 중 성왕聖王(재위 523~554)은 전쟁을 지휘하는 태자와 백제군을 응원하기로 했다. 이를 위해 야밤에 백제군 진영으로 이동하다가 신라 복병의 기습으로 사로잡혔고 결국 전사하게 됐다. 이 사건으로 백제군은 성왕의 복수를 위해 무리한 전투를 벌이게 됐고 2만 9600명의 전사자를 내는 참패를 당하게 됐다. 이 전투 결과로 양국은 동맹 관계에서 적대 관계로 돌아서게 됐고, 신라는 백제라는 동맹군을 잃었지만 국가의 큰 숙원 사업이던 매우 중요한 교통로인 한강 유역을 확보하는 데 성공하게 됐다.

이후 신라는 이 지역을 중요한 거점으로 삼고 수많은 성을 쌓아 교통로를 지켰으며, 동시에 북방으로 진출해 많은 영토를 확보했다. 이제서야 신라는 중국 왕조에 독자적으로 사신을 보낼 수 있게 됐다. 하지만 백제와의 적대 관계는 더욱 심화됐다. 백제로서는 성왕의 전사라는 크나큰 치욕을 겪었기에 복수를 위해서라도 신라에 대한 공격을 멈출 수 없었다.

성왕의 뒤를 이은 위덕왕威德王(재위 554~598)은 계속해서 신라를 공격했다. 당시 신라는 한강 유역에서는 고구려와 백제군을 양방향에서 맞서야 했으며, 한강 유역 외에도 백제와 접경한 지역 대부분이 공격받고 있는 상황이었기 때문에 방어에 치중할 수밖에 없었다. 이러한 위기 상황 속에서도 신라는 한강 유역을 포기하지 않고 필사적으로 지키면서 중국 왕조와 교류를 지속했다.

이러한 상황은 무왕武王(재위 600~641) 대에도 지속됐다. 무왕도 즉위와 동시에 신라를 공격했다. 위덕왕 대와 달리 관산성전투에서 입은 피해가 모두 수습됐고 국가의 체제가 이전보다 상당히 정비된 뒤였기에, 그 공세는 이전보다 더욱 위협적이었다.

신라는 고구려와 백제에 공격받는 상황이 계속되자, 책봉 체제의 중심인 당唐에 중재를 요청했다. 이에 당은 무왕에게 공격 중지를 권고했고, 627년의 대대적 공격을 준비하던 무왕은 권고를 받아들여 공격을 중단하고 당에 사신을 보내 사죄하는 모습을 보였다. 하지만 그것도 잠시뿐이었으며, 무왕은 계속해서 신라를 침공했다. 이와 관련해서

"비록 겉으로는 명령에 순종하겠다고 했으나 실제로는 이전처럼 서로 원수 지간이었다"라는 기록(《삼국사기》 권28, 백제본기 5, 무왕 28년·《구당서》 권199 상, 백제전)이 남아 있을 정도였다.

상황 변화의 기점, 대야성전투

554년에 시작된 백제와 신라의 전쟁은 거의 100여 년 간 이어졌는데, 의자왕義慈王(재위 641~660)이 즉위한 이후의 공격이 신라에 가장 큰 타격이 됐다. 이 공격에 의해서 신라 서쪽 변경 40여 성이 함락되고 더 나아가 당시 대백제 전투의 가장 중요한 거점이었던 대야성大耶城(경상남도 합천)이 함락된 것이다.

대야성은 경주 서쪽 지역의 주州인 하주下州의 치소治所이자, 백제와 접경 지역 중 중요한 전선을 관할하는 곳이었다. 그리고 백제에서 신라로 가는 여러 교통로 중에서도 대야성을 지나는 교통로는 산맥에 협로나 경사로가 가장 적어 이동하기에 가장

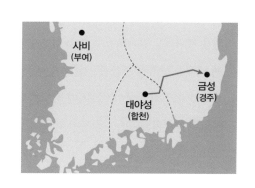

대야성 교통로 지도

수월했다. 즉 대야성은 교통로의 중심 지역이자 관문 역할을 하면서 근교에서 경주를 지키는 가장 중요한 전술 거점이었다.

당시 신라 정권의 핵심 권력자 중 하나인 김춘추는 백제와 전쟁을 할 때 이 지역이 가장 중요한 요충지임을 파악했다. 이 때문에 가장 신뢰하는 친족인 사위 김품석金品釋과 딸 고타소古陁炤를 보내 지키게 했다. 하지만 642년 40여 성을 함락한 의자왕의 군대가 그 여세를 몰아 대야성을 공격하는 상황에 이르렀다. 이 전쟁에 관한 기록을 살펴보자.

> 8월에 또 고구려와 함께 모의하여 당항성党項城을 빼앗아 당나라와 통하는 길을 끊으려 했으므로 왕이 사신을 보내 태종에게 위급함을 알렸다. 이 달에 백제 장군 윤충이 군사를 이끌고 대야성을 공격하여 함락시켰는데, 도독 이찬 품석과 사지 죽죽 용석 등이 죽었다. … 처음 대야성이 패했을 때 도독 품석의 아내도 죽었는데, 이는 춘추의 딸이었다. 춘추가 이를 듣고 기둥에 기대어 서서 하루 종일 눈도 깜박이지 않았고 사람이나 물건이 그 앞을 지나가도 알아보지 못했다. 얼마가 지나 "슬프구나. 대장부가 돼 어찌 백제를 삼키지 못하겠는가"라고 하고, 곧 왕에게 나아가 "신이 고구려에 사신으로 가서 군사를 청하여 백제에게 원수를 갚고자 합니다"라고 말하니 왕이 허락했다.
>
> -《삼국사기》권5, 신라본기5, 선덕왕11년

8월에 장군 윤충을 보내 군사 1만 명을 거느리고 신라의 대야성을 공격했다. 성주 품석이 처자와 함께 나와 항복하자 윤충은 모두 죽이고 그 머리를 베어 왕도에 전달하고, 남녀 1천여 명을 사로잡아 나라 서쪽의 주현에 나누어 살게 했다.

-《삼국사기》권28, 백제본기 6, 의자왕 2년

죽죽은 대야주 사람이다. … (선덕)왕 11년 임인년 가을 8월에 백제 장군 윤충이 군사를 거느리고 와서 그 성을 공격했다. 앞서 도독 품석이 막객幕客인 사지 검일의 아내가 예쁜 것을 보고 빼앗았으므로 검일이 한스럽게 여겼다. 이때에 이르러 (검일이) 내응하여 그 창고를 불태웠으므로 성안이 흉흉하고 두려워 굳게 지키지를 못했다. …

-《삼국사기》권47, 열전 7, 죽죽

대야성전투는 기록에서 볼 수 있듯이 김품석의 실책으로 인해 신라군이 대패한 전투였다. 윤충允忠이 이끈 백제군이 대야성을 포위·공격했을 때 성안에서 내분이 일어났는데, 내분의 원인은 지휘관 김품석에게 있었다. 대야성의 장수인 검일黔日이 자기 아내를 빼앗은 김품석에게 원한을 품고 친구 모척毛尺과 모의해서 창고에 불을 지른 것이다. 그리고 이로 인해 성안의 민심은 흉흉해졌다.

이러한 상황에 전의를 상실한 일부 세력이 김품석을 압박해 항복을 요구했고, 그에 반대하던 죽죽竹竹 등의 세력은 결사 항전을 주장했다. 결국 김품석은 항복하기로 결정하고 이를 위해 병사를 먼저 내보냈으나, 병사들은 복병에 의해 모두 죽었다. 그러자 김품석은 자기 아내와 자식을 죽이고 스스로 자결했다. 대야성에 남아 있던 죽죽과 용석龍石이 남은 병사를 동원해 결사 항전했으나, 마침내 성은 함락됐고 이들도 죽임을 당했다.

이 전투의 결과 백제는 낙동강 서쪽에서 가장 중요한 거점이자 중요한 요충지인 대야성을 장악하게 됐다. 신라 입장에서는 이전까지의 전투가 상실한 영토를 회복하기 위한 백제의 공격을 막기 위한 영역 다툼이었다면, 대야성 함락 이후부터의 전투는 신라라는 국가의 생존을 위한 사투가 됐다.

한강 유역을 차지한 이후 100여 년에 이르는 기간 동안 벌어진 전투 중에서도 대야성전투의 패배는 신라에 큰 충격이었다. 게다가 경주에 이르는 중요한 요충지였기에 자기 친족을 파견하면서까지 지키도록 했던 김춘추에게도 커다란 충격이었다.

더욱이 대야성전투의 패배 원인이 결사 항전의 안타까운 패배가 아니라 김품석 개인의 행실 문제로 발발한 내부 분란이었다는 점과 그러한 상황에서 김품석이 항전을 포기하고 투항했다는 점이 알려졌다.

이러한 결과는 김춘추 개인에게는 인사의 실패이자 전략의 실패였고, 정치적 입지에도 큰 타격을 주었다. 이로 인해 김춘추 개인뿐만 아니라 김춘추를 지지하던 선덕여왕善德女王(재위 632~347)과 김유신金庾信(595~673) 세력도 큰 타격을 입었다.

김춘추가 이 소식을 듣고 충격에 빠져 하루를 멍하니 있었다는 기록에서의 그 충격이란, 단지 자기 딸과 사위의 사망 문제가 아니라, 자신의 정치적 입지와 신라가 처한 위기 상황을 깨닫게 된 충격이었을 것이다. 이후 김춘추의 행동은 딸과 사위의 복수를 명분으로 내세웠으나, 실제로는 현재의 위기 상황을 신라의 독자적 힘만으로 극복할 수 없다는 사실을 깨달았던 때문으로 보인다. 그래서 김춘추는 이 상황을 타개하기 위한 전략으로 외교를 통한 동맹을 구하는 것을 선택했다.

이 전략은 고구려와 백제 양국의 공격을 막기 위해 신라의 전 병력이 분산돼 있다는 단점을 해소하고 군사력을 대백제전이라는 한 전선에 집중하기 위한 해결책이기도 했다. 김춘추가 대야성전투 이후 외교적 해결책을 제안했을 때, 다른 정치 파벌에서조차 반대하지 않았다는 점은 신라 지배층들이 국가의 존망이 걸린 위기 상황임을 공통으로 인식했다는 사실을 보여 준다.

이러한 인식은 당에 보낸 사신의 말에서도 드러난다. 대야성전투 이전에 보낸 사신은 백제와의 전쟁에 대해 당의 중재를 요청하는 것에 불과했다. 하지만 대야성전투 이후 신라에서 당에 보낸 사신은 이렇게 말한다.

선덕대왕 12년 9월에 당나라에 사신을 보내어 말하기를, "고구려와 백제가 우리나라를 침압侵壓하여 여러 번 수십 성의 공습을 받았으며, **양국은 군사를 연합하여 기어코 우리나라를 취하려 하여 지금 이 9월에 대대적으로 거병하려는 모양이니, 우리의 사직은 필연코 보전할 수 없을 것이며,**

배신을 보내어 대국에 귀의해 편사를 빌어 구원을 받으려 하는 것입니다"

했다.

-《삼국사기》권5, 신라본기 5, 선덕여왕 12년

결국 김춘추만이 아니라 신라 지배층 전체가 백제를 멸망시켜야만 신라가 살아남을 수 있다고 공통으로 인지하고 판단한 것이다. 이렇듯 독자적으로 살아남을 수 없다고 판단한 신라는 주변국을 이용해 부족한 힘을 보충해서 살아남고자 했다.

생존을 위한
전략 외교

대야성전투가 있기 바로 직전, 대야성 근교의 40여 성을 빼앗은 백제는 고구려와 함께 당항성薰項城(경기도 화성)을 공격하려는 움직임을 보였다. 신라는 당나라에 백제와 고구려가 교통로를 끊으려 한다고 알리고 대비했는데, 그 시점에 백제가 갑작스레 대야성을 공격해 함락한 것이다.

이러한 성동격서聲東擊西의 작전 속에 신라가 휘말릴 수밖에 없던 이유는 신라가 백제를 상대하는 전선이 매우 길다는 점과 상대해야 할 적이 둘이라는 점이었다. 이에 신라는 대야성이 함락된 직후 전략적으로 중요하면서 동시에 신라를 도와줄 수 있는 상대를 선정해야 했는데, 가장 먼저 후보로 선택한 상대가 고구려였다.

신라 입장에서 고구려는, 백제처럼 전투 중에 왕이나, 왕의 친족을 사살하는 등의 원한을 가진 사이도 아니었으며, 오히려 국력이 약할 무렵 형님 국가로 모신 전력이 있는 국가였다. 따라서 신라 입장에서 볼 때, 자신들이 다시 동맹 혹은 휘하의 국가가 되는 형식을 취한다면 고구려가 충분히 도와줄 여지가 있다고 생각했을 것이다. 나아가 고구려가 신라를 도와준다면 고구려를 상대하기 위해 한강 유역에 배치한 신라의 주력 부대를 움직여 백제를 공격할 수도 있을 것이었다.

그런데 김춘추가 고구려로 출발하는 시점에 고구려에서 큰 변란이 발생했다. 642년 10월(혹은 9월) 고구려의 수도 평양에서 대규모 유혈 사태가 벌어진 것이다. 연개소문淵蓋蘇文(?~665)이 영류왕榮留王(재위 618~642)을 시해하고 귀족 180여 명을 죽임과 동시에 왕의 어린 조카를 왕으로 옹립한 뒤 스스로 막리지莫離支가 돼 국정을 장악했다. 이때 연개소문이 대당 온건 세력을 제거하고 권력을 잡은 까닭에 정권의 안정을 위해서라도 대당 강경 노선은 불가피한 선택이었다. 이렇듯 연개소문이 정권을 잡은 지 얼마 되지 않은 시점에 김춘추가 청병을 목적으로 고구려에 도착한 셈이다.

고구려에 도착한 김춘추는 예상하던 영류왕이 아닌, 어린 보장왕寶藏王(재위 642~668)이 있어서 당황했을 것이다. 그리고 그 옆에 연개소문이 있다는 점에 더욱 당황했을 것이다. 하지만 그러한 상황에도 불구하고 김춘추는 사절로서의 목적을 이루고자 했다.

김춘추는 "이제 백제가 무도해 장사봉시長蛇封豕가 돼 우리 땅의 경계를 침범하므로 우리 임금이 대국의 병마를 얻어 그 치욕을 씻으려 해 하신下臣으로 하여금 하집사下執事에게 명을 전달하게 한 것입니다"《삼국사기》권5, 신라본기 5, 선덕여왕 11년)라고 했다. 그러나 집권한 지 얼마 안 된 연개소문과 보장왕에게는 신라를 도울 수 있는 여력이 없었다.

그러한 까닭에 고구려는 신라가 들어줄 수 없는, "죽령은 본시 우리 지역이니 네가 만일 죽령 서북의 땅을 돌려보내면 원병을 보내겠다"《삼국사기》권5, 신라본기 5, 선덕여왕 11년)라는 조건을 제시한 것 같다. 그 결과 김춘추는 고구려와의 동맹을 얻지도 못한 채 고구려의 감옥에 갇히게 됐다. 이때 김유신이 김춘추를 구하기 위해 결사대를 조직해 출병했으나 그 소식을 들은 고구려가 김춘추를 방면했다. 이에 관해서는 다른 이야기도 있으나, 결과적으로 김춘추를 강하게 압박하거나 핍박하지 않고 풀어 준 것으로 보인다.

어찌됐건 첫 번째 후보였던 고구려와의 동맹은 실패했다. 이에 두 번째로 신라가 선택한 대상이 왜였다. 왜는 백제의 오랜 우방이었고 신라의 오랜 숙적이기도 했다.

하지만 신라 또한 왜와 다방면에서 관계를 맺고 있었고 일본 내에서 큰 정치적 변화가 있었기에 희망을 가진 것으로 보인다. 647년 왜에서는 다이카개신大化改新이라고 하는 혁명이 일어나서 친백제파의 태두인 소가씨蘇我氏가 축출되는 사건이 벌어졌다. 왜의 정치권력이 바뀌었기에 김춘추는 이전의 친백제 성향을 친신라 성향으로 바꿔 보려 한 것 같다. 하지만 왜 내부의 지도층이 바뀌었는데도 왜 정부는 친백제 성향을 유지했고 김춘추는 결국 아무런 성과 없이 돌아올 수밖에 없었다.

이렇게 1순위 고구려, 2순위 왜와의 외교적 성과가 없자 결국 마지막 대안인 당만 남게 됐다. 하지만 신라에게도 당은 가장 선택하고 싶지 않은 대상이었던 것 같다.

진평왕眞平王(재위 579~632) 대에 교류가 시작된 이후 당과의 관계는 가까우면서도 멀었다. 그런데 선덕여왕 즉위 이후 당이 신라에 여왕이 있다는 점에 대해 부정적 인식을 크게 드러내기도 한 것이다. 대야성 전투가 벌어진 다음 해에 신라 사신이 당으로 찾아가 구원 요청을 했을 때 당 황제가 이에 대해 내린 답이 대표적이다.

내가 변경의 군대를 조금 일으켜 거란과 말갈靺鞨을 거느리고 요동으로 곧장 쳐들어가면 그대 나라는 저절로 풀려서 1년 정도의 포위는 느슨해질 것이다. (그러나) 이후 이어지는 군대가 없음을 알면 도리어 침략을 멋대로 하여 네 나라가 함께 소란해질 것이니, 그대 나라도 편하지 못할 것이다. … 그런데 **그대 나라는 여자를 임금으로 삼고 있으므로 이웃 나라의 업신여김을 받게 되고, 임금의 도리를 잃어서 도둑을 불러들이게 돼 해마다 편안할 때가 없다. 내가 왕족 중의 한 사람을 보내 그대 나라의 왕으로 삼되, 자신이 혼자서는 왕 노릇을 할 수 없으니 마땅히 군사를 보내서 호위하게 하고, 그대 나라가 안정되기를 기다려서 그대들 스스로 지키는 일을 맡기려고 한다.**

대야성전투 이전부터 당과 조공책봉 관계를 맺은 신라는 당이 대국이라고 인지했으나, 당시 상황에 큰 도움이 될 수 있다고 여기지는 않은 것으로 보인다. 당을 중심으로 한 삼국의 외교전을 통해 백제나 고구려를 견제하고자 했으나, 그러한 견제가 실질적으로 효과가 없었기에 당을 전적으로 신뢰하기 어려웠던 것 같다. 또한 당이 지리적으로도 상당히 멀리 있던 이유도 있었을 것이다.

더구나 국가의 존망이 걸린 위기 상황에서 구원 요청을 했는데, 여자이기 때문에 왕을 바꾸라는 등의 답변을 듣자 신라는 당을 더욱 신뢰하기 어렵다고 여겼을 가능성이 높다. 결국 신라 입장에서 당은 무조건적으로 신뢰를 줄 수 없던 국가였다.

이 시기 신라에서 불법佛法의 힘을 빌려 국가적 위기를 극복하고자 황룡사皇龍寺 9층탑을 건립하기도 했는데 특이한 내용이 있다.

신라 제27대 선덕왕 즉위 5년, 정관貞觀 10년 병신에 자장법사가 당나라에 유학해 곧 오대에서 문수보살이 불법을 주는 것을 감응해 얻었다. … 신인이 "황룡사 호법룡은 나의 장자로 범왕梵王의 명을 받아 그 절에 가서 호위하고 있으니 본국으로 귀국해 절 안에 9층탑을 조성하면 이웃 나라가 항복하고 구한九韓이 와서 조공해 왕업이 영원히 평안할 것이다. 탑을 건립한 후에 팔관회를 베풀고 죄인을 사면하면 곧 외적이 해를 가할 수 없을 것이다. ··· 또 해동의 명현_{名賢} 안홍_{安弘}이 편찬한《동도성립기_{東都成立記}》에 다음과 같이 말한다. "신라 제27대에 여왕이 왕이 되니 도(道)는 있으나 위엄이 없어 구한_{九韓}이 침략했다. 만약 용궁 남쪽 황룡사에 9층탑을 세우면 곧 이웃 나라의 침입이 진압될 수 있다. 제1층은 일본, **제2층은 중화**, 제3층은 오월, 제4층은 탁라_{托羅}, 제5층은 응유_{鷹遊}, 제6층은 말갈, 제7층은 거란, 제8층은 여적_{女狄}, 제9층은 예맥_{穢貊}이다."

- 《삼국유사》권3, 제4 탑상편, 황룡사9층탑

이 사료에서 주목할 것은 이웃 나라의 침입을 진압할 수 있다면서 언급한 나라들이다. 그중 2층에 있는 나라가 중화_{中華}다. 중화는 당시 당을 의미하는데, 황룡사9층탑을 세우는 645년까지도 신라에서 당을 신뢰할 수 있는 우방이라기보다는 경계의 대상으로 여기고 있음이 드러난다.

지금까지 보았듯이 신라는 당과 조공책봉 관계를 맺는 일을 중요하게 여기면서도 그 관계를 깊게 가져 가는 것을 상당히 경계했다. 하지만 고구려와 왜라고 하는 선택지가 사라진 상황에서 남은 선택지는 당뿐이었다. 이 시점의 당 입장에서도 동맹으로 삼기에 신라는 다른 국가에 비해서 매력이 떨어졌다. 고구려, 백제, 신라가 모두 당에 조공하고 있는 상황에서 역사적으로 더 많이 접한 국가는 백제였으며, 신라와 백제의 전쟁 양상은 신라가 백제에 비해 약소국임을 보여 주었다. 하지만 백제는 의자왕이 즉위한 이후 당과의 관계가 소원해지기 시작했고, 이러한 관계 변화 속에서 신라가 당에 점차 접근한 것이다.

이윽고 648년 김춘추는 아들 김문왕金文王(?~665)과 함께 사신으로 당에 들어갔다. 신라는 거의 매년 당에 사신을 보냈지만, 그중에서도 김춘추는 최고위급 인물이었기에 당에서도 상당히 후하게 대접했다. 그리고 김춘추는 당 태종太宗(재위 626~649)과 개인적 친분을 맺는 데 성공해 태종의 총애를 받기에 이르렀다. 이러한 관계가 만들어진 덕분에 김춘추는 굴종적 태도가 아닌, 당 태종이 먼저 요청 사항을 묻는 형태로 청병을 하게 됐고, 적극적인 군사 개입을 약속받는 데도 성공했다.

어느 날 (김춘추를) 불러 사사로이 만나서 금과 비단을 매우 후하게 주고 묻기를 "경卿은 무슨 생각을 마음에 가지고 있는가?"라고 했다. 김춘추가 무릎을 꿇고 아뢰기를 "신의 나라는 바다 모퉁이에 치우쳐 있으면서도 천자天子의 조정을 섬긴 지 여러 해가 됐습니다. 그런데 백제는 강하고 교활하여 여러 차례 함부로 침략해 왔습니다. 더욱이 지난해에는 군사를 크게 일으켜서 깊숙이 쳐들어와 수십 개의 성을 쳐서 함락시켜 조회할 길을 막았습니다. 만약 **폐하께서 당나라의 군사를 빌려주어 흉악한 것을 잘라 없애지 않는다면 저희 나라의 인민은 모두 포로가 될 것이며, 산 넘고 바다 건너 행하는 조회도 다시는 바랄 수 없을 것입니다**"라고 했다. 태종이 매우 옳다고 여겨서 군사의 출동을 허락했다.

-《삼국사기》권5, 신라본기 5, 진덕여왕 2년

김춘추가 이렇게 절실하게 외교를 진행한 이면에는 당 외에 더 이상 선택지가 없다는 절박함과 함께 조금 굴종하더라도 백제를 멸망시켜야만 신라가 생존할 수 있다는 절실함이 있었다.

그 때문에 신라는 단순한 동맹을 넘어 당의 복제服制와 연호를 받아들이고, 김춘추는 자기 아들들을 당 태종의 숙위宿衛로 보내기까지 하는 등 많은 부분을 양보했다. 그리고 그 결과 당의 군사적 지원을 보장받았고 백제를 멸망시킨 이후 신라가 백제 땅을 통치하게 해 준다는 약속까지도 받아 낼 수 있었다.

대왕이 (설인귀의) 편지에 답해 말했다. "선왕께서 정관貞觀 22년에 중국에 들어가 태종문황제를 직접 뵙고서 은혜로운 칙명을 받았는데, '내가 지금 고구려를 치는 것은 다른 이유가 아니라, 너희 신라가 두 나라 사이에 끌림을 당해서 매번 침략을 당하여 편안할 때가 없음을 가엽게 여기기 때문이다. 산천과 토지는 내가 탐내는 바가 아니고 보배와 사람들은 나도 가지고 있다. 내가 두 나라를 바로 잡으면 **평양 이남의 백제 땅은 모두 너희 신라에게 주어** 길이 편안하게 하겠다' 하시고는 계책을 내려주시고 군사행동의 약속을 주셨습니다.

－《삼국사기》권7, 신라본기 7, 문무왕 11년

위 글은 백제와 고구려를 멸망시킨 후 신라와 당이 충돌했을 때 당군 사령관 설인귀薛仁貴(614~683)의 서신에 대한 문무왕文武王(재위

661~681)의 답서 내용이다. 이 약속을 받은 덕분에 신라는 백제와 고구려를 멸망시킨 후 평양 이남 땅에 대한 소유권을 주장할 수 있었으며, 이는 삼국통일 이후 나당전쟁이 일어났을 때 신라의 통치권을 주장할 수 있는 명분이 됐다.

백제·고구려의 멸망과
나당전쟁

신라는 나당동맹을 기반으로 전쟁을 수행했다. 당군을 주력으로 해서 660년에 백제를, 그리고 668년에는 고구려를 멸망시키는 데 성공했다. 신라는 김유신을 사령관으로 삼아 황산벌전투를 거쳐서 당군과 합류해 백제를 멸망시키는 데 성공했다.

무열왕(김춘추)은 백제를 멸망시킨 뒤 1년여 만에 죽었지만 그 뜻은 아들인 문무왕이 이어받았다. 이후 나당동맹은 668년에 이르러 고구려를 멸망시켰다. 물론 이렇게 몇 줄로 백제의 멸망과 고구려의 멸망을 표현하기에는 많이 부족하지만 신라는 당을 선택함으로써 생존을 위한 준비를 마쳤고, 백제와 고구려라고 하는 주변 강대국을 멸망시키는 데 성공함으로써 국가의 생존에 성공했다.

하지만 백제를 멸망시킨 시점부터 당의 움직임은 상당히 의뭉스러웠다. 당은 웅진도독부熊津都督府와 계림도독부鷄林都督府를 설치하면서 신라 전체를 자기 것으로 삼으려는 야욕을 드러냈다. 백제를 멸망시키고 소정방蘇定方(592~667)이 의자왕을 비롯한 포로를 거느리고 당으로 돌아갔을 때 당 고종高宗(재위 649~683)이 "어찌하여 이내 신라를 치지 않았는가?"라고 물었을 정도였다.

실제로 백제를 멸망시킨 후 당군은 신라를 침공할 계획을 세우고 실행하려고 했으나, 신라군이 당군 진영을 감시하고 대비책을 세워두고 있다는 것을 알게 됐다. 그 결과 소정방은 아무것도 하지 못한 채 돌아가게 됐고, 당 고종의 질문에 "신라는 임금이 어질고 백성을 사랑하며, 그 신하는 충성으로 나라를 섬기고 아랫사람들이 윗사람 섬기기를 부형父兄과 같이 하니, 비록 작지만 도모할 수 없습니다"라고 답변할 수밖에 없었다.

앞서도 말했지만 신라는 당을 파트너로 선정하기 이전부터 당을 상당히 경계했으며 동맹을 맺은 이후에는 당을 전폭적으로 지지하면서도 경계를 늦추지 않았다. 백제를 멸망시키기 이전 소정방이 김유신 부대가 황산벌전투로 기일을 맞추지 못한 것을 징치하겠다고 신라군을 협박한 일이 있었다. 그때 김유신이 "그럴 바에 차라리 당을 먼저 치겠다"라고 했을 정도로 당군의 도움을 받으면서도 경계를 늦추지 않았고 대등한 관계를 유지하려고 했다.

당이 고구려를 멸망시킨 이후 신라마저 삼키고자 야욕을 드러냈을 때 선제공격을 한 쪽은 신라였다. 그리고 당이라는 대국을 상대로 승리를 거두는 상황까지 이끌어 냈다. 그 결과 백제와 고구려를 멸망시킨 이후 당의 야욕에 맞섰고 당 태종과 약속을 명분으로 평양 이남의 땅을 확보하는 데 성공했다. 그 성과를 바탕으로 신라 영역에서 당군을 물러나게 만든 것이다. 이러한 신라의 움직임은 단순히 자주와 사대 중 하나를 선택한 것이 아니라, 나라의 생존과 실리를 중심으로 능동적으로 국가를 운영한 결과라고 할 수 있다.

신라의 외교는 자주인가, 사대인가?

신라와 김춘추의 외교 전략, 그리고 김유신의 전쟁 수행은 결국 고구려와 백제를 멸망시키고 신라만을 존속하게 하는 결과를 낳았다. 이 성과를 일컬어 김유신은 "삼한이 한 집안을 이루었다(三韓爲一家)"라고 표현했으며, 신문왕神文王(재위 681~692)은 무열왕이 일통삼한一統三韓의 공을 세웠기에 그 공이 매우 높아 태종이라는 시호를 올렸다고 했다. 이러한 공을 세우고 높은 평가를 받은 신라의 외교책은 과연 자주적인 선택일까, 사대적인 선택일까? 그리고 김춘추는 일반적 비판처럼 정말 사대주의적 인간이었을까?

지금까지 신라의 외교와 전쟁 수행 과정을 살펴보면 결국 고구려와 백제는, 신라 입장에서 상황에 따라 적국이 되거나 동맹국이 될 수 있는, 혹은 상대를 복속시켜서 속국으로 삼기도 한 타국이었다. 이들 사이에 언어가 통한다거나 혹은 문화적 공통점이 어느 정도 있다 할지라도 이들은 같은 민족으로 서로를 도와야 한다는 생각보다는 각기 다른 국가로서 자국의 생존과 번영을 위해 합종연횡을 거듭했다. 신라가 백제를 상대할 대상으로 고구려를 선택한 것도 전략적이었으며, 왜나 당을 선택해 외교를 펼친 것 또한 전략적 이득을 감안한 것이었다.

신라는 상황에 따라 각 국가를 동맹으로 선택하면서 생기는 장단점을 충분히 고려해 외교를 펼쳤다. 그 결과 당과 동맹을 맺어 당의 구미에 맞춰 주면서도 함께 백제와 고구려를 공격해 멸망시켰다. 이후 당이 야욕을 보이자 가차 없이 당을 공격하기도 했다.

결국 신라는 변화하는 국제 상황 속에서 유동적으로 움직였으며 실리를 추구하는 움직임을 보였다. 신라의 외교 방침은 자주나 사대 가운데 그 어떤 것을 추구하지 않고 자기 이익만을 추구하는 정책을 보여 준다. 오히려 신라라는 국가 관점에서 본다면 김춘추의 외교는 정말 자주적이면서 실리적이다.

이 시기에 고구려나 백제, 왜, 당은 신라 입장에서 모두 외세였으며 서로 이용하고 이용당하는 관계였다. 그리고 이들에게 고구려, 신라, 백제라는 삼국이 하나의 민족이라는 인식은 존재하지 않았다.

이들의 관계에 민족이라는 틀을 씌우는 순간 역사는 역사가 아닌 현재의 우리가 보고 싶어 하는 관점 속에 있는 상상 속 산물이 될 것이다. 그러한 산물 속에서 김춘추는 사대주의자로 포장돼 비판을 받게 되는 것이다. 후대의 산물, 인식을 그것이 실재하지 않던 시기에 실재한 것처럼 덮어씌워 이야기하는 것은 그 시대 사람들에게 미안한 일이 아닐까.

최 경 선

'대당 고김씨 부인 묘지명' 발견
문무왕릉비의 수수께끼
신라 김씨의 시조들
성씨는 언제부터 사용했나
제2의 신라인의 정체성

신라 김씨 왕실은 흉노의 후예였나

'대당고김씨부인묘지명'
발견

        중국 산시성陝西省 시안西安에서 출토된 당나라 때의 묘지명墓誌銘 하나가 2009년에 국내에 소개돼 세간의 관심을 모았다. 묘지명은 무덤의 주인과 그 삶을 후세에 전하기 위한 것으로, 정사각형의 돌판에 글자를 새겨 무덤에 묻는 것이 보통이다. 묘지명에는 무덤 주인의 출생과 가계, 관직과 이력, 결혼과 자녀, 사망 날짜와 장례 날짜, 무덤의 위치 등이 기록되고, 망자를 찬양하는 시(銘)가 이어진다.

    2009년에 보고된 묘지명은 '김씨 부인'의 것이었다. 당나라에서 나고 자란 김씨 부인의 묘지명에는 김씨 성姓의 유래와 선조, 부인의 품행과 생활, 죽음과 후사, 명문銘文 등의 내용이 담겨 있다. 김씨 부인은 김공량의 딸로 태어나 당나라 사람 이구와 혼인했다. 그는 당시 당나라의 수도였던 장안長安(시안)에서 살다가 864년에 서른셋이라는 젊은

나이에 병으로 세상을 떠
났다. 그의 무덤은 오늘
날 중국 산시성 시안시
동쪽 교외에 만들어졌고,
묘지명은 부인의 오빠가
향공진사鄕貢進士로 문장
을 지을 줄 아는 친구에
게 부탁해 작성됐다. 묘
지명은 1954년에 출토됐
지만 한동안 주목받지 못
하다가 2009년에야 비로

대당고김씨부인묘지명 탁본

소 알려지게 됐다. 묘지명에서 사람들의 관심을 끈 내용은 김씨 성의
유래에 관한 것이었다.

태상천자太上天子께서 나라를 세워 평안히 하시고 집안을 열어 드러냈으니
소호씨금천이라고 불렀다. 이는 곧 우리 집안이 성씨를 갖게 된 조상이다.
그 후에 많은 파가 생기고 갈래가 나누어져 번창하고 빛나서 온 천하에 가
득 차니, 그 수가 더욱 많아지게 됐다.
먼 조상遠祖의 이름은 일제인데 흉노의 조정龍庭에 몸담고 있다가 서한西漢
에 귀순하여 무제武帝를 섬겼는데 명예와 절개를 중히 여겼다. 벼슬이 올라
가 시중과 상시常侍를 역임하고 투정후秺亭侯에 봉해졌다. 투정후에 봉해진

이후 7대손에 이르기까지 벼슬을 함에 눈부신 활약이 있었다. 이로 말미암아 경조군京兆郡에 기대어 정착하게 됐다. 사적에 기록됨이 다른 가문과 비교되지 않을 정도였으니, 이른바 '한 세대 후면 반드시 인덕仁德이 넘치리라'는 말을 여기서 징험할 수 있을 것이다.

한나라의 덕이 쇠하여 난리로 병들게 되자, 곡식을 싸들고 나라를 떠나 난을 피해 멀리까지 이르렀다. 그런 까닭에 우리 집안은 멀리 요동으로 사는 곳을 달리하게 됐던 것이다. 공자께서 말씀하시기를, '말에 성실함과 신의가 있고, 행동에 독실하고 신중함이 있으면 비록 오랑캐 모습을 하고 있어도 또한 그 도를 행할 수 있다'라고 한 바와 같이 다시 **우리 집안은 요동에서 크게 번성했다.**

김씨 부인의 아버지는 김공량, 할아버지는 김충의, 증조할아버지는 김원득으로, 이들은 당에서 벼슬했다고 전한다. 《구당서舊唐書》, 《신당서新唐書》 등 중국 역사서에서도 김충의와 김공량에 관한 기록을 찾을 수 있는데, 김충의는 '신라인'으로 기록돼 있다. 즉 김씨 부인의 선조는 본디 신라인으로, 늦어도 증조인 김원득 대에 당으로 이주해 여러 세대 동안 당에서 살아온 재당 신라인, 즉 교포였다. 그런데 묘지명에서 김씨 부인의 가계를 서술하면서 어디에도 신라 김씨와의 관계를 밝히지 않았다. 오히려 '소호少昊 금천씨金天氏'를 김씨 시조로, 그리고 먼 선조로서 김일제金日磾라는 인물을 들고 있는 점이 눈길을 끈다. 도대체 이들은 누구길래 신라 김씨의 선조로 이야기되는 걸까?

소호 금천씨는 중국 전설상의 성인인 삼황오제三皇五帝 가운데 한 명이다. 《한서》에서 소호 금천씨는 황제 헌원의 아들인 청양淸陽으로, 금덕金德을 갖춰 천하가 금천씨라고 불렀다고 한다. 오행의 하나인 '금金' 자로 자기 정치와 덕을 표시하고 '금덕으로 천하의 왕 노릇을 한다'는 설을 내세웠다는 것이다. 이 때문에 김씨의 시조로 일컬어진 것으로 보인다.

다음으로 먼 조상으로 이야기되는 김일제는 흉노 한 부족의 태자였다. 흉노는 몽골고원과 유라시아 초원 지대에서 활동한 기마·유목 민족이었다. 흉노인은 소나 말, 양을 키우며 물과 풀을 따라 이동하며 생활했다. 어릴 때부터 양을 잘 타고 작은 짐승을 활로 쏘아 잡을 수 있을 정도로 활을 다뤄, 어른이 되면 모두 무장 기병으로 활약할 수 있었다. 흉노의 인구는 한나라의 군郡 하나 정도에 불과했지만, 사회 전체가 전투 집단으로 조직화돼 강한 군사력으로 중국 왕조에 위협적 존재였다.

사마천의 《사기》에는 흉노 열전이 실려 있는데, 여기에는 흉노의 선조가 중국 하후씨夏后氏의 후손이라고 기록돼 있다. 이는 중화주의에 입각한 기록이다. 흉노인의 기원과 계통에 대해서 20세기 초부터 집중적으로 연구됐다. 현재 몽골계와 돌궐계라는 두 설이 크게 설득력을 얻고 있다. 흉노인은 눈이 움푹 들어갔고 코는 높으며 턱수염이 많았다고 묘사된 기록이 있으며, 무덤에서 출토된 인골을 조사한 결과로는 유럽계와 몽골계 인골이 함께 출토되기도 해서 여러 계통의 종족이 섞인 것으로 본다.

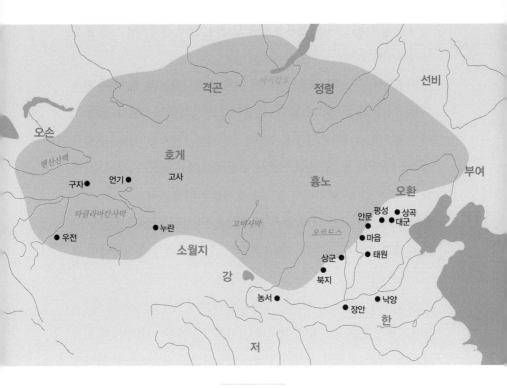

기원전 2세기경, 흉노의 최대 영역

진 제국이 멸망하고 항우項羽(기원전 232~202)와 유방劉邦(기원전 247~195)이 중원을 두고 격렬히 싸우던 시기에 묵특 선우가 여러 흉노 부족을 통합해 흉노는 대제국으로 성장했다. 유방은 중원을 통일해 한 나라를 세운 지 얼마 안 돼 흉노와의 전쟁에서 크게 패했다. 그 이후로 한나라와 흉노는 형제 관계를 맺고 종실의 딸을 천자의 딸이라면서 흉노에 시집보내고, 매년 여러 물품을 보냈다. 양국 관계에서 사실상 흉노가 우위에 있었다.

이후 한나라는 계속해서 흉노의 위협에 시달렸는데, 한 무제 때에 이르러 흉노와 화친하기보다는 전쟁하기로 정책을 바꾸었다. 마침 20대의 젊은 장군 곽거병霍去病(기원전 140~기원전 117)의 활약으로 흉노를 물리치고 북쪽 변방을 안정시켰다. 김일제가 한나라에 온 것도 이때였다. 기원전 121년 곽거병이 흉노를 공격했을 때 한나라에 투항하자는 혼야왕渾邪王의 말을 듣지 않은 휴저왕休屠王은 혼야왕에게 죽임을 당하고, 휴저왕의 아들인 김일제(당시 열네 살)는 가족과 함께 한나라에 포로로 끌려갔다.

김일제는 궁에서 말 기르는 노예로 있다가 무제의 눈에 띄어 시중侍中과 부마도위駙馬都尉 등의 관직을 역임하며 무제를 가까이에서 모셨다. 망하라莽何羅 등의 신하가 무제를 암살하려고 시도했을 때 김일제는 이를 막아 공을 세우고 무제의 유언으로 투 지역(산둥성 청우현의 서북쪽에 위치)의 제후秺侯에 봉해졌다. 또 김일제의 아버지인 휴저왕이 금인金人을 만들어 하늘에 제사를 지냈기 때문에 무제가 김일제에게 김씨성을 하사했다고 한다.

이러한 김일제를 묘지명에서는 먼 조상이라고 말한 것이다. 언론에서는 이에 주목해서 '신라 김씨는 흉노족 후손'이라는 자극적인 제목을 달아 묘지명을 소개했다. 새로운 자료가 발견되자 흉노와 신라 왕족의 연관성을 추적한다며 〈KBS 역사스페셜〉에서는 '신라 왕족은 정말 흉노의 후예인가'라는 제목으로 방송하기도 했다(2009년 7월 18일).

그런데 방송에서 신라 김씨 왕실과 흉노의 관련성을 다룬 것은 이때가 처음이 아니다. 이미 2008년 11월 22일과 29일에 〈KBS 역사추적〉에서 2부작으로 '〈문무왕릉비의 비밀〉 제1편 신라 김씨 왕족은 흉노의 후손인가?', '제2편 왜 흉노의 후예라고 밝혔나?'를 방송한 적이 있다. '대당고김씨부인묘지명大唐故金氏夫人墓誌銘' 외에도 신라의 30대 왕인 문무왕의 능비에서 신라 김씨와 김일제와의 관계를 서술한 듯한 내용이 있기 때문이다. 과연 '소호 금천씨-김일제-신라 김씨'로 이어지는 계보 의식을 9세기 이전부터 신라 김씨 왕실에서 갖고 있었을까?

문무왕릉비의
수수께끼

문무왕은 태종무열왕인 김춘추와 김유신의 여동생인 문명왕후文明王后의 아들로, 김춘추의 뒤를 이어 왕위에 올랐다. 그는 무열왕에 이어 삼국통일전쟁을 이끌었고, 나당전쟁에서 승리해 전쟁을 마무리했다. 그로부터 몇 년 뒤 세상을 떠났는데, 유언으로 불교 의식에 따라 시신을 화장하라고 했고, 신하들은 그의 유언에 따라 동해 어귀 큰 바위 위에 장사 지냈다고 한다.

그의 사후에 능비가 만들어졌는데, 능비는 어느 시기엔가 부서져서 조선 정조 대에 밭 갈던 농부가 우연히 그 비편을 발견했다. 이후 다시 비편은 행방을 알 수 없게 됐고, 청나라 고증학자가 조선에서 전하던 금석문을 수집하고 분석해 엮은 《해동금석원海東金石苑》에 비편의 탁본만이 전해졌다. 그랬다가 1961년 경주시 동부동의 한 주택에서 비편 하나가 발견됐고, 2009년에 역시 동부동의 한 주택에서 빨래판으로 사용되던 나머지 비편이 발견됐다.

문무왕릉비는 전체 비석 중 일부만 비편으로 남아 있는 데다 비면이 닳고 깨져서 비문의 글자를 읽기가 어렵다. 그래서 내용을 제대로 파악하기가 쉽지 않다. 비문 중 5~6행이 문무왕의 계보에 관한 내용으로 추정되며, 내용은 다음과 같다.

• 5행

… 그 신령스러운 근원은 멀리서부터 내려와 화관지후火官之后에 창성하게 터 잡았고, 높이 세워져 바야흐로 융성하니, 이로부터 능히 … □枝가 영이함을 나타내었다. 투후 제천지윤祭天之胤이 7대를 전하여 … 했다.

• 6행

… 15대조 성한왕星漢王은 그 바탕이 하늘에서 내리고 그 혼령이 선악仙岳에서 나와, □□를 개창하여 옥난간을 대하니, 비로소 조상의 복이 상서로운 수풀과 같고, 마치 우임금이 태어난 석뉴石紐를 보고 금수레에 앉아 … 하는 것 같았다.

'화관지후火官之后', '투후 제천지윤이 7대를 전하여稆侯 祭天之胤 傳七葉以', '15대조 성한왕十五代祖星漢王' 등의 구절이 그와 관련된 것으로 본다. 여기서 화관을 보통 중국 전설상의 삼황오제 중 한 명인 염제炎帝 신농씨神農氏로 보아 '염제 신농씨-황제 헌원-소호 금천씨'로 이어지는 계보와 관련된다고 이해했다. 즉 신라 김씨가 소호 금천씨의 후손임을 전하는 내용으로 파악해 왔다. 그런데 이는 잘못 이해한 것이었다. 중국 고전에서 화관은 축융祝融으로 전하고, 축융은 대개 전욱顓頊 고양씨高陽氏의 아들(려黎) 혹은 손자(오회吳回)로 파악돼 왔음을 최근 연구에서 지적했다.

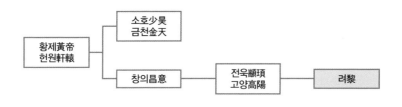

《예기》정현의 주의 화관(려) 계보도

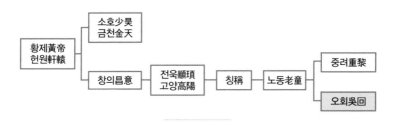

《사기》초세가의 화관(중려, 오회) 계보도

이어서 '투후 제천지윤이 7대를 전하여'라는 구절에서 투후는 대당 고김씨부인묘지명에도 등장한 김일제다. 제천지윤, 즉 '하늘에 제사 지내는 후손'은 김일제를 가리키는 말로 이해하는데, 흉노 휴저왕이 금인을 만들어 하늘에 제사를 지냈다는 사실과 관련된 서술일 것이다. 그다음 행에서는 15대조 성한왕에 관한 내용이 나온다. 성한왕은 다른 기록에서는 '太祖'로 표현되기도 하며, 김알지金閼智로 보는 견해, 알지의 아들인 세한勢漢으로 보는 견해, 알지의 7세손으로 김씨 중 최초로 왕위에 오른 미추이사금味鄒尼師今으로 보는 견해 등이 있다.

문무왕릉비의 내용은 대당고김씨부인묘지명과 비슷하면서도 다르다. 우선 소호 금천씨에 관한 서술이 없다. 문무왕릉비에서 '화관'은 전욱 고양씨의 아들 혹은 손자로 소호 금천씨를 가리키는 것이 아니다. '화관지후'의 앞 문장에도 소호 금천 씨에 관한 서술이 들어가지 않았으리라 생각된다. '신령스러운 근원은 멀리서부터 내려와 화관지후에 창성하게 터를 잡았다'는 구절이 신라 김씨의 선조에 관한 서술이 맞다면, 소호 금천씨가 아니라 화관을 선조로서 이야기하고 있는 셈이다.

한편 투후 제천지윤에 대한 서술은 대당고김씨부인묘지명과도 비슷해 보인다. 다만 짧은 구절만이 남아 있어 그 내용을 온전히 알기 어렵다. 5행의 '투후 제천지윤이 7대를 전하여'와 6행의 '15대조 성한왕'이 대략 이어진다고 보아, 김일제의 후손 7대가 15대조 성한왕으로 이어진다고 이해할 수도 있다. 그러나 비문의 상단부가 남아 있지 않다는 점을 고려해야 한다.

비문의 상단부가 두세 자 정도만 없어졌다면 5행의 문장과 6행의 문장이 바로 이어진다고 볼 수 있다. 그러나 그 이상의 글자가 없어졌다면 이야기가 달라진다. 비문의 원상태를 추정·복원한 연구에서는 13~14자가 없어졌다고 추정했다.

대당고김씨부인묘지명에도 '투정후에 봉해진 이후 7대손에 이르기까지 벼슬을 함에 눈부신 활약이 있었다'라는 서술이 있다. 이는 《한서》에 실린 김일제 열전에 근거한 서술이다. 열전에는 김일제의 후손 7대가 내시(七世內侍)로 번성했다고 전한다.

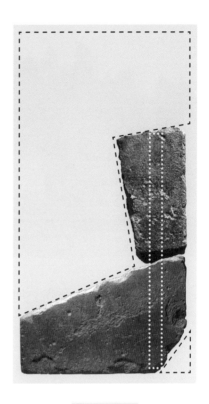

검은 점선으로 표시한 부분은 현재 남아 있지 않은 부분이다. 노란 점선으로 표시한 곳이 5~6행이다.

문무왕릉비에서 '7대를 전하여'라는 문장도 바로 김일제의 후손이 번성했다는 내용과 관련이 있을 것이다.

김일제는 이민족으로서 당에 포로로 잡혀 가 운 좋게 출세해서 한

중국 산시성 시안에 있는 한 무제의 무덤인 무릉 부근에 김일제의 무덤이 남아 있다.

무제를 측근에서 모셨고, 죽어서도 한 무제의 무덤 곁에 묻혔다. 그래서 이민족의 묘지명에서 김일제는 흔히 이민족으로서 중국 왕조에 귀순해 충성한 인물을 비유할 때 등장했다. 고구려와 백제 유민을 비롯한 이민족 묘지명에서도 김일제에 비유하는 글을 찾아볼 수 있다.

　백제 의자왕의 아들인 부여융扶餘隆(615~682)은 나당연합군에 의해 백제가 멸망했을 때 당에 포로로 끌려갔다. 이후에 당이 백제의 옛 땅을 차지하기 위해서 부여융을 웅진도독으로 내세우기도 했으나, 신라의 압박으로 부여융은 당으로 돌아갔고 뤄양에서 생을 마감했다. 그의 묘지명에서는 부여융이 당 황제에게 충성을 바치고, 정성을 다해 황제를 숙위할 수 있었다고 전하며, '진나라 황실에 비교하면 유여가 자신의 아름다움을 사양할 것이며, 한나라 왕조에 견주면 김일제가 자신의 덕을 부끄러워할 것이다(比之秦室 則由余謝美 方之漢朝 則日磾慙德)'라고 표현했다.

또 백제 부흥 운동을 이끈 흑치상지黑齒常之는 663년에 당에 항복해 돌궐과의 전쟁에서 활약하다 반란에 참여했다는 모함을 받아 억울하게 죽임을 당했다. 그의 묘지명에는 '삼가 듣건대 김일제는 한나라의 칼집이 됐다(恭聞日磾爲漢之鞞)'라는 구절이 있다. 당에 귀순한 흑치상지를 찬미하면서 김일제의 고사를 든 것이다.

이렇듯 김일제의 고사는 당나라 묘지명에서 이민족의 귀순과 충성을 이야기할 때 흔히 이야기됐다. 그렇기 때문에 문무왕릉비에서 5행과 6행의 문장은 김일제로부터 7대 내려와 계보가 15대조 성한왕으로 이어졌다는 내용일 수도 있지만, 이민족 출신인 김일제처럼 문무왕의 선조가 중국 왕조에 충성해 후손까지 번영했음을 비유하는 문장일 수도 있다. 비문의 없어진 부분을 알 수 없는 지금으로서는 어떤 해석이 타당하다고 단정할 수 없다.

이전까지 연구에서는 대체로 7세기 문무왕릉비에서 보이는 계보와 9세기 중반 대당고김씨부인묘지명의 것이 일치한다고 봤다. 소호 금천씨를 시조로 하고 김일제를 먼 조상으로 보는 대당고김씨부인묘지명의 계보가 대략 태종무열왕 대에 만들어져 8세기쯤 김씨 부인의 증조부가 당나라로 이주한 이후에도 가문에 전승돼 김씨 부인의 묘지명에 남게 됐다는 것이다. 하지만 최근 연구를 통해 문무왕릉비에 보이는 계보와 대당고김씨부인묘지명의 계보에는 차이가 있음을 알 수 있다. 김씨 시조에 관한 다른 자료들을 살펴보면서 왜 이런 차이가 나타나는지 생각해 보겠다.

신라 김씨의 시조들

우리가 흔히 신라 김씨의 시조로 아는 인물은 김알지다. 《삼국사기》와 《삼국유사》에서는 김알지와 관련해 비슷한 이야기를 전한다.

> 탈해이사금 9년 봄에 왕이 밤에 금성 서쪽의 시림始林의 숲에서 닭 우는 소리를 들었다. 날이 새기를 기다려 호공을 보내 살펴보게 했는데, 금빛이 나는 조그만 궤짝이 나뭇가지에 걸려 있었고 흰 닭이 그 아래에서 울고 있었다. 호공이 돌아와서 아뢰자 사람을 시켜 궤짝을 가져와 열게 했다. 조그만 사내아이가 그 안에 있었고, 생김새가 기이하고 컸다. 왕이 기뻐하며 좌우의 신하들에게 말하기를, "이는 어찌 하늘이 나에게 귀한 아들을 준 것이 아니겠는가?" 하고는 거두어서 길렀다. 자라서 총명하고 지략이 많아 이름을 알지라고 했고, 금 궤짝으로부터 나왔기 때문에 성을 김씨로 했다. 시림을 바꾸어 계림이라 이름하고 그것을 나라 이름으로 삼았다.
>
> ─《삼국사기》권1, 신라본기 1, 탈해이사금 9년

영평 3년 경신 8월 4일에 호공이 밤에 월성 서쪽 마을을 가다가 큰 빛이 시림 가운데에서 빛나는 것을 봤다. 자주빛 구름이 하늘로부터 땅에 드리웠는데, 구름 속에는 황금 궤짝이 나뭇가지에 걸려 있었고, 빛은 궤짝에서 나왔다. 또한 흰 닭이 나무 아래에서 울고 있었다. 상황을 왕에게 아뢰자 왕이 그 숲에 행차해 궤짝을 열어 봤더니 남자아이가 있어 누워 있다가 바로 일어났다. 혁거세의 고사와 같으므로 그 말로 인해 알지라고 이름했다. 알지는 곧 우리말로 어린 아기를 말하는 것이다. … 금 궤짝에서 나왔으므로 성을 김씨라고 했다. 알지는 열한을 낳고, 열한은 아도를 낳고, 아도는 수류를 낳고, 수류는 욱부를 낳고, 욱부는 구도를 낳고 구도는 미추를 낳아, 미추가 왕위에 오르니, 신라의 김씨는 알지로부터 시작됐다.

-《삼국유사》 권1, 제2 기이편, 김알지 탈해왕 대

두 기록에서 궤짝을 발견하는 과정이나 알지라는 이름의 의미 등이 다르기는 하지만, 알지가 금 궤짝에서 나와서 성을 김씨로 했다는 점은 공통된다. 시조 설화는 성씨의 유래를 설명하기 위한 것이다. 설화가 사람들의 입에서 입으로 전하고, 나중에 글로 남는 과정에서 이야기가 덧붙여지거나 변형되면서 몇 가지 버전이 만들어졌지만, 김씨 성의 근거가 되는 금 궤짝이라는 요소는 공통되게 남은 것이다.

김알지가 김씨의 시조라는 이야기는 문헌으로 남아서 고려시대까지 전해졌고 《삼국사기》와 《삼국유사》에 각각 남았다. 《삼국사기》를 편찬한 김부식은 백제가 멸망한 의자왕 30년조 기사 다음에 백제가 멸망한 게 당연했다는 내용의 사론을 쓰면서 신라 김씨의 유래와 관련해 고려시대에 두 종류 전승이 있었음을 전했다.

신라 고사에 이르기를 '하늘이 금 궤짝을 내렸으므로 성을 김씨라 했다'라고 했는데, 그 말이 괴이하여 믿을 수 없다. 신이 역사서를 편찬함에 그 전승이 오래됐기 때문에 그 말을 지워 버릴 수 없었다. 그런데 또 들으니 '신라인은 스스로 소호 금천씨의 후예이므로 성을 김씨라 했고(신라의 국자박사 설인선이 지은 김유신비와 박거물이 지었고 요극일이 쓴 삼랑사비문에 보인다), 고구려 역시 고신高辛씨의 후예이므로 성을 고씨라 했다'고 한다(《진서》〈재기〉에 보인다). 고사에 이르기를 '백제는 고구려와 함께 부여에서 같이 나왔다'고 했으며, 또 '진나라·한나라의 난리 때에 중국인이 해동으로 많이 도망해 왔다'고 했으니 삼국의 선조가 어찌 옛 성인의 후예가 아니겠는가?

하나는 앞서 본 김알지 설화이고, 다른 하나는 소호 금천씨의 후예라는 것이다. 김부식에게는 신라 김씨의 시조를 중국의 성인인 소호 금천씨로 보는 편이 더 매력적이었지만, 김알지의 고사가 기록상 더 오래됐기 때문에 무시할 수 없었다. 또한 김알지로부터 후손이 어떻게 이어지는지 계보를 정리할 수 있을 만큼 자료도 구체적으로 남은 상황이었다. 그래서 《삼국사기》와 《삼국유사》에 김알지 설화가 전하는 것이다.

한편 김부식은 신라의 김씨가 소호 금천씨에서 비롯했다는 것을 직접 '김유신비'와 '삼랑사비'를 봐서 알았고, 글에서 이를 밝혔다. 아쉽게도 두 비석은 현재 남아 있지 않다. 삼랑사비문을 지은 박거물朴居勿과 글씨를 쓴 요극일姚克一은 9세기 후반에 만들어진 다른 금석문 자료의 찬자와 서자로 확인된다. 따라서 삼랑사비문은 그 무렵에 작성됐을 것이다. 그리고 국자박사 설인선薛因宣이 지은 김유신비는 673년(문무왕 13) 김유신이 죽고서 얼마 뒤에 세워진 비와는 다른 것이다. 9세기에 만들어진 다른 금석문 자료에 '국자감경國子監卿'이라는 관직명이 나타나기 때문에 9세기 무렵에 신라의 교육기관인 국학國學이 국자감國子監으로 바뀌었음을 짐작할 수 있다. '국자박사國子博士'라는 관직도 국자감으로 바뀐 이후에 사용됐을 관직이므로 비가 세워진 시기를 9세기로 추정할 수 있다.

김유신비와 삼랑사비 모두 9세기 대에 세워졌고, 신라 김씨가 소호 금천씨의 후예라는 인식도 이 무렵의 인식인 것이다. 신라 김씨 왕실은 김알지를 시조로 인식하다가 언제부터 소호 금천씨를 시조로 내세우기 시작했을까?

신라 김씨 왕실과 관련한 소호 금천씨 기록 중 가장 빠른 것은 '김인문묘비'다. 김인문金仁問(629~694)은 김춘추의 둘째 아들로 문무왕의 동생이다. 삼국 간의 전쟁이 치열해지던 시기에 당의 군사를 빌리고 당의 문물을 받아들이기 위해 김춘추는 자기 아들들을 당나라에 보내 황제를 숙위하게 했다. 김인문은 특히나 일곱 차례 당에 들어가 숙위했고, 숙위하면서 당에서 산 날을 계산하면 무려 22년이나 된다고 한다.

김인문묘비

그는 신라와 당을 오가며 신라의 통일전쟁 과정에서 외교적으로 중요한 역할을 했다. 이후 여생을 당나라에서 보냈으며, 694년에 당나라 수도 장안에서 예순여섯의 나이로 세상을 떠났다. 당 황제는 예를 갖춰 관을 신라로 보냈고, 이듬해인 695년에 신라에서 장례를 치렀다. 비도 이때쯤 세워졌다고 추정한다.

김인문묘비는 비 앞면 아랫부분만 남아 있고, 비면이 훼손되고 닳아서 글자를 읽기 어려운 상태다. 비문에는 '… 五之君이라. 소호는 口墟하여 별빛을 나누고 푸른 바다를 뛰어 넘었으며, 금천은/ … 태조 한왕 太祖漢王은 천 년을 열고 성인은 백곡의 … 에 임하여'라는 문구가 있다.

소호와 금천은 모두 소호 금천씨를 가리킨다. 다음 행의 태조 한왕은 문무왕릉비의 성한왕을 줄여 표현한 것으로 보통 이해한다. 태조 앞에 언급된 소호 금천씨는 시조로서 언급됐을 가능성이 있다.

그런데 가장 빠른 소호 금천씨 서술을 신라의 또 다른 김씨 기록에서 찾아볼 수 있다. 바로 김유신비다. 김유신은 신라 김씨 왕실과 같은 성을 사용하나, 오늘날 김해에 있던 가야 왕실의 후손으로, 엄연히 그 혈통이 다르다. 김유신 집안은 532년 법흥왕法興王(재위 514~540) 대에 금관국金官國의 왕 김구해金仇亥가 왕비와 세 아들을 데리고 신라에 항복하면서 신라의 진골 귀족이 됐다. 김구해의 후손인 김유신은 김춘추와 손을 잡고 권력의 중추가 됐고 삼국통일전쟁을 승리로 이끌었다.

김유신은 673년 문무왕 13년에 일흔아홉의 나이로 세상을 떠났다. 문무왕은 김유신의 죽음에 크게 슬퍼하며 장례에 필요한 물품과 군악의 고취수 등을 제공하고 담당 관서에 명해 비를 세워 공적을 기록하게 했다. 또 민호를 배치해 무덤을 지키게 하는 등 김유신을 특별히 예우했다. 이때 만들어진 비는 현재 남아 있지 않고, 《삼국사기》 기록에서만 그 비문 일부를 확인할 수 있다.

《삼국사기》 열전에 따르면 김유신의 비에 '헌원의 후예이며, 소호의 자손이다(軒轅之裔 少昊之胤)'라고 기록돼 있다고 한다. 문무왕의 명에 따라 작성된 김유신비에서는 가야 왕실의 후손인 김유신을 황제 헌원과 소호 금천씨의 후손이라고 기록한 반면에, 그로부터 9년 뒤에 세워진 문무왕릉비에서는 소호 금천씨에 대한 언급이 없고 대신 화관이 나온다. 이에 대해 최근의 연구에서는 신라 김씨와 가야 김씨를 한 핏줄로 만들기 위해 문무왕릉비에서 신라가 화관의 후손이 세운 나라임을 표방했다고 보았다.

　김유신과 김춘추는 정치적 동료이면서 동시에 혼인으로 굳게 맺어진 사이였다. 김춘추는 김유신의 누이와 혼인했으며, 김춘추는 왕이 되고서 자기 딸을 61세의 김유신에게 시집보냈다.

　김춘추와 김유신의 누이 사이에서 태어난 문무왕은 자기 핏줄이 가야 왕실과 이어짐을 인식했다. 그래서 왕위에 오르고서 왕명을 내려 15대 시조인 가야 수로왕首露王의 능묘를 신라의 종묘에 합해 제사 지내게 했다. 그리고 문무왕릉비에서는 화관의 후손임을 표방해, 소호 금천씨의 후손인 가야 김씨와 화관의 후손인 신라 김씨를 황제 헌원을 공통 조상으로 하는 하나의 핏줄로 묶었다고 이해한 것이다.

　그렇다면 682년 전후로 신라 김씨 왕실은 화관의 후손임을 내세우다가 김인문비가 세워진 695년 무렵에는 소호 금천씨를 시조로 내세운 셈이 된다. 문무왕의 동생인 김인문의 비인데도 서로 다른 계보를 내세우는 모습은 이상하다. 또한 가야 김씨의 시조로 먼저 언급된 소호 금천씨를 신라 김씨 왕실이 따라서 시조로 삼는 상황도 석연치 않다.

　비슷한 시기에 중국 왕조에서는 시조는 신령에 감응해 태어난 자로, 삼황오제와 같은 중국의 성인에서 찾는 것이 보통이었다. 그러다 보니 위魏나라의 조씨도 순舜임금을 시조로 하고, 후진後秦도 선조를 순임금에서 찾았듯이 서로 다른 중국 왕조에서 같은 인물을 시조로 삼는 경우가 있다. 즉 시조는 신성성을 띤, 막연히 먼 조상이어서 신라 김씨도 가야 김씨처럼 소호 금천씨의 후손이라고 말하더라도 별 문제가 없었을지도 모르겠다. 한편으로 성골이 아닌 진골로서 왕위에 오른 무열왕의 후손들이 중국 전설상의 성인을 시조로 내세워 왕위 계승의 정당성을 확보하려던 모습도 엿볼 수 있다.

그런데 혜공왕惠恭王(재위 765~780) 대 다시 시조가 바뀌는 모습을 볼 수 있다.

제36대 혜공왕 때에 이르러 비로소 5묘五廟를 정했다. 미추왕을 김성 시조로 삼고, 태종대왕과 문무대왕은 백제와 고구려를 평정한 큰 공덕이 있으므로 모두 대대로 헐지 않는 종(不毁之宗)으로 삼았으며, 친묘 둘을 아울러 5묘로 했다.

-《삼국사기》권32, 잡지 1, 제사

김춘추가 당의 문물을 적극 수용한 이후 신라에서는 당의 예제를 수용해 종묘 제사를 지냈다. 천자는 7묘, 제후는 5묘로 제사를 지낸다는 원칙에 따라 신라에서는 5묘제를 시행했는데, 시행 시기는 논란이 있다. 5묘는 태조와 왕의 직계인 아버지, 할아버지, 증조, 고조에 대한 제사를 지내는 것이다. 그전까지만 해도 신라에서는 국가의 시조인 박혁거세朴赫居世에 대한 제사 정도만 있었는데, 종묘 제사를 지내면서 왕의 직계 조상 제사를 왕실에서 지내게 된 것이다. 무열왕계가 중국식 종묘 제사를 통해 다른 진골 귀족과 차별성을 두고 왕으로서의 권위를 내세우고자 한 것으로 보인다.

그런데 혜공왕 대 태조대왕 대신에 미추이사금을 시조로서 5묘에 포함시키고 태종무열왕과 문무왕을 '불훼지종不毀之宗'으로 삼아 왕이 바뀌어도 계속 제사를 지내게끔 했다. 왜 혜공왕 때 5묘제를 개정하는 조치가 이루어졌는지에 대해서 연구자들은 주로 혜공왕 대의 정치적 상황에 주목해 설명한다.

혜공왕은 여덟 살에 왕위에 올랐고, 빈번한 반란으로 왕위를 위협받았다. 끝내는 재위 16년에 반란 과정에서 죽임을 당하고 내물왕 10대 손인 김양상金良相(선덕왕, 재위 780~785)이 왕위에 올라 무열왕계의 왕통은 혜공왕 대에 끊겼다.

미추이사금은 석씨의 마지막 임금인 첨해이사금沽解尼師今이 죽고서 지배층인 국인國人들의 추대를 받아 김씨로는 처음 왕위에 올랐다고 전한다. 정치 혼란 속에서 미추이사금을 시조로 내세움으로써 혜공왕 자신이 김씨 왕실의 실질적 계승권자임을 내세우고자 했다고 해석한다. 또한 무열왕계뿐만 아니라 내물이사금계의 김씨 세력까지 아우르려는 의도가 있다고 보기도 한다. 한편으로, 김양상으로 대표되는 내물이사금계 세력은 자신들의 왕위 계승을 합리화하고자 한 의도에서 5묘제 개정을 수용했다고도 해석한다.

이렇듯 신라 김씨 왕실의 시조는 시기에 따라 김알지, 화관, 소호 금천씨, 미추이사금 등으로 몇 차례 바뀌었다. 시조를 비롯한 계보는 고

정불변이 아니라 정치적 필요에 따라 얼마든지 바뀔 수 있었다. 그렇기 때문에 어느 한 시기의 자료에서 보이는 계보를 절대적 사실로 보는 일은 위험하다. 그것이 사실인지를 따지는 일은 당연히 중요하며, 또한 누군가를 시조로 내세우는 것은 다분히 정치적 문제이기 때문에 그 함의를 살펴보게 되는 것이다.

성씨는 언제부터
사용했나

그런데 김알지든, 소호 금천씨든, 김일제든 신라 김씨 왕실이 김씨 성을 사용해야 그 선조로서 이야기할 수 있다. 신라는 박혁거세부터 해서 박·석·김, 세 성씨의 왕이 교대로 왕위에 올랐다고 알고 있어 일찍부터 성씨를 사용한 것 같지만, 사실 신라에서 성씨를 사용한 시기는 생각보다 늦다. 성씨를 사용했음을 확인할 수 있는 가장 빠른 사례는 중국 사서인《북제서北齊書》에서 찾을 수 있다.

> 신라 국왕 김진흥을 사지절 도독 동위교위 낙랑군공 신라왕으로 삼았다.
> ―《북제서》권7, 무성제 하청 4년 2월 갑인

565년에 북제에서 진흥왕에게 책봉호를 내리는 기사인데, 진흥왕이 김씨 성을 사용했으며, '진흥'이 왕의 사후에 그 공덕을 찬양해 추증

한 시호가 아님을 알 수 있다. 이후 중국 기록에서 김진평, 김춘추 등도 찾아볼 수 있다. 그러면 565년 이전에는 어떠했는가?《양서》신라전에서는 법흥왕의 성과 이름을 다음과 같이 전한다.

보통 2년(521) 왕은 성이 모募이며 이름은 진秦이다. 처음 사신을 보냈는데, 백제를 따라와 토산물을 바쳤다.

특이하게도 법흥왕의 성을 '김'이 아니라 '모'로 전한다. 중국과 왕래한 경험이 거의 없던 신라는 이때 백제를 따라서 사신을 파견했고, 중국말을 할 줄 모르는 신라 사신을 대신해 백제 사신이 말을 전했다.《양서》신라전에는 신라에 문자가 없어 나무에 금을 그어서 신표로 삼았다고 기록돼 있다. 그러나 오늘날 포항중성리신라비, 포항냉수리신라비, 울진봉평리신라비 등의 비석이 발견돼 늦어도 6세기 대에 신라에서 문자를 사용했음을 알 수 있다. 신라에 문자가 없다는 이야기는 백제 사신이 중간에서 말을 전하며, 신라를 얕잡아 말을 꾸민 것이 아닌가 짐작된다. 법흥왕의 성과 이름 또한 그런 사례는 아니었을까.

그런데 법흥왕 11년(524)에 세워진 울진봉평리신라비에는 '모즉지牟卽智 매금왕', 울주천전리각석 중 법흥왕 26년(539)에 새겨진 명문에는 '무즉지另卽知 태왕'이 나온다. 둘 다 법흥왕을 가리킨다.《양서》신라전의 기록이 완전히 거짓은 아닌 셈이다.

지증마립간智證麻立干(재위 500~514) 4년(503)에 세워진 포항냉수리

신라비에는 세 왕명이 새겨져 있다. 그중 '지도로 갈문왕'은 지증마립간이다.《삼국사기》에서 지증마립간은 성은 김씨이고, 이름은 지대로智大路라고 하며, 세주에서 지도로智渡路, 지철로智哲老라고도 한다고 전한다. 우리말을 한자로 옮기다 보니 발음을 여러 한자로 표기한 것이고, 지도로 갈문왕에서 지도로도 이름이다.

지증마립간은 법흥왕의 아버지이므로 울진봉평리신라비와 울주천전리각석에 보이는 '모즉지', 또는 '무즉지'에서 '모'나 '무'는 성이 아니며, '모즉지' 또는 '무즉지'가 바로 이름이다.《양서》신라전에서 성이 '모'라고 한 것은 잘못이며, '모진'은 '모즉지', '무즉지'의 또 다른 표기다. 법흥왕 대까지는 왕도 성 없이 이름만 사용했음을 알 수 있다.

《양직공도》신라국사

진흥왕 대부터 왕이 처음 김씨 성을 사용하기 시작했으나 모든 신라 사람이 바로 성씨를 사용하지는 않았다. 568년에 세워졌다고 추정하는 북한산신라진흥왕순수비에는 김유신의 할아버지인 김무력金武力의 이름이 남아 있는데, 다만 성 없이 '무력지'라는 이름만 표기됐을 뿐이다. 이후 신라 사회에서 성을 사용하는 계층은 점차 확대됐다. 7~9세기의 사정을 전하는《구당서》신라전과《신당서》신라전에는 김씨 성 외에 박씨 성을 사용했으며, 여전히 백성들은 성 없이 이름만 사용했다고 전한다. 문무왕릉비에서는 '한눌유韓訥儒'라는 이름을 찾아볼 수 있어서, 7세기 무렵이면 6두품도 성을 사용했음을 알 수 있다.

김알지가 '김'알지가 된 것은 6세기 중반 이후의 일이며, 김알지가 '금궤'에서 나왔기 때문에 김씨 성을 붙였다는 설화도 신라 왕실이 김씨 성을 사용하면서 만들어졌을 것이다. 특히나 소호 금천씨나 김일제의 경우에는 '김金'이라는 공통분모가 없는 시기에는 선조로 인식될 수조차 없었다. 이 역시도 기록된 시조나 계보가 '사실'이 아닐 수 있으며, 후대에 정치적 목적과 필요에 따라 만들어질 수 있음을 보여 준다.

재당 신라인의
정체성

다시 대당고김씨부인묘지명으로 돌아와서, 이 묘지명에 기록된 계보와 완전히 일치하는 신라 김씨 왕실의 계보를 보여 주는 자료는 찾을 수 없다. 묘지명의 계보가 신라 김씨 왕실이 표방하였던 계보를 계승했는지 알 수 없는 노릇이다.

이 자료를 이해할 때 재당 신라인의 묘지명이라는 점도 고려해 볼 필요가 있다. 묘지명은 당대 사료로서 가치는 높지만 내용에 과장이나 거짓이 섞일 수 있다. 대개 묘주의 가족이나 친척, 또는 친분이 있는 사람이 묘지명을 쓰고, 한번 무덤에 묻히면 그 내용을 누가 확인하지도 않기 때문에 묘주를 높이고 싶은 것이 인지상정이다. 예컨대 신분이나 자격이 안 되는 사람의 묘지명에서 고관이나 황제, 황후의 죽음에 쓸 수 있는 '薨' 자나 '崩' 자를 사용한 사례도 있다.

또 흥미로운 사실은 한 집안의 각 세대별 묘지명이 발견되는 경우가 있는데, 아버지와 아들의 묘지명에서 선조에 대한 서술이 다르게 나타나기도 한다는 점이다. 백제의 고위 귀족으로 의자왕을 데리고 당에 투항한 예식진禰寔進 집안은 지금까지 예식진과 형제인 예군, 아들인 예소사, 손자인 예인수의 묘지명이 발견됐다. 이들의 묘지명에서도 그러한 모습이 나타난다.

교포 1세인 예군과 예식진의 묘지명에서는 자기 출신을 '웅진 우이인', '백제 웅천인'이라고 해 백제 출신임을 밝힌 반면에 예식진의 아들 묘지명에서는 '초국 낭야인'이라고 해 춘추전국 시기 초나라 출신이라고 했다. 또 직계 선조에 대해서 예군과 예식진의 묘지명에서는 백제의 고관인 좌평佐平이었다고 강조했지만 예소사, 예인수의 묘지명에서는 중국 관직을 내세웠다. 공통적으로 선조가 중국에서 백제로 이주했다고 하면서도 그 시기를 4세기 초, 4세기 말에서 5세기 초, 7세기 초 등 제각각으로 쓰고 있기도 하다.

이런 점을 보면 기록을 있는 그대로 믿기 어렵다. 교포 2, 3세라 할수 있는 예소사, 예인수의 경우에는 백제인이라는 의식이 옅어지고, 중국에서 연고를 찾고자 하는 의식이 더 강했다고 생각한다.

김씨 부인 세대 역시 당나라에서 나고 자란 교포 4세로서 중국과의 관계를 더 중시한 것으로 보인다. 소호 금천씨와 김일제를 선조로 내세우는 점도 재당 신라인의 입장이 반영됐을 가능성이 크다. 비록 '요동(한반도)' 출신이기는 하지만, 먼 연원은 중원에 있었다고 말하고 싶었을 것이다. 묘지명에서 '신라' 김씨가 아니라 당나라 수도인 '경조京兆' 김씨라고 한 점을 봐도 이들은 머리부터 발끝까지 당나라 사람이었다.

선조에 대한 여러 기록에는 사람들의 욕망이 투영돼 있다. 또한 현재를 살아가는 우리도 고대사를 바라보며 여러 욕망을 투영한다. 사람들이 신라 김씨 왕실의 선조에 대한 여러 기록 가운데에서도 유독 김일제가 선조였다는 이야기에 관심을 가졌던 데에는 우리 민족의 범위를 확장하고 싶은 욕구가 반영돼 있다. 즉 김일제가 신라 김씨 왕실의 선조이면 흉노가 아우르던 드넓은 영토가 곧 우리 민족의 영토가 되고, 중국 왕조를 위협하던 흉노의 강한 군사력이 곧 우리 민족의 힘이 된다고 생각하는 것이다. 하지만 김일제에 대한 기록은 관념적인 표방이며, 오히려 김일제란 인물은 이민족으로서 중국 왕조에 충성을 바친 상징적 인물이란 사실을 떠올리는 편이 좋을 것이다.

한편으로 북방의 유목 민족이 이동해 와서 원래 살던 주민들을 정복하고 고대 왕국의 지배자가 됐다는 이야기는 일본의 '기마민족정복왕조설'이 원조다. 그런데 이를 주장한 에가미 나미오江上波夫라는 학자는 자기 설이 일제강점기에 일선동조론을 주장한 기타 사다키치喜田貞吉 연구의 현대판이라고 스스로 밝혔다. 기마민족정복왕조설은 제국주의 학문의 잔재라는 비판을 적지 않게 받았다. 마찬가지로 신라 김씨 왕실을, 더 나아가 우리 민족을 흉노와 연결 짓고자 하는 주장에도 제국주의적 욕망이 담겨 있지는 않은지 경계해야 한다.

신라 김씨 왕실은 흉노의 후예였나 217

위
가
야

두 개의 신문기사가 던져주는 의문
임나일본부설과 조선 침략의 망령
스에마쓰 야스카즈의 임나일본부설 완성
바다 건너편에서 날아온 도장과 문구점
천관우와 김현구의 주체 교체론
가야사 연구의 진전과 임나일본부설 비판의 심화
경계인을 보는 시야비 역사가들의 얼굴
사이비역사학의 역습, 그리고 임나일본부 연구의 내일

임나일본부설의 어제와 오늘, 그리고 내일

두 개의 신문기사가
던져주는 의문

일본이 고대에 한반도 남부를 지배했다는 임나일본부설이 양국 학자들에
의해 학문적으로 공식 폐기됐다.

본지가 22일 입수한 제2기 한·일역사공동연구위원회 최종 보고서 요약본
에 따르면, 양국 학자들은 서기 4~6세기 왜가 가야에 군대를 파견해 정치
기관인 '임나일본부'를 세웠다는 설이 사실이 아니라는 데 합의했다.

　　　－《조선일보》 2010년 3월 23일, 〈日학계 '일본의 가야 지배說(임나일본부설)' 폐기〉

인사청문회를 앞둔 도종환 문화체육관광부 장관 후보자(더불어민주당 의원)
가 최근 학계 관계자들이 제기한 '재야 역사관 추종' 의혹·비판을 정면으
로 반박했다. … 도 후보자는 이어 "일본이 임나일본부설에서 임나를 가야

라고 주장했는데, 일본의 연구비 지원으로 이 주장을 쓴 국내 역사학자들 논문이 많다. 여기에 대응해야 한다"고 했다. 그는 "관련 자료들을 찾아 봤다"면서 "가야사에서 일본 쪽 주장이 일리 있다는 국내 학자들이 있어서 쟁점이 생긴 상황인데, 학문적 논쟁은 계속해 나가면 된다. 일본 쪽 주장들을 면밀하게 살펴보고 우리 주장을 확실하게 하는 역사 연구가 필요하다"고 주장했다.

-《한겨레》2017년 6월 6일, 〈도종환, '역사관 비판' 반박 "싸울 땐 싸우겠다"〉

이 기사들의 내용을 그대로 받아들이면 한국의 역사학계는 참으로 기괴한 집단이다. 일본 역사학자들과의 공동 연구를 통해 임나일본부설 공식 폐기에 합의했으면서도, 여전히 임나일본부설을 따르고 있으니 말이다. 우리나라에서 친일파란 말이 가지는 무게를 생각하면 상황은 더욱 심각하다. 우리 역사학계가 친일파의 소굴이었으며, 우리가 그동안 배운 역사가 그들이 왜곡한 거짓말이었다는 상상은 상상 그 자체만으로도 몸서리쳐지는 일이 아니겠는가. 사실이라면 역사학계는 분노한 시민들의 돌팔매를 피할 수 없을 것이다.

다만 돌을 던지기 전에 몇 가지 의문을 해결해야 한다. 과연 우리 역사학계는 아직까지도 일본의 임나일본부설을 추종하고 있을까. 그리고 또 하나, 2010년에 한국과 일본 학자들이 임나일본부설 공식 폐기에 합의했다는 말은 어디까지 사실일까. 해답을 얻기 위해서는 우선 임나일본부설이 무엇인지 알아볼 필요가 있다.

임나일본부설과
조선 침략의 명분

　　임나일본부설을 간단
히 정리하면 4세기 중반에 왜(일본)
의 야마토大和정권이 가야 지역에
임나일본부라는 통치기구를 설치해
200여 년간 한반도 남부를 직간접
적으로 지배했다는 주장이다. 임나
일본부가 처음으로 등장하는 기록
은 8세기에 편찬된 일본의 역사서
《일본서기》다. 이 기록은 일본의 에
도江戶시대 국학자國學者들에게 주
목받아 왔다. 1720년에 완성된《대
일본사大日本史》에서는 "진구황후
가 서쪽을 정벌해 삼한三韓(고구려·백
제·신라)을 평정하고 처음으로 내관
가內官家를 설치"했으며, "(임나에)
일본부를 설치해 한국韓國을 통제"
했다는 식으로 정리했다.

　　과거 일본이 한반도 남부를 지배
했다는 역사상은 19세기 일본 정치

1907년 한일신협약 체결
순간을 묘사한
《도쿄팩TOKYOPACK》
(1907년 8월 1일) 신문 만평.
협약이 이루어지는 장면을 하늘
위에서 진구황후와 도요토미
히데요시 등이
내려다보고 있다.

가들이 정한론征韓論을 주장할 수 있는 좋은 명분이었다. 임나일본부설을 사실로 믿은 그들에게 조선 침략은 더 이상 침략이 아니라 본디 그래야 하는 과거의 회복이었다. 그들보다 먼저 조선을 침략한 도요토미 히데요시豐臣秀吉(1537~1598) 역시 그들과 같은 생각으로 조선 침략의 또 다른 명분을 찾았다. 이것은 우연이 아니었다. 그들에게 역사는 책 저편의 이야기가 아니라 현실에 쓸모가 있는 무기 그 자체였기 때문이다.

스에마쓰 야스카즈의
임나일본부설 완성

이후 일본의 조선 지배가 이어지면서 임나일본부설은 상식이 됐다. 이 상식은 참으로 견고했다. 쓰다 소키치津田左右吉와 이케우치 히로시池內宏 등 일본 근대 역사학의 대가들이《일본서기》기록의 비합리성을 철저하게 비판하면서도, 야마토정권의 임나일본부 설치와 한반도 남부 지배는 별다른 검증도 없이 사실로 인정하는 모순된 태도를 보인 점은 그 견고함의 정도를 잘 알 수 있는 사례다.

상식은 이후 스에마쓰 야스카즈末松保和라는 역사학자의 손에서 체계적 학설로 정리됐다. 경성제국대학 교수였던 그는 일본으로 돌아간 후, 1949년에《임나흥망사任那興亡史》를 출간했다. 이 책에서 그는 야마토정권의 임나 지배를 구체적으로 증명하려 했다. 그에 따르면 임나

지배의 시작을 알려 주는 기록은《일본서기》진구기神功紀 49년조의 가라 7국 평정 기사인데, 대강의 내용은 다음과 같다.

진구황후가 아라타와케荒田別 등을 보내 신라를 정벌하려 했는데, 그들이 군사 증원을 요청하자 백제 장군 목라근자木羅斤資 등을 보내 주었다. 이들이 탁순卓淳(대구 또는 경남 창원)에 모여 신라를 격파하고 이어서 비자발比自㶱(경남 창녕), 남가라南加羅(경남 김해), 탁국喙國(알 수 없음), 안라安羅(경남 함안), 다라多羅(경남 합천), 탁순卓淳, 가라加羅(경북 고령)의 일곱 나라를 평정했다. 그리고 군대의 방향을 서쪽으로 돌려 남만南蠻인 침미다례忱彌多禮(전남 강진)를 무찔러 백제에 주었다. 백제왕 초고肖古(근초고왕)와 왕자 귀수貴須(근구수왕)가 군사를 이끌고 와 만났는데, 비리比利(전북 전주), 벽중辟中(전북 김제), 포미지布彌支(알 수 없음), 반고半古(전남 나주)의 네 읍邑이 스스로 항복했다. 백제왕이 이후 항상 서쪽의 번국蕃國이라 칭하고 조공할 것을 맹세했다.

사실 이보다 앞서 진구황후가 임신한 상태로 남장을 하고 신라를 공격해 항복을 받아 내자 겁먹은 고구려와 백제의 왕이 스스로 와서 항복했다는 이야기가 있고, 이것이 이른바 진구황후의 삼한 정벌이라고 해서《대일본사》이래로 역사적 사실 취급을 받아 왔다. 하지만 스에마쓰는 이 기록은 비합리적이라며 믿지 않았다. 그는 진구 49년(369)의 가라 7국 평정을 시작으로 야마토정권의 임나 경영이 시작됐다고 봤다.

그는 이와 같은 《일본서기》기록이 사실임을 입증하기 위해 한국 측 사료인 '광개토왕비'와 중국의 사서인 《송서》기록을 이용했다.

먼저 광개토왕비 신묘년조를 "왜가 바다를 건너와 백제·임나(혹은 가라)·신라를 격파하고 신민으로 삼았다"라고 해석하고, 이 기록과 《일본서기》오진應神 8년(392)조에서 왜가 백제의 아화왕阿花王(《삼국사기》에는 아신왕阿莘王)을 폐위시키고 직지왕直支王(《삼국사기》에는 전지왕腆支王)을 즉위시켰다고 한 기사가 사건의 시작과 끝을 알려 준다고 이해했다. 또한 광개토왕비 영락永樂 10년(400)조에서 확인되는 임나가라任那加羅와 안라安羅를 야마토정권이 임나에 둔 거점으로 파악했다. 이후 그는 광개토왕비를 통해 확인한, 왜가 백제와 신라에 우위를 점했고 임나를 거점 지배했다는 내용의 기원이 무엇인지를 찾기 위해 《일본서기》기록을 역순으로 추적했다. 추적 결과 그가 찾은 기원이 바로 진구 49년의 가라 7국 평정이었다.

한편 그는 《송서》왜국전에서 왜국왕이 "왜·신라·임나·가라·진한·모한육국제군사倭新羅任那加羅辰韓慕韓六國諸軍事"의 벼슬을 인정받은 기록을 야마토정권의 한반도 남부 지배를 중국에서 인정해 준 증거로 들었다. '○○국제군사'라는 칭호는 해당 지역의 영유 내지 지배권을 인정하는 증거인데, 제3국인 중국에서 이 칭호를 준 것은 야마토정권의 한반도 남부 지배가 단지 일본의 주장으로만 그치지 않음을 입증해 준다는 것이다.

이와 같은 분석을 통해 스에마쓰는 4세기 이후 야마토정권이 임나

(이때의 임나는 가야 지역뿐만 아니라 백제와 신라에 포함되지 않은 한반도 남부의 모든 지역을 말한다)를 직접 지배하고 백제와 신라를 간접 지배했다는 역사상을 만들어 냈다. 사실 그의 책 제목은 이미 비판되고 있다시피 '임나흥망사'가 아니라 '일본의 임나 지배 흥망사'라고 부르는 편이 맞을 것이다. 이것이 그의 학설이 한국사가 고대부터 외부 세력의 영향 아래 전개됐다는 타율성론에 매몰된 연구라는 비판을 피할 수 없는 이유다.

다만 스에마쓰가 정리한 임나일본부설은 단순히 《일본서기》 기록에만 의지한 주장이 아니었다. 일본에 유리한 《일본서기》 내용이라도 지나치게 비합리적이면 인정하지 않았으며, 상대국인 한국과 제3국인 중국 사료를 통해 《일본서기》에 기록된 임나 경영의 실상을 밝혀내려 했다. 이 때문에 적어도 일본 역사학계에서는 그의 학설이 객관성과 실증성을 함께 갖추었다고 생각했다. 이소노카미 신궁에서 발견된 칠지도 또한 백제가 일본에 칠지도를 바쳤다는 진구기 52년조(372) 기록을 입증하는 유물로 여겨져 그의 주장을 뒷받침해 주었다. 따라서 그의 학설은 임나일본부의 실상에 대한 움직일 수 없는 정설로 인정받았다. 하지만 1963년에 그는 바다 건너편으로부터 한 장의 도전장을 받았다. 도전장을 보낸 사람은 그가 경성제국대학에서 교편을 잡고 있을 때, 언제나 검게 물들인 무명 두루마기를 입고 강의실 뒷자리에 앉아 양손으로 턱을 괸 채 그를 째려보던 '불손한' 제자 김석형이었다.

바다 건너편에서 날아온 도전장,
분국설

    김석형은 1963년 북한의 학술지《력사과학》에 〈삼한·삼국의 일본 렬도 내 분국들에 대하여〉란 논문을 발표했다. 이 논문에서 그는《일본서기》에 한반도에서 있었다고 기록된 사건의 대부분은 한반도 여러 나라와 왜의 야마토정권 사이에서 벌어진 일이 아니라고 주장했다. 그에 따르면 기원전 수세기부터 한반도에서 일본열도로 건너간 이주민이 존재했고, 이들은 각기 한반도에 있는 본국本國에 대해서 분국分國이라고 할 수 있는 소국小國을 세워 살았다.《일본서기》기록은 일본열도 안에 있던 이 분국과 야마토정권 사이에서 일어난 일에 대한 기록이므로 일본의 한반도 지배와는 전혀 상관없고, 오히려 한반도의 여러 세력이 일본열도를 경영한 사실을 알려 준다고 주장했다. 1966년에는 자료를 보강해《초기 조일관계 연구》라는 단행본을 출간했는데, 이 책에서 그는 임나일본부 또한 야마토정권이 기비吉備(오카야마현 지역)에 있던 가야계 분국에 설치한 기관에 불과할 뿐, 일본의 한반도 지배와는 아무런 관계도 없다고 주장했다.

    김석형의 논문은 당시 일본 역사학계에 큰 충격을 주었다. 일본에서 그의 논문 하나가 각각 세 번에 걸쳐 따로 번역되는 흔치 않은 상황을 통해서도 충격의 크기를 짐작할 수 있다. 그의 주장은 풍부한 고고학 자료를 바탕으로 했으므로, 신기할 정도로 고고학 자료를 언급하지 않았던 스에마쓰의 학설과 분명하게 대비됐다. 조금 다른 이야기지만, 식민지 시기 일본인 고고학자들은 임나일본부설을 고고학적으로 입증하기 위해 무던히 노력했지만 결국 실패했다. 일본인 고고학자 하마다 고사쿠濱田耕作는 "지금 갑작스럽게 단언할 수는 없지만 저 임나라는 것이 일본의 식민지였다고 보는 선입견은 이제 버리지 않으면 안 된다고 생각한다"라고 말했다. 그의 고백은 일본인 고고학자들의 조사 목적이 어디에 있었는지를 알려 주는 동시에, 임나일본부설이 적어도 고고학적으로는 성립 불가능함을 드러냈다. 이러한 상황에서 일본열도에서 확인된 여러 고고 유적과 유물을 한반도와의 밀접한 관계 속에서 해석한 김석형의 학설에는 스에마쓰와는 한 차원 다른 과학성이 있었다.

무엇보다도 일본 역사학자들을 고민에 빠뜨린 것은 김석형이 스에마쓰와 같은 문헌 기록들을 이용해 정반대의 주장을 내놓았다는 사실이었다. 김석형은《일본서기》는 물론 광개토왕비 기록 역시 분국설 관점에서 해석했다. 그에 따르면 비문에 기록된 왜는 백제 본국과의 관계 속에서 동원된 분국에 지나지 않았다. 또한《송서》왜국전에 열거된 나라 가운데 '모한'과 '진한'은 한반도에서는 삼국의 성장과 함께 이미 사라졌으므로, 5세기에 그 존재를 찾을 수 있는 공간은 일본열도 말고는 없다는 그의 주장은 스에마쓰의 주장보다 개연성이 높다는 점에서 일본 학자들을 고민에 빠지게 했다. 물론 그들은 김석형의 주장에서 자의적 해석과 자기모순을 열심히 찾아 비판했다. 하지만 그 비판을 스에마쓰의《일본서기》해석에도 적용할 수밖에 없음을 깨달았다.

그들은 이제《일본서기》기록의 모순 문제를 해결하기 위해서는 좀 더 면밀히 사료를 비판해야 한다는 사실 앞에 마주서야 했다. 김석형 의 논문이 나오기 전에는 스에마쓰의 임나일본부설을 좀 더 구체화한 것에 지나지 않은 주장을 하던 이노우에 히데오井上秀雄는 그의 학설을 대폭 수정해 이른바 가야의 왜인설을 주장했다. 그는 임나일본부를 야 마토정권과는 무관한 자치기구로 파악했다.《일본서기》를 좀 더 면밀 하게 사료 비판한 결과 나온 대안이었다. 야마토정권과 임나일본부의 직접적 관계를 부정하는 이런 경향은 이후 다양한 관점의 임나일본부 설이 제기될 수 있는 실마리를 제공했다.

김석형의 분국설은 북한에서는 아직도 정설이며, 한국에서도 모자 란 복제품 수준의 주장이 이따금씩 제기된다. 하지만 그의 연구는 이 제 학설로서 생명력을 거의 상실했다. 그의 학설이 성립하는 결정적 근거였던 일본열도 내 '조선식 산성'이 6~7세기 대 유적으로 밝혀졌기 때문이다.

그렇다고 해서 그의 연구에서 학설사적 가치가 사라지진 않는다. 그 의 연구는《일본서기》에 기록된 왜를 야마토정권과 무비판적으로 동 일시하는 일본 역사학계의 관성에 경종을 울렸다. 본격적인《일본서 기》사료 비판의 길을 열었던 것이다.

천관우와 김현구의
주체 교대론

　　　　　이제 한국 역사학계의 상황은 어떠했는지를 확인할 차례다. 해방 이후 일본의 식민주의사학에 대한 분석과 비판이 활발하게 이루어졌지만, 임나일본부설에 대한 본격 비판이 이루어지지는 않았다. 임나일본부의 존재가 기록된 유일한 사서인《일본서기》를 위서(僞書) 취급하는 당시 분위기 때문이었다. 이후 1970년대에 들어와《일본서기》 사료 비판을 통해 본격적으로 임나일본부설 비판이 이루어졌다. 시작은 언론인이면서 동시에 역사학자이기도 한 천관우의 연구였다.

　천관우는 사료가 절대적으로 부족한 가야사를 복원하기 위해서는 《일본서기》 이용이 필수라는 입장에서《일본서기》 사료 비판을 시도했다. 그는《일본서기》의 임나 관련 기사가 쉽게 이해할 수 없게 쓰인 것은 사건의 주체를 백제에서 왜로 바꿔 놓은 데에 이유가 있다고 봤다. 이를 잘 알려 주는 것이 바로 진구 49년조의 가라 7국 평정 기사였다. 그에 따르면 왜가 신라와 가라를 공격할 때 중요한 지휘관 가운데 한 사람이 백제 장군이라는 점이 이상할뿐더러, 무엇보다 평정한 지역을 백제에 내려 주는 것은 도저히 납득할 수 없을 만큼 이상한 일이었다. 그의 표현을 그대로 옮겨 본다.

　그같이 인심 좋은 국제 관계가 고금동서에 있을 수 있는 일일까.

그는 사건의 주체를 백제로 바꾸면 이러한 사건을 합리적으로 해석할 수 있다고 봤다. 또한 다른 임나 관계 기사들도 이와 같은 방법으로 주체를 바꿔 사료를 비판하면 사실에 근접한 해석이 가능하다고 했다. 그는 이러한 관점에서 임나일본부를 백제가 가야 지역에 진출하는 과정에서 지배를 위해 설치한 파견군 사령부 같은 것으로 파악했다.

그렇다면《일본서기》가 백제의 임나 지배를 왜의 임나 지배로 바꿔 놓은 이유를 해명하는 문제가 남는다. 그는 그 이유를《일본서기》를 편찬하는 과정에 백제가 멸망한 후 왜로 건너간 사람들이 중요한 역할을 했을 것이라는 점에서 찾았다. 그들의 조상이 모국인 백제에서 활동한 일들을 마치 왜에서 백제로 건너가 활동한 일인 것처럼 바꿔 놓았거나, 또는 그렇게 바뀌어 있던 기록들이《일본서기》의 자료로 제공됐으리라는 것이다.

김현구도 같은 관점에서《일본서기》의 사료 비판을 시도했다. 그는《일본서기》에 기록된 야마토조정의 임나 경영이 사실은 모두 백제의 임나 경영을 보여 준다고 주장했다. 그에 따르면 백제의 임나 경영을 담당한 것은 목木씨 일족이었으며, 그 서막을 연 인물은 진구 49년조 가라 7국 평정 기사에 등장하는 목라근자다. 그렇다면 목씨 일족의 임나 경영이 어째서 야마토조정의 임나 경영으로 둔갑했을까. 그는 그이유를 다음과 같이 설명했다. 목라근자의 아들 목만치木滿致가 왜에건너가 정착해 왜인이 됐다. 이 때문에 그를 왜인으로 규정한《일본서기》에서는 목씨가 중심이 됐던 임나 경영 전부를 일본 천황의 명에 의

한 것, 즉 야마토정권의 임나 경영으로 바꿔 기록하게 됐다.

김현구는《일본서기》의 임나 경영 기사를 하나하나 분석해 4세기 후반 백제가 임나와 상하 관계를 맺어 백제 백성들을 이주시키고, 5세기 전반부터 군대를 상주시켰으며, 6세기 전반에는 지방장관을 배치해 직접 경영 체제를 성립시킨 과정을 정리했다. 또 그는 임나일본부를 지방장관이나 이주한 백성들, 그리고 주둔군을 관리하는 기구로 보았다. 그리고 임나 관계 기사에 등장하는 일본식 이름을 가진 인물들을 백제가 고용한 왜인 계통의 백제 관료로 파악해, 당시 백제와 왜의 관계를 선진 문물을 주고 군사원조를 제공받는, 일종의 용병 관계로 보았다. 광개토왕비에 등장하는 왜의 활동은 물론《일본서기》에 기록된 왜인의 한반도에서의 활동을 이해할 수 있는 중요한 발상의 전환이었다.

천관우와 김현구의 연구는 사료 비판을 통해《일본서기》의 한반도 관계 기사가, 스에마쓰의 주장처럼 야마토정권과 임나의 관계에 비중을 둔 기록이 아니라, 백제와 야마토정권의 관계 중심 기록임을 증명했다. 이를 통해 임나일본부를 백제가 가야를 지배하는 과정에서 설치한 기구로 보았다. 이러한 관점은 스에마쓰의 임나일본부설을 효과적으로 극복하는 동시에 임나일본부의 실체를 쉽게 이해할 수 있게 했다. 하지만 동시에 앞서 스에마쓰가 빠졌던 함정에 이들 역시 빠질 수 있다는 위험성이 있었다. 가야사 입장에서 본다면 지배의 주체를 일본에서 백제로 옮겨 놓은 것에 지나지 않았기 때문이다. 따라서 이러한 연구 또한 가야의 역사상을 축소하고 왜곡한다는 점에서 스에마쓰의 그것과 다를 바 없다는 비판에서 자유로울 수 없었다. 물론 백제의 가야 지배가 사실에 가깝고 그것을 입증하는 자료들이 《일본서기》 외에도 존재한다면 이야기는 달라질 수 있다. 하지만 이들의 연구 역시 스에마쓰의 임나일본부설과 마찬가지로 사료 해석과 상반되는 고고 자료라는 장벽을 만나게 됐다.

가야사 연구의 진전과 임나일본부설 비판의 심화

1977년, 경상북도 고령의 지산동고분군 발굴을 시작으로 가야 지역에 대한 발굴 조사가 본격적으로 시작됐다. 이러한 흐름은 1980년대로 이어져 가야 관련 고고 자료가 풍부해졌고, 이에 대한 연구 또한 활발해졌다.

그런데 이 고고 자료는 모두 가야 지역이 5세기 후반까지 독자성을 유지했음을 증명했다. 고고 자료를 통해서 일본은 물론 백제의 가야 지배 또한 주장하기 어려워진 것이다. 역사학자들은 자연스럽게 스에마쓰가 야마토정권의 임나 경영을 찾았고, 주체 교대론에서는 그 이면에 숨겨진 백제의 가야 지배를 확인했던 《일본서기》 진구기 기록이 과연 어디까지 사실인가에 대한 의문을 제기하기 시작했다. 그 과정에서 주목한 것이 바로 《일본서기》라는 사서의 성격 문제였다.

고령지산동고분군 전경과 대가야 토기

《일본서기》는 일본의 역사서임에도 불구하고 한반도 관련 내용, 그 중에서도 백제 관련 내용이 대단히 많이 기록돼 있다. 이는《일본서기》가 편찬되는 과정에서《백제기》·《백제신찬》·《백제본기》라는 이름의 백제계 사서가 핵심 자료로 이용됐기 때문이다. 이 백제계 사서는 백제인 또는 백제가 멸망한 후 일본으로 건너가 정착한 백제계 도래인渡來人이 편찬했다고 여겨지는데, 당연히 백제 중심의 시각이 반영됐을 것이다. 그런데《일본서기》는 8세기 일본에서 천황 지배의 정당성을 주장하기 위한 수단으로 편찬된 관찬 사서이므로, 그 기록에는 한반도의 여러 나라를 속국 취급하는 일본 중심의 시각 또한 짙게 드리워져 있다. 따라서 《일본서기》에는 편찬에 사용된 백제계 사서의 백제 중심 인식과 편찬 당시의 일본 중심 인식이 중첩돼 있다. 이는 《일본서기》에 기록된 임나, 즉 가야의 모습이 백제인의 시각과 일본인의 시각에서 이중적으로 굴절된 상태로 나타날 수밖에 없음을 알려 주는 것이다.

역사학자들의 진구기 비판은 굴절돼 있는 《일본서기》에서 가야의 역사적 실체를 찾아내는 것에서 시작했다. 그 결과 진구기 기록은 4세 기 근초고왕 대에 백제와 가야의 통교가 시작된 것 또는 6세기 백제와 가야 관계의 연원을 꾸며 낸 것에 지나지 않으므로, 이 기록을 통해 임 나일본부의 실상을 이야기할 수 없다는 주장이 나오게 됐다. 이러한 연구는 당시 《송서》 왜국전의 'ㅇㅇ국제군사'라는 칭호가 실제로 해당 지역에서 지배권을 행사한 것에 대한 근거가 될 수 없음이 증명되고, 광개토왕비 기록을 이해하는 새로운 관점이 제기된 것과 함께 스에마 쓰의 임나일본부설이 더 이상 서 있을 자리가 없게 만들었다.

그렇다면 임나일본부는 말 그대로 허상이었을까. 역사학자들은 임 나일본부가 단 한 건을 제외하고는 모두 《일본서기》 긴메이기欽明紀 2 년(541)조~13년(552)조에서만 나타나며, 이 임나일본부 관련 기사에서 는 정치적·군사적 지배자의 모습을 찾아볼 수 없다는 사실에 주목했 다. 물론 임나일본부가 '임나'+'일본'+'부府'로 조합된 용어라고 할 때, 일본이란 국호와 부라는 관청이 모두 7세기 후반이 돼야 등장한다는 점에서 임나일본부는 7세기 후반 이후에나 나올 수 있는 용어였다. 따 라서 《일본서기》의 6세기 기록에 나타나는 임나일본부라는 용어 자체는《일본서기》가 편찬될 당시에 조작됐을 가능성이 100퍼센트다. 하지만《일본서기》에 임나일본부라고 기록된 존재의 활동을 모조리 부정하기에는 기록된 정황이 너무 구체적이었다. 이 때문에 역사학자들은 임나일본부라 기록된 존재의 원형을 찾기 위해 연구를 진행했다. 그 결과 긴메이기 15년(554)조에 기록된 '재안라제왜신등在安羅諸倭臣等(안라에 있는 왜의 여러 사신)'이 임나일본부라 기록된 존재의 원형을 가리킨다는 것에 의견을 모았다. 기록된 임나일본부의 활동이 안라국을 중심으로 이루어졌으며 외교사절의 성격을 보이는 모습이 '안라에 있는 왜의 여러 사신'이라는 기록과 맞아떨어졌기 때문이다.

또한《일본서기》에는 임나일본부를 일본식 발음으로 '야마토노미코토모치やなとのみこともち'라고 읽으라는 표기가 남아 있다. 이때의 '미코토모치'는 왕의 명령을 전달하기 위해 지방에 파견돼 담당한 일이

'부府'를 '미코토모치みこともち'로 읽으라는 표기들

끝나면 왕에게 돌아오는 사신을 가리킨다고 한다. 이 역시 임나일본부라 기록된 존재가 외교사절이었음을 알려 주는 근거의 하나로 꼽히게 됐다.

물론《일본서기》기록을 근거로 백제가 가야를 지배했으며 임나일본부라 기록된 존재가 이를 위한 기구였다고 주장하는 역사학자도 여전히 있다. 그러나 현재 임나일본부설을 다루는 한국과 일본의 많은 역사학자, 그중에서도 가야사를 전공하는 역사학자 대부분은 임나일본부라 기록된 존재의 실상을 외교사절이라는 성격에서 찾고 있다. 단, 외교사절이라는 큰 흐름에는 의견이 모아졌으나 세세한 부분에서는 각기 차이점이 적지 않은데, 대체로 다음과 같이 정리할 수 있다.

① 임나일본부의 파견 주체: 야마토정권이 파견했는가, 백제가 파견했는가, 야마토정권이 아닌 왜의 지역 정권이 파견했는가, 가야가 불러들였는가.

② 임나일본부를 주도한 세력: 야마토정권인가, 백제인가, 가야인가.

③ 임나일본부의 파견 목적: 경제적 교역인가, 정치적 교섭인가.

④ 임나일본부의 조직: 사신들의 집단이었는가, 특정한 기구를 이루고 있었는가.

⑤ 임나일본부를 대체할 용어는 무엇인가.

임나일본부설은 이처럼 다양한 관점에서 연구되고 있다. 한·일 역사학자의 차이가 제법 뚜렷하다는 점이 흥미롭다. 한국 역사학자들은 한반도의 여러 나라와 야마토정권의 관계를 대등한 관계로 보는 관점에서 연구한다. 일본 역사학자들 역시 백제 및 신라와의 관계에 대해서는 대체로 비슷한 관점을 유지하지만 가야에 대해서는 왜의 비교 우위를 은연중에 내비치는 경우가 많다. 이는 가야가 하나의 통일된 국가가 아닌 여러 소국으로 구성됐기 때문에 왜와의 사이에 어느 정도 의존과 보호 관계가 형성되는 일은 충분히 가능하다는 관점이 존재하기 때문이다. 반면에 가야사를 연구하는 한국 역사학자들은 가야의 독자적 발전 과정을 강조하는 입장에서 임나일본부설에 접근한다. 따라서 그들은 일본인 역사학자들의 관점이 막연한 선입관일 뿐이라고 비판한다. 분명 양국의 역사학자들 사이에는 꽤 큰 강이 흐르고 있다. 하지만 분명한 점은 스에마쓰가 제시한 임나일본부설, 즉 야마토정권이 한반도 남부 지역을 직간접적으로 지배했다는 주장에 동의하는 '역사학자'는 한일 양국을 통틀어 어디에도 없다는 사실이다. 2010년 제2기 한·일역사공동연구위원회가 임나일본부설 폐기에 합의했다는 신문 기사는 바로 이러한 사실을 반영한 것이다.

장관님을 닮은 사이비 역사가들의 왜곡

그렇다면 도종환 장관은 어째서 국내 역사학자들이 임

나 일본부설을 따르고 있다는 인터뷰를 했을까. 2010년부터 그가 인터뷰를 한 2017년 사이에 무슨 일이라도 있었을까. 의문을 풀어낼 실마리는 인터뷰 내용 중 따옴표로 인용된 "일본이 임나일본부설에서 임나를 가야라고 주장했는데, 일본의 연구비 지원으로 이 주장을 쓴 국내 역사학자들 논문이 많다"라는 발언이다. '임나=가야'라는 주장이 곧 임나일본부설 추종을 입증하는 근거가 된다는 것인데, 과연 사실일까.

《일본서기》의 임나가 한반도의 가야 지역을 가리키는 말이 아니라는 주장은 앞서 확인한 김석형의 분국론에서도 나왔다. 한국에서도 비슷한 주장을 하는 사람이 있었지만, 그들의 주장은 김석형의 학설이 생명력을 잃으면서 자연스럽게 무대 뒤편으로 사라졌다. 그런데 최근 일부 사이비 역사가들이 이 주장을 다시 무대 위에 올렸다. 그들은 《일본서기》에 기록된 임나가 한반도의 가야가 아님이 분명한데도 임나일본부설을 추종하는 역사학자들이 임나를 한반도의 가야와 동일시한다고 비난했다. 그들의 주장은 대체로 다음과 같다.

> 《일본서기》스진기崇神紀 65년조는 "임나는 쓰쿠시筑紫(규슈)국에서 2000여 리 떨어져 있는데 북쪽은 바다로 막혀 있고 계림의 서남쪽에 있다"라는 기록이 있다. 이 기록을 보면 임나의 위치가 한반도의 가야가 아닌 쓰시마섬임이 분명하다. 하지만 역사학자들은 스에마쓰의 임나일본부설을 추종하고 있으므로 이곳을 가야라고 우기고 있다.
>
> - 황순종, 《임나일본부는 없었다》, 만권당, 2016, 17~20쪽

하지만 안타깝게도 지금의 역사학자들은 스진기 기록의 사료적 가치를 인정하지 않는다. 심지어 이 기록은 스에마쓰도 인정하지 않았다. 따라서 학계가 스에마쓰의 임나일본부설을 추종하기 때문에 스진기 65년조 기록을 가지고 임나가 곧 가야라고 우긴다는 사이비 역사가들의 비난은 첫발부터 헛딛는 꼴이다.

또한 사이비 역사가들은 가야가 멸망한 562년 이후에도 《일본서기》에서 임나의 존재가 확인되므로 임나는 가야가 될 수 없다고도 말했다. 하지만 이 역시 학계에서 사료적 가치를 인정받지 못하는 기록을 가지고 트집을 잡는 것에 불과하다. 《일본서기》에는 긴메이기 23년(562)조에 임나의 멸망이 기록돼 있는데도, 계속해서 임나의 존재를 기록하고 있다. 이것은 무언가 사료가 잘못됐음을 의미한다. 이것이 《일본서기》 편찬자의 임나 관념에 따른 실체가 없는 허구라는 연구는 이미 오래전에 이루어졌다. 따라서 사이비 역사가들의 주장은 다시 한번 헛다리를 짚은 셈이다.

역사학자들이 임나를 가야 지역의 한 세력을 가리키는 것으로 본 것은 여러 기록을 교차 검증한 결과며, 이는 역사 연구의 기본이라고 할 수 있는 연구 방법이다. 광개토왕비의 내용을 통해 임나가라와 안라가 한반도 남부, 신라와 가까운 지역에 위치했음을 알 수 있다. 또한 《삼국사기》에는 가야 출신인 강수強首가 자신을 '임나가량인任那加良人'이라고 한 기록이 남아 있다. 924년 건립된 창원봉림사지진경대사탑비에는 진경대사의 선조가 임나의 왕족이었다고 기록돼 있는데, 진경대사는 김유신의 후손이다.

중국 측 기록 또한 임나가 한반도 남부에 있었음을 알려 준다. 앞서 확인한 《송서》는 물론 《남제서》 왜국전, 《양서》 왜전, 《남사南史》 왜국전, 《통전通典》 신라전에도 임나가 한반도 남부에 있었음을 확인할 수 있는 기록이 있다.

연구자들이 임나를 한반도의 가야 세력 전체를 가리키거나 그중 한 세력을 가리키는 말로 보는 것은 임나일본부설을 추종한 결과가 아니다. 한·중·일 세 나라의 사료가 모두 임나가 한반도에 있었다고 알려 주므로 이에 따라 이해했을 뿐이다. 따라서 도종환 장관의 인터뷰 내용은 사이비 역사가들의 일방적 주장을 수용한 결과일 뿐이지, 사실이 아니다. 이제는 부디 장관님의 오해가 풀려 있기를 바란다.

사이비역사학의 역설, 그리고 임나일본부 연구의 내일

여기까지 읽은 독자라면 글을 시작하면서 제시한 두 의문에 대한 궁금증이 모두 풀렸으리라 믿는다. 한국과 일본 학계가 스에마쓰가 주장한 임나일본부설이 사실이 아니라는 데 합의한 것은 사실이다. 하지만 학계가 임나일본부설을 추종한다는 도종환 장관의 이해는 오해일 뿐이지 사실이 아니다.

문제는 사이비 역사가들의 행동이 학계의 연구를 단순히 왜곡하는 수준을 넘어선다는 데 있다. 최근 그들은《일본서기》를 한국 고대사 연구에 이용하는 것도 식민사학 추종으로 연결시켜 비난한다. 국내 기록인《삼국사기》의 사료적 가치가 훨씬 높은데도, 이를 무시하고《일본서기》만을 믿는다는 주장이다.

그런데 가야의 유적은 경상도뿐만 아니라 전라도 동부의 섬진강 유역은 물론 금강 상류 유역에서도 발견되며, 이들의 실체를 밝힐 수 있는 기록은《일본서기》에만 있다. 《일본서기》의 사료적 가치가《삼국사기》보다 우월하다고 주장하려는 것이

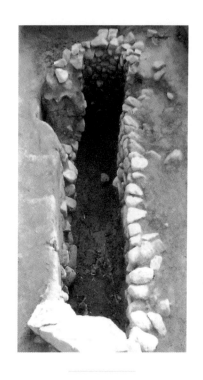

남원 지역의 가야계 고분인
두락리 2호분

아니다. 적절한 사료 비판을 거치면 우리 역사를 보여 주는 기록으로 충분히 활용할 수 있다는 이야기다. 사이비 역사가들의 주장이 학계에 대한 맹목적 비난일 뿐 학술적 비판일 수 없는 이유다.

길을 가다 마주친 사람에게 임나일본부에 대해 어떻게 알고 있는지 질문을 던졌다고 생각해 보자. 대부분은 잘 모른다고 하거나 조선총독

남원 지역에서 출토된 대가야계 토기들

부 같은 게 아닐까라고 답할 것이다. 물론 일본의 역사 왜곡이고 사실
이 아니라는 말을 덧붙이면서. 이렇듯 임나일본부는 우리가 겪은 치욕
의 역사인 식민지 시기, 그 정점에 있던 지배기관인 조선총독부를 연
상시키는 것이 사실이다. 하지만 이제까지의 연구를 통해 확인된 임나
일본부의 실체는 지배기관과는 거리가 멀다고 해도 과언이 아니다. 지
금은 임나일본부설을 다루는 역사학자 대부분이 임나일본부에서 조
선총독부를 떠올리지 않는다.

그 반면에 여전히 임나일본부를 조선총독부와 같은 것으로 굳게 믿
어 의심치 않는 사람들이 있다. 사이비 역사가들이다. 그들에게 식민지

지배기관인 조선총독부와 다를 바 없는 임나일본부는 한반도에 있어서는 안 되는 존재였다. 따라서 그들은 우선 임나일본부를《일본서기》의 조작으로 치부했다. 그리고 이 주장을 뒷받침하기 위해 김석형의 분국설을 변용해《일본서기》에 기록된 삼국과 임나는 쓰시마섬에 있던 분국이라고 주장했다. 그런데 이때는《일본서기》의 내용을 문자 그대로 인정한다. 임나일본부가 조작이라는 주장에서 들이대던 사료 비판의 예리한 칼날은 한반도계 국가의 일본열도에 대한 지배를 주장하기에 유리하다고 생각한 사료 앞에서는 무디기 그지없었다. 임나일본부를 우리 역사에서 몰아내야 한다는 그들의 현실적 목적 아래 역사학의 기본인 사료 비판이 끼어들 자리는 없었던 것이다.

임나일본부에서 조선총독부를 떠올리고 이러한 역사상을 이용해 그들의 현실적 목적을 달성하려 한 집단이 하나 더 있다. 일본열도에서 바다 건너 조선으로 침략을 계획하고 또 실행에 옮긴 침략자들, 그리고 그들의 침략을 정당화하는 명분을 만들어 낸 역사학자들이다. 이들이 만들어 낸 논리가 식민사관이며 그것이 구체화된 것 중 하나가 임나일본부설이다. 사이비 역사가들은 누구보다 열심히 임나일본부설을 비판한다고 자부하지만 결국 그 비판의 내면에서 확인되는 것은 주어만 다른 식민사관의 동어 반복일 뿐이다. 자신이 식민사관의 충실한 대변자임을 깨닫지 못하는 식민사학의 슬픈 변종. 이것이 사이비 역사가들의 현주소다.

역설적이지만 사이비 역사가들의 이러한 모습을, 앞으로 임나일본부 연구에서 반드시 피해야 할 길을 보여 주는 반면교사로 삼아야 한다. 그들은 오늘의 관점 또는 오늘의 필요에 따라 고대의 역사를 해석하는 집단의 극단에 서 있다. 하지만 과연 고대를 살아간 고대인들을 현대의 국가와 민족 관점에서 해석하는 일이 타당할까? 영산강 유역의 전방후원분前方後圓墳과 남해안 교통로의 거점에서 발견되는 왜계 무덤들, 그리고 일본열도에서 발견되는 한반도계 유적들은 한반도와 일본열도 사이에 가로놓인 바다가 당시 사람들에게 넘어서는 안 되는 경계가 아니었음을 보여 주는 증거일 수 있다.《일본서기》에 나타나는 왜인계 관료들의 한반도와 일본열도를 넘나드는 활동 또한 같은 맥락에서 이해할 수 있다. 임나일본부의 실체에 대한 새로운 이해는 이처럼 현대인이 아닌 고대인의 관점을 염두에 두고 연구할 때 가능하지 않을까? 물론 어느 역사학자의 푸념처럼, 말로 하긴 쉽지만 행동에 옮기기는 어려운 일일 수 있다. 하지만 임나일본부 연구의 내일로 향하는 길이 이곳으로 통하고 있음은 분명하다.

권 순 흥

발해라는 나라
발해가 남의 지방정권?
고구려의 멸망과 발해의 건국 과정
발해가 말갈의 나라?
식민주의 역사학, 그 길은 그늘
동아시아 공동체를 향해

발해사는
누구의
역사인가

'해동성국海東盛國', 동쪽의 융성한 나라라는 뜻의 이 말은 9세기에 당이 발해를 평가하면서 사용한 표현이다. 그보다 앞선 8세기에는 당이 발해의 제3대 왕 문왕文王(재위 737~793)에게 '발해국왕渤海國王'을 책봉하기도 했다. 이 두 사례를 통해 우리는 다음과 같은 사실을 알 수 있다. 바로 당이 발해를 '외국의 독립국'으로 인정했다는 사실이다. 만약 지금 중국의 주장대로 발해가 당의 지방정권이었다면, 당이 발해를 '국國'으로 인정했을 리 없다. 당이 발해를 외국의 독립국으로 인정한 예는 또 있다. 그 당시 당은 소위 초강대국으로서 가장 선진적인 제도와 문물을 갖추고 있었다. 마치 한때 우리나라의 많은 인재들이 선진국 미국의 문물과 제도를 좇아 바다를 건넜듯이, 신라와 발해, 일본, 페르시아 등의 인재들도 당으로 건너가 선진 지식과 제도를 배우고 돌아오곤 했다. 당 유학생 중엔 신라의 최치원도 있었다. 유학생 가운데 두각을 드러낸 일부는 최치원처럼 당의 관료 선발 시험인 과거를 치르기도 했는데, 주목할 것은 발해의 유학생들이 신라와 일본, 페르시아 학생들과 함께 빈공과賓貢科에 응시했다는 사실이다. 당의 과거 시험에는 두 종류 전형이 있는데, 하나는 내국인들이 치르는 진사과進士科이고, 다른 하나는 손님으로 와 있는 외국 학생들이 치르는 빈공과다. 발해 유학생들이 빈공과를 치렀다는 사실로부터 당이 발해를 내국의 지방정권이 아니라, 외국의 독립국으로 간주했다는 점을 누구라도 간파할 수 있다.

'해동성국', '발해국왕', '빈공과'. 이 세 사례만으로도 당이 발해를 외국의 독립국으로 인정했다는 사실을 충분히 알 수 있다. 그러나 현재 중국은 독립국으로서 발해를 부정하고, 당에 예속된 지방정권이었다고 공식적으로 주장한다. 왜 중국은 논리적으로 받아들이기 어려운 이런 무리한 주장을 반복할까. 그리고 우리는 이에 어떻게 대응해야 할까.

발해라는
나라

698년, 고구려 유민 중 일부가 고구려의 옛 땅에 세운 나라가 발해다. 926년, 멸망할 때까지 200년을 훌쩍 넘는 기간 동안 존속하면서 발해는 때론 황제국을 표방할 정도로 강성하기도 했다. 건국 당시에는 국력이 사방에 떨친다는 의미로 진국振國을 국호로 사용했지만, 713년 이래로 점차 발해라는 국호를 사용했다. 일본의 역사서 혹은 목간木簡, 고문서를 통해서 발해가 스스로를 고려高麗로 칭했다는 사실도 알 수 있으니, 발해의 고구려 계승 의식을 짐작할 수 있다. 그 반면, 중국의 역사서에서는 발해를 부를 때, 멸시나 야만의 의미가 담긴 '말갈'을 붙여서 말갈발해 혹은 발해말갈로 비하했다. 뒤에서 설명하겠지만, 이 때문에 발해가 고구려 유민의 나라인지, 말갈의 나라인지에 대해 오래도록 논란이 있어 왔다.

발해에는 적어도 열다섯 왕이 있었을 것으로 추정한다. 발해의 역사를 전하는 《신당서》에는 건국 시조인 대조영大祚榮(재위 698~719)부터 제13대 왕 대현석大玄錫(재위 871~893)까지 열세 왕이 기록돼 있는데, 대현석 이후 대위해大瑋瑎(재위 894~906)와 마지막 왕 대인선大諲譔(재위 906~926)의 존재가 확인되기 때문에 최소한 열다섯 왕이 존재했다는 사실을 알 수 있다. 단, 제13대 왕 대현석 이후 마지막 왕 대인선 사이에 실제로 몇 명의 왕이 있었는지는 알 수 없으므로, 열다섯 명으로 단정할 수도 없다.

그 가운데 눈여겨볼 만한 업적을 남긴 왕은 무왕武王(재위 719~737)과 문왕 그리고 선왕宣王(재위 818~830)과 대이진大彝震(재위 830~858)이다.

대조영이 나라의 기틀을 연 뒤 719년에 즉위한 제2대왕 대무예大武藝는 활발한 정복 활동을 통해 영토를 크게 넓혔다. 무왕이라는 시호가 붙은 이유도 이런 그의 성과에 따른 것이었다. 정복 군주로서 무왕의 업적은 남쪽으로 국경을 맞대고 있던 신라의 반응을 통해서도 유추할 수 있다. 721년에 신라가 하슬라何瑟羅(강원도 강릉) 지역의 장정 2000명을 동원해 북쪽 국경에 장성을 쌓은 것은 무왕의 세력 확장에 대한 대비책이었고, 그 이전과 달리 이때부터 신라가 대당 외교에 적극적으로 나선 것도 발해의 동향과 무관하지 않았다. 심지어 732년에는 무왕의 명을 받은 장문휴張文休가 발해 수군을 이끌고 바다 건너 당의 등주登州(산둥성 펑라이蓬萊)를 습격해 등주자사(당시 등주 지역 최고위 지방관)를 죽이는 전과를 올리기도 했다. 재미있는 점은 그의 업적뿐만 아니라 실제 그의 성격 또한 '무武' 자에 어울린다는 것이다. 무왕의 성격을 단적으로 보여 주는 사건이 사료에 남아 있다.

무왕의 정복 활동에 위기를 느낀 북쪽의 흑수말갈黑水靺鞨은 발해를 견제하기 위해 당에 손을 내밀었다. 당과 흑수말갈의 결탁을 눈치챈 무왕은 둘이 앞뒤로 발해를 협공할지도 모른다고 우려했다. 더구나 발해에 복속된 다른 말갈 부족까지 이탈할 가능성도 있었다. 이 때문에 무왕은 흑수말갈을 토벌하기로 결심했다. 하지만 반대하는 사람이 있었다. 바로 동생 대문예大門藝였다. 당의 감독을 받는 흑수말갈을 토벌하면 나중에 당과 전쟁을 하게 된다는 이유였다. 대문예는 과거 강성했던 고구려가 당에 대적하다가 하루아침에 망해 버렸는데, 고구려보다 국력이 약한 발해가 당과 대적하는 것은 불가능하다고 주장했다. 논란 끝에 결국 무왕은 흑수말갈을 토벌하기로 결정하고 그 사령관에 대문예를 임명했다. 그런데 대문예가 국경에서 다시 토벌에 반대하는 상소를 올리면서 상황은 급변했다. 무왕은 진노해 사촌형 대일하大壹夏

를 파견하고 대문예를 소환했다. 대문예는 죽음보단 망명을 택하고 곧바로 당으로 달아났다. 무왕은 당에 대문예의 송환을 집요하게 요구했다. 그러나 당은 여러 이유로 거부했다.

733년, 무왕은 결국 자객을 보내 대문예 암살을 시도한다. 대문예의 존재 자체가 무왕에게는 위협이자 부담이었고, 그는 정적이었던 자기 동생을 그대로 살려 두려고 하지 않았다. 자객은 낙하洛河(뤄허강)를 가로지르는 낙양洛陽(뤄양)의 천진교天津橋 남쪽에 숨어 있다가 대문예가 다리를 건너자마자 달려들어 검으로 찔렀다. 비록 암살에는 실패했지만, 대문예 암살 시도와 동시에 발해 국내에서는 대문예를 따르던 친당파들에 대한 숙청이 대대적으로 이뤄졌다. 이처럼 무왕은 과감하고 잔혹했다.

무왕이 정복 활동을 통해 사방으로 힘을 뻗쳤다면, 그의 뒤를 이은 제3대 왕 대흠무大欽茂는 내부로 힘을 결집시키면서 여러 제도를 정비했다. 이런 그에게 문왕이란 시호가 붙은 것은 당연하기도 했다. 발해는 주변 말갈 부족을 지방 세력으로 포섭하는 지배 체제를 수립해야 했고, 대문예의 망명 사건에서 알 수 있듯이 정책 집행 과정에서의 분열이 국가 위기 상황을 초래했던 만큼 지배 체제의 중심에는 왕권을 두어야 했다. 문왕이 지향하는 왕권 중심의 중앙집권 체제는 이미 당이 확립해 둔 상태였다. 모범 답안 혹은 참고 자료랄까. 문왕은 57년간 나라를 다스리면서 바로 옆, 당의 문물제도를 적극적으로 받아들였다. 체제 정비는 국력 신장으로 이어졌고, 762년에 당은 문왕을 기왕의 발해군왕渤海郡王에서 발해국왕으로 승격시켜 책봉했다. 왕권의 위상을 대외적으로 승인받은 셈이었다. 이 무렵 발해에서는 문왕을 '대왕大王', 혹은 '황상皇上'으로 높여 불렀고, 문왕 스스로도 일본에 보낸 국서에 보이듯 '천손天孫'임을 과시했다.

그런데 문왕이 죽고 나자, 왕위 계승 문제를 놓고 발해는 한동안 내분에 휩싸였다. 문왕이 장수한 탓에 아들 대굉림大宏臨이 그보다 먼저 죽은 것이 화근이었다. 20년 이상 이어진 내분은 왕계를 달리하는 대인수大仁秀(선왕)가 즉위하면서 일단락됐다. 그는 제10대 왕으로 즉위해 내분을 잠재우고 다시 한 번 발해의 중흥을 이끌었다. 발해의 새 출발이었다. 선왕은 북쪽으로 더 진출해 무왕 대 이래로 가장 문제가 됐던 흑수말갈에 대한 지배권까지 확보했고, 남쪽으로 신라와의 경계를 패강浿江(대동강)과 니하泥河(용흥강)로 확정했으며, 서쪽으로 장령부長嶺府와 압록부鴨綠府를 둠으로써 영역을 확장했다. 내분 종식과 세력 확장을 바탕으로 왕권이 다시 한 번 강화될 수 있었다. 그리고 선왕을 뒤이어 손자 대이진이 즉위했다. 그는 앞선 문왕보다도 더 적극적으로 당의 문물제도를 수용했는데, 구체적으로 중앙 정치제도로서 3성 6부 등이 갖추어졌고, 지방 통치 제도로서는 5경 15부 62주가 마련됐다. 그야말로 '해동성국'이었다. 다만, 우리는 수많은 역사적 사례를 통해서 정점을 찍은 발해에게 이제 남은 길이 내리막길뿐이라는 것을 안다.

9세기 후반부터 발해를 둘러싼 동아시아 세계는 요동치기 시작했다. 당과 신라는 지방 세력의 할거로 각각 5대 10국과 후삼국시대로 접어들었고, 반면 요하 상류인 실란물룬강西剌木倫河(시라무룬허) 일대에서 유목 생활을 하던 거란 부족들은 점차 통합됐다. 그리고 916년, 야율아보기耶律阿保機(재위 916~926)가 흩어져 있던 부족을 통일하고 거란국 건국을 선언했고, 얼마 뒤 요遼 황제에 올랐다. 흉노 이래로 유목민들은 한번 통합이 되면 제국 유지에 필요한 물자를 확보하기 위해 항상 남쪽, 중원으로 진출해 왔다. 거란은 중원을 정복하기에 앞서 배후의 안전을 확보하고자 서쪽의 탕구트黨項 등과 동쪽의 발해를 제압할 필요가 있었다.

한편, 이 무렵 발해는 내부적으로 동요하고 있었다. 지방 세력이 중앙 통제를 벗어나 주변과 독자적으로 교섭하기 시작했고, 이와 함께 지배층들의 망명도 발생했다. 게다가 외교적 패착도 있었다. 발해는 요가 요동으로 진출한 이래 한 차례밖에 사신을 파견하지 않았으면서, 후량後梁과 후당後唐에는 무려 아홉 차례나 사신을 파견했다. 국제 질서의 흐름과 대세를 읽지 못하고 여전히 중원과의 친선 관계를 중시했던 것이다. 오판이었다. 중원은 현실적으로 전혀 도움이 되지 못했다. 결국 발해는 고립됐고, 925년 서방 정벌에 성공한 요 태조(야율아보기)는 그해 12월에 발해를 향해 말머리를 돌렸다. 요는 요동에서 북쪽으로 공격 방향을 전환해 불과 9일 만에 1000리를 행군해 발해의 부여부扶餘府를 포위하고 3일 만에 함락시켰다. 발해의 구원병까지 격파한 요는 다시 6일 만인 926년 1월 9일에 수도 상경성上京城을 포위했다. 발해는 5일 만에 항복함으로써 허무하게 무너지고 말았다.

발해 상경성 위성사진

요는 이곳에 '동쪽의 거란국'이라는 의미에서 동란국東丹國을 세웠다가 2년 후인 928년에 발해 유민들을 요동 지방으로 강제 이주시켰다. 그 뒤 발해 유민들은 금金 말기까지 300년 가까이 주로 요동 지방에 자취를 남기다가 서서히 중국 속으로 흡수됐다. 일부는 요와 금의 지배층으로 포섭돼 활동하는가 하면, 일부는 이들에 저항하면서 정안국定安國, 오사국烏舍國, 홍료국興遼國, 대발해국大渤海國 등을 세워 과거의 영화를 되살리고자 했다. 그러나 이들의 노력은 번번이 좌절되고 말았다. 또 다른 일부는 멸망 직후부터 고려로 망명했고, 그 뒤로도 부흥운동이 좌절될 때마다 고려로 망명해 들어왔다.

발해가 당의
지방정권?

'발해' 하면, 누구나 넓은 영토를 떠올린다. 가장 넓었을 때는 현재의 중국 동북 3성(랴오닝성, 지린성, 헤이룽장성黑龍江省)과 러시아 연해주沿海州 및 북한 북부 지역에 걸친 광활한 지역을 차지하기도 했다. 남쪽으로 패강과 니하를 경계로 했고, 동북쪽으로는 동류 쑹화강松花江(송화강)을 경계로 흑수말갈을 제외한 나머지 말갈 부족을 모두 복속시켰다. 서북쪽으로는 북류 쑹화강과 동류 쑹화강의 합류점에서 요하를 잇는 선에 설치된 부여부가 거란과 접하고 있었다. 그렇기 때문에 한국과 북한뿐만 아니라 중국, 러시아에서도 발해사를 자국사에 포함시킬 수 있게 된다. 현재 자신들의 땅에 살았던 사람들의 역사이기 때문이다. 그러면서도 중국, 러시아, 한국 중 어느 나라에서도 중심부의 역사가 아닌 변방사이기도 하다. 단, 북한만은 이른바 정통사관에 입각해서 스스로를 고구려-발해-고려-조선의 정통을 이어받은 국가

"上京"銘 전돌
출토지는 발해 상경성으로 설명하면서, 당 유물로 구분한 것이 눈에 띈다.

로 규정함으로써, 발해사가 변방이 아닌 중심에 있을 수 있었다. 이런 사정 때문에 발해사를 바라보는 시각도 제각각일 수밖에 없다. 그중 우리가 받아들이기 가장 어려운 주장을 하는 쪽은 역시 중국이다.

중국 주장을 정리하면 크게 두 가지다. 하나는 발해가 당의 지방정 권이라는 주장이고, 다른 하나는 발해가 말갈의 나라라는 주장이다. 앞 서 지적한 대로 발해가 당의 지방정권이 아니라는 사실을 입증할 증거 는 '해동성국', '발해국왕', '빈공과' 외에도 많다. 앞에서 간단히 발해의 역사를 살펴보면서 확인했듯이, 발해는 독자 연호를 사용했을 뿐만 아 니라, 스스로 '황상'·'천손'·'황후' 등의 표현을 사용하면서 황제국으 로서의 면모를 드러내기도 했다. 그런데도 중국은 발해를 당의 지방정 권이라고 무리하게 주장한다. 중국이 제시하는 근거는 무엇일까.

근거는 두 가지다. 첫 번째는 발해가 당에 조공을 바치고, 그 반대급

부로서 당에게 책봉을 받았다는 것이다. 그런데 다들 알다시피 조공책
봉 관계는 근대 이전에 동아시아가 공유하던 국제 질서로, 상대국의
독립을 인정하는 가운데 있던 통상적 교류의 한 형태였다. 즉, '조공'과
'책봉'이라는 표현의 종속적 뉘앙스는 실제와는 다른 외교적 수사에
지나지 않았다. 만약 조공책봉 관계를 근거로 발해가 당의 지방정권이
었다고 주장한다면, 발해뿐만 아니라 중국 왕조와 조공책봉 관계를 맺
었던 고구려 · 백제 · 신라 · 고려 · 조선도 모두 중국의 지방정권이라고
해야 할 판이다. 그뿐 아니라 한반도를 포함한 일본과 베트남 등 동아
시아 전체가 중국의 지방정권이었던 셈이다. 그러나 중국은 오직 고구
려와 발해 등 특정 국가만을 문제 삼는다. 여기에 중국의 역설이 있다.

두 번째는 당이 발해에 홀한주忽汗州를 설치하고 그 왕을 홀한주도
독으로 삼았으므로, 발해왕은 당의 지방 관리였다는 것이다. 당의 관
직을 발해왕이 받았다는 것이 근거인데, 이 또한 억지 주장이다. 그 허
구성은 신라의 경우만 봐도 알 수 있다. 660년 백제가 멸망하고 3년 뒤
인 663년에 당은 신라 문무왕에게 계림주대도독을 제수했다. 이후 신
라왕들이 받은 책봉호에는 계림주도독 혹은 계림주제군사 등이 포함
된다. 도독을 제수받았다는 이유만으로 발해왕을 당의 지방 관리라고
설명하려면 신라도 똑같은 논리로 당의 지방정권이라고 해야 한다. 그
러나 물론 중국은 신라를 당의 지방정권으로 파악하지 않는다. 신라가
독립국이었음은 의심의 여지가 없기 때문이다. 또 다시 중국의 역설이
드러나는 대목이다.

결국 중국의 주장 중, 발해가 당의 지방정권이라는 주장은 근거 부족의 억지라는 사실을 확인한 셈이다. 남은 주장은 발해가 말갈의 나라라는 주장이다. 이 주장에는 다음과 같은 전제가 깔려 있다. 우선 말갈은 현재 중국의 소수민족 중 만주족의 조상으로 알려져 있다. 따라서 만약 발해가 말갈의 나라라면, 자연스럽게 발해는 중국 소수민족의 역사로서 중국사에 편입될 수 있다. 잘 알려진 대로 발해의 피지배층은 대부분 말갈로 불렸기 때문에 지배층마저 말갈이라면, 발해는 말갈의 나라인 셈이고, 중국의 역사일 수 있다. 그 반면, 한국과 북한 연구자들은 이런 중국의 주장에 반박하기 위해서라도 발해의 지배층이 말갈이 아니라는 점을 강조할 수밖에 없었다. 쟁점은 발해의 지배층이 말갈인가 아닌가에 있고, 지배층을 상징하는 집단으로서 건국 세력의 출신이 핵심이었다. 논의 과정을 알기 위해 조금 길더라도 발해의 건국 과정을 살펴볼 필요가 있다.

고구려의 멸망과
발해의 건국 과정

668년, 오랜 공격 끝에 당이 결국 고구려의 도성 평양을 함락시켰다. 곧바로 당은 그 자리에 안동도호부安東都護府를 설치했다. 그리고 현지 지배를 위해 고구려 지배층 가운데 일부를 도독, 자사, 현령에 임명함과 동시에 당 관리에게 이들을 감시하게 했다. 당의 정책은 기본적으로 현지 유력자의 지배 기반을 축소시키면서 고구려 땅을 영역화하는 것이었기 때문에 고구려 유민은 반발할 수밖에 없었다. 669년 2월 보장왕의 아들 안승安勝이 4000호를 이끌고 신라로 망명하자, 당은 고구려 유민 2만 8000호를 당의 내지로 강제 이주시켰다. 이 가운데 평양과 국내성에 거주하던 자들은 바다 건너 내주萊州(산둥성 펑라이)에, 요동 지역에 거주하던 자들은 육로로 영주營州(랴오닝성 차오양朝陽)에 일단 집결시켰다가 당의 남부와 서부 변경 지대로 옮겨졌다.

이로써 안동도호부의 설치가 일단락됐고, 670년 4월에 안동도호 설인귀는 토번을 정벌하러 서쪽으로 떠났다. 그러자 곧바로 검모잠劍牟岑이 반당투쟁의 기치를 올렸다. 그는 평양 부근에서 당의 관리를 죽이고 신라로 남하해 안승을 왕으로 추대했다. 얼마 후에는 요동의 요충지인 안시성安市城과 부여성扶餘城에서도 반당투쟁이 일어났다. 곳곳에서 발생한 고구려 유민의 반당투쟁을 안동도호부의 군사력만으로 진압할 수는 없었다. 당은 고간高侃과 이근행李謹行을 파견해 토벌에 나섰다. 한편, 이 무렵 옛 백제 지역의 통치를 놓고 당이 설치한 웅진도독부와 신라의 대립이 격화됐다. 적의 적은 동지라 했던가. 신라는 고구려 유민을 지원하기 시작했다.

670년 초에 이미 신라군은 고구려 장수였던 고연무高延武와 함께 압록강까지 진격했고, 672년 당이 고구려 유민을 백수성白水城(황해도 재령강 부근)에서 격파하자 신라는 곧바로 구원병을 파견했다. 이듬해 호로하瓠瀘河(임진강)에서 격전을 치른 고구려 유민은 더 이상 당의 공격을 감당하기 어려워 두만강 너머로 피신했다. 반당투쟁은 신라와 당의 전면전으로 확대됐다.

675년 9월 당은 20만 대군으로 신라를 공격했지만 매초성買肖城(경기도 양주)에서 대패하면서, 한반도에서 당의 지배력은 와해됐다. 이듬해 평양에 있던 안동도호부는 압록강 너머 요동성으로 퇴각했다. 이때 고구려 출신 지방관을 감시하던 당 관리들도 본국으로 철수했다. 이로써 고구려 유민을 무마해 후방을 정비한 당은 다시 신라를 공격했다. 그러나 676년 11월 기벌포伎伐浦(충청남도 서천 금강 하구)에서 다시 패배해 당은 지배 방침을 변경할 수밖에 없었다. 이듬해 안동도호부를 요동의 군사 요충지인 신성新城(랴오닝성 푸순)으로 이동시키는 한편, 앞서 당으로 끌고 갔던 보장왕과 고구려 유민을 다시 요동으로 귀환시켰다. 당은 고구려 지역의 영역화를 포기하고 보장왕을 통해 요동 지역만이라도 간접적으로 통치하는 기미 지배로 전환했던 것이다.

그런데 681년 보장왕은 당의 기대를 저버리고 고구려 부흥을 도모했다. 다만, 4년간의 반당투쟁이 실패한 데다가 당이 유화적 기미 지배를 시행했기 때문에 고구려 유민을 규합하기가 쉽지 않았다. 게다가 천남생·천헌성 부자처럼 당의 지배에 적극 협조하는 이들도 있었다. 결국 그는 고구려의 부용 세력이던 말갈을 동원하기로 했다. 말갈도 고구려 멸망 이후 당으로 강제 이주됐거나 반당투쟁에 참여했던 고구려 유민이었기 때문이다. 그러나 사전에 모의가 발각돼 보장왕은 공주邛州(쓰촨성 공협邛峽)로 유배 갔다가 이듬해 사망하고 말았다.

당은 이 사건 이후 더 이상 고구려 유민들이 모이는 것을 두고 볼 수 없었다. 다시 고구려 유민을 당의 남부와 서부 변경 지대로 강제 이주시켰다. 669년과 681년, 두 차례 강제 이주 과정에서 걸걸중상乞乞仲象·대조영 부자와 말갈 추장인 걸사비우乞四比羽가 중간 경유지인 영주에 머무르게 됐다. 드디어 주인공들의 등장이다. 다만, 여기서는 일단 당이 이들을 강제 이주시켰다는 점만을 주목해 두자. 당은 각각의 족속 구분과는 크게 관계없이, 이들을 언제든 반당투쟁 혹은 고구려 부흥운동을 일으킬 수 있는 잠재적 위험인물로 판단했다. 당 입장에서는 말갈이건 아니건 간에 이들이 고구려 유민이라는 점이 부담이었던 셈이다.

한편 그때 마침, 멸망했던 돌궐이 부흥해 당의 변경을 침략하면서 당의 기미 지배에 균열이 생기기 시작했다. 그 균열을 틈타고 696년 5월 영주에 기근이 들자, 거란 추장 이진충李盡忠은 군사를 일으켜 순식간에 영주를 점령하고 허베이 지역까지 세력을 뻗쳤다. 당시 영주에는 거란을 비롯해 동호계 부족인 해奚, 말갈을 포함한 고구려 유민 등이 기미주로 편제돼 집단으로 거주하고 있었고, 이들도 이진충의 난에 적극적으로 동조했다. 영주에서 일어난 거란은 남하해 허베이로 진출하는 한편 배후의 안전을 확보하기 위해 동쪽으로 안동도호부도 공격했다. 영주에 거주하던 걸걸중상·대조영 부자와 걸사비우 같은 고구려 유민들도 여기에 참전했다.

697년 6월 당은 자력으로 거란을 막을 수 없어 돌궐의 도움을 받아

1년 만에 가까스로 반란을 진압했지만, 요동에는 여전히 거란의 잔여 세력이 온존하고 있었다. 당의 지배력은 현저히 떨어졌고, 걸걸중상과 걸사비우는 오히려 거란의 통제로부터도 벗어나 독자 세력을 구축했다. 이 때문에 당 내부에서는 안동도호부를 폐지하고 고구려 왕족에게 통치를 위임하자는 건의가 끊이지 않았다. 이런 건의의 이면에서 다시 한 번 당이 그들을 고구려 유민으로 판단하고 있음을 알 수 있다. 고구려 왕족을 통해 이들을 간접적으로나마 통제할 수 있다고 믿었기 때문이다. 이듬해 당은 보장왕의 손자 고보원高寶元을 충성국왕에 임명해 요동의 고구려 유민을 다스리도록 했다. 그리고 걸걸중상과 걸사비우를 각각 진국공震國公과 허국공許國公에 책봉해 포섭하려고 했다. 그러나 걸사비우의 거부로 당의 계획은 실패했다. 결국 698년 6월 안동도호부는 요동만 관할하는 안동도독부로 축소됐다.

비록 당의 지배력은 축소됐지만, 당으로서도 더 이상 변경 세력이 성장하는 것을 가만히 두고 볼 수는 없었다. 당은 요동 지역의 안정을 위해 거란 출신의 장수 이해고李楷固를 파견해 토벌에 나섰다. 이 토벌로 걸사비우는 전사했고, 얼마 지나지 않아 걸걸중상도 사망했다. 이제 고구려 유민의 운명을 짊어지게 된 대조영에게는 당의 공세를 피해 동쪽으로 달아나는 것 외에는 달리 선택의 여지가 없었다. 이해고의 군대가 천문령天門嶺까지 추격하자 대조영은 고구려 유민과 말갈을 규합해 맞서 싸웠다. 이 전투에서 이해고만 살아남았을 정도로 참패를 당했음에도 불구하고 당은 악화된 요동 지역 전세를 만회하기 위해 계속

동모산 전경

해서 대조영 집단을 토벌하려고 했다. 따라서 대조영 집단은 천문령전 투에서 승리했음에도 계속 동쪽으로 달아날 수밖에 없었다.

고구려가 멸망한 지 30년 만인 698년, 대조영은 고구려 유민과 말 갈을 이끌고 무단강牡丹江(목단강) 유역의 동모산東牟山에서 나라를 세우 고 스스로를 진국왕震國王이라 불렀다. 이는 국호를 '진국'으로 삼았음 을 의미한다. 당은 천문령전투 패배 이후에도 대조영 집단을 토벌하려고 했기 때문에 대조영은 건국 직후 곧바로 당과 대립하던 돌궐과 통교했다. 또한 신라에도 사신을 파견했는데, 이때 신라는 대조영에게 신라의 다섯 번째 관등인 대아찬大阿湌을 제수했다.

당으로서는 안동도호부의 통제권을 벗어나 독립한 나라를 인정할 수 없었다. 안동도호부는 본디 옛 고구려 지역뿐만 아니라 옛 백제 지역(웅진도독부)과 신라까지 관할 대상으로 했다. 그러나 고구려 유민의 반당투쟁과 나당전쟁 과정에서 그 영역이 요동 일대로 축소되고, 지배 방식도 기미 지배로 완화됐다. 당은 통제력이 미치지 못하는 요동 너머 지역을 미개하고 야만적인 말갈 지역으로 분류해 버렸다. 내가 갖지 못하는 것을 일부러 깎아내리는 일종의 자기 위안이랄까. 그에 따라 대조영이 감히 당의 통제를 벗어나서 세운 진국도 국호를 그대로 인정하지 않고 '말갈'로 비하했다.

한편으로 당은 이진충의 난 이후 거란에 빼앗긴 영주 지역을 회복하고자 했다. 이를 위해서는 거란의 배후에서 세력을 확대하던 진국을 그대로 무시할 수 없었다. 결국 당은 713년에 대조영을 좌효위장군·홀한주도독·발해군왕에 책봉해 그 실체를 인정함으로써 비로소 국교를 수립했다. 그런데 양국의 국교 수립에 이어서 불녈拂涅·월희越喜·철리鐵利 등 여러 말갈 부족이 당과 교섭하게 되자, 당은 대조영의 진국과 다른 말갈 부족을 구분할 필요가 있었다. 이때 당은 진국이라는 국호를 인정하지 않고 대신 대조영의 작호를 빌려 '발해말갈'로 불렀다. 이때부터 점차 발해가 국호로 사용되기 시작했다.

발해가
말갈의 나라?

　　　　　이와 같이 대조영은 고구려 유민들의 반당투쟁 및 부흥
운동과 밀접한 관련 속에서 발해를 건국했다. 앞서 지적한 대로 당에
도, 대조영에게도 그가 말갈인지 아닌지는 그다지 중요하지 않았다. 당
은 오직 자신들의 천하를 위협하는 동쪽의 적수, 고구려의 부활을 막
아야 했고, 대조영은 당의 지배를 받고 싶지 않았다. 대조영이 고구려
계승을 표방하면서도 멀리서 '후고구려'가 아닌 '진국'을 건국하고, 당
또한 그를 '요동군왕'이 아닌 '발해군왕'에 책봉한 것은 어쩌면 '고구려'
를 피한 양자의 타협안일지도 모른다.

　다만, 발해의 역사를 독점하려는 현재 중국 입장에서는 발해를 중국
소수민족(만주족)의 역사로 만들어야 했다. 그래서인지 중국은 발해 역
사에서 드러나는 말갈 요소를 과대 포장하는 일에 전념했다. 그중에서
도 중국이 가장 공들인 요소는 건국 시조 대조영의 출신이었다. 그의
출신을 전하는 두 사료의 내용이 서로 다르다는 사실은 오래도록 논쟁
의 빌미가 됐다.《구당서》에서는 대조영을 '고려별종高麗別種'으로 기록
한 반면,《신당서》에서는 대조영을 '속말말갈粟末靺鞨'로 기록했기 때문
이다. 사실 두 사료의 차이점은 이뿐만이 아니다. 대조영이 건국한 직
후에 자칭한 진국왕을《구당서》에서는 '振國王'으로,《신당서》에서는
'震國王'으로 표기했다. 또한 대조영이 나라를 세운 동모산에 대해서도
전자는 '계루桂婁' 지역, 후자는 '읍루挹婁' 지역이라며 다르게 기록했다.

《신당서》는《구당서》를 보완해 편찬됐기 때문에 서술에 일관성이 있고 내용이 풍부한 편이다. 3성 6부로 이뤄진 발해의 중앙 정치제도와 5경 15부 62주 등 지방 제도에 대한 풍부한 기록도《신당서》에만 실려 있다.《구당서》에는 발해와 당의 사신 왕래 등 단편적 기사만 수록돼 있다. 그래서 전체적으로《신당서》의 사료적 가치가 높다고 인정돼 왔다. 발해가 말갈의 나라이길 바라는 중국은 바로 이 점을 노렸다.《구당서》의 사료적 가치를 평가절하하면서《신당서》만을 근거로 내세웠다. 즉, 대조영이 말갈이라는 주장이다.

반대로 발해 건국 기사만큼은《신당서》보다《구당서》의 사료적 가치가 더 높다고 보기도 한다. '振國'은 당나라 때 실록에 근거한《책부원귀冊府元龜》와《자치통감》, 그리고 신라 측 기록에도 보이며 '계루'는 발해 무왕 대무예가 태자로 있을 때 계루군왕에 책봉된 사실에서 보이듯, 당시 사용된 지명이기 때문이다. 발해 건국 관련 기사만큼은 다른 사료들과 교차 검증이 가능한《구당서》가《신당서》보다 신뢰도가 높다고 판단한 것이다. 곧, 대조영은 말갈이 아닌 '고려별종'이라는 것이다.

그런데 왜 이렇게 꼭 어느 한쪽만을 선택해야 할까. 대조영을 '고려별종'으로 전하는《구당서》도 발해말갈전이라는 제목에서 알 수 있듯이 기본적으로 발해를 말갈로 인식하고 있지 않은가. 다시 말해서, 그가 말갈 출신이더라도 고구려 유민일 수 있고, 고려별종이라고 해서 말갈이 아니라고 할 수는 없는 것 아닌가. 양자택일은 내용을 달리 전하는, 때론 모순처럼 보이는 두 사료를 합리적으로 이해하는 방법이 아니다. 앞서 살펴본 발해 건국 과정을 통해서도 알 수 있듯이, 고구려 유민과 말갈은 결코 이항 대립적 관계가 아니었고, 심지어 대조영이 말갈인지 아닌지는 중요하지도 않았다. 이미 지적한 대로 당은 고구려 부흥을 막기 위해 말갈까지도 강제 이주시켰고, 당 내부에서는 이탈하는 말갈 세력을 통제하기 위해 고구려 왕족을 활용하자는 건의도 이어졌다는 사실에 유의하자. 이를 통해서 대조영의 말갈 출신 여부보다는 그가 고구려 유민이었다는 사실이 더 큰 의미를 지녔음을 알 수 있다.

여기서 다시 《구당서》의 '고려'와 '계루'가 《신당서》에서는 각각 '말갈'과 '읍루'로 교체된 이유를 지적하고 넘어가자. 당시 고구려 유민이 주축이 된 진국의 등장은 당 입장에서는 고구려 멸망이라는 위업을 훼손시키는 사건이었다. 이 때문에 당은 그들의 존재를 애써 부정하기 위해서라도 미개한 말갈로 인식해야 했다. 후대 정리된 《신당서》의 단어 교체는 발해에 미개한 말갈의 나라라는 이미지를 부여함으로써, 당의 고구려 멸망이라는 위업을 강조하는 효과를 노린 셈이다. 결과적으로 '발해는 말갈의 나라'라는 이미지를 만들어 낸 것은 당이었고, 거기에는 멸시의 의미가 담겨 있었다. 자신들의 통제로부터 벗어난 발해를 독립국으로 인정할 수밖에 없는 마당에 고구려 멸망이라는 자신들의 위업이 훼손당하지 않기 위한 일종의 꼼수는 아니었을까.

요컨대, 당은 대조영이 실제 말갈인지 아닌지와 관계없이 '발해는 말갈의 나라'라는 이미지를 만들어 냈다. 복속시키지 못한 집단에 대한 오기이자, 일종의 타자화였다. 그런데 공교롭게 그 타자에 대한 멸시를 담은 '말갈'이라는 단어를 근거로 현재 중국은 발해를 자기화하려 한다. 이 얼마나 역설인가.

식민주의 역사학,
그 짙은 그늘

중국은 왜 그리고 언제부터 이처럼 발해사에 대한 소유권을 주장했을까. 일제 식민주의 역사학의 영향일 가능성이 대단히 높다. 안타깝게도 발해사 연구 자체가 일제에 의해 본격화됐기 때문이다. 1905년 일본이 러일전쟁에서 승리하면서 일본 학계의 관심은 만주로 향했다. 일본은 전쟁의 승리로 요동반도 끝 다롄大連(대련)과 지린성의 창춘長春(장춘)을 잇는 철도와 여기에 부속된 이권을 획득한 다음, 1906년 남만주철도주식회사(만철)를 설립했다. 만철의 초대 총재 고토 신페이後藤新平는 국책 조사 활동을 중시했는데, 마침 그와 비슷한 생각을 가진 사람이 있었다. 동경제국대학 사학과 교수 시라토리 구라키치白鳥庫吉는 '학문의 국책 기여'를 주창하면서 일본이 만주와 조선을 효율적으로 경영하기 위해 기본적인 조사·연구가 필요하다고 주장했고, 고토와 시라토리의 합작으로, 1908년 만철 도쿄지사에 이른바 '만선역사지리조사부'가 설치됐다.

만선역사지리조사부의 구체적인 활동은 만주와 한반도의 역사지리에 대한 고증이었지만, 그 목적은 단연코 일본의 안정된 한반도 지배를 위해서는 만주 경영이 중요함을 역사적으로 입증하는 것이었다. 연구 대상은 주로 고구려와 발해일 수밖에 없었다. 비록 1914년에 만선역사지리조사부는 해체되지만, 연구를 주도한 이나바 이와키치稻葉岩吉 등은 연구를 계속했다. 그리고 1930년대 일제의 만주 침략이 본격화되고, 1937년 일제가 만주국을 세움으로써 논의는 확대됐다. 조선의 역사가 만주에 종속돼 있었다는, 이른바 반도적 성격론에 이어서 만주사를 중국사에서 분리해 봐야 한다는 주장이 힘을 얻은 것이다. 이른바 만선사관滿鮮史觀의 등장이었다. 일제는 만주국과 조선에 대한 효율적 식민 통치를 위해 역사적으로 만주는 중국과 분리된 지역이었고, 조선은 만주에 종속적이었다는 논리를 만들어 냈다. 발해사 연구는 이런 만선사관 시각에서 진행됐다.

당시 발해사 연구에 참여한 도야마 군지外山軍治는 1930년대 일본에서의 발해사 연구 추이를 다음과 같이 회고했다. "발해사 연구에 다시 봄이 돌아온 것은 말할 것도 없이 만주국 성립 후의 일"로 일본 "학계는 다시 만주사에 대한 관심이 깊어져 우리는 만주에서 옛 독립국인 발해사 유적을 답사·발굴하는 호기를 만났다." 이 말은 결국 일본의 만주 진출이 발해사 연구의 진전에 큰 동력이 됐다는 것이다. 그리고 그러한 연구로 그려진 발해사에는 아주 분명한 성격이 부여됐다. 발해는 미개한 말갈이 만주 땅에 처음 건국한 국가였으며, 그 문화는 중국과는 분명히 구분되면서도 당의 영향을 매우 강하게 받았다는 점이 강조됐다. 따라서 거기에 그려진 발해 역사상은 당 문화에 종속돼 있는 문화적 식민지에 지나지 않았다. 일제에 종속돼 있는 만주국의 당위성을 역사 속에서 찾아낸 셈이었다. 결국 발해가 주목받은 이유는 미개한 말갈의 역사였기 때문이다.

이러한 일제의 발해사 연구는 당연히 중국 학계의 반발을 불러일으켰다. 푸스녠傅斯年과 진위푸金毓黻로 대표되는 중국 학계는 일제의 만선사관이야말로 만주 침략을 정당화하기 위한 수단에 불과함을 간파했다. 중국의 분열을 막아야 하는 중국 지식인 입장에서 그들은 반대로 만주가 중국의 일부임을 강조할 수밖에 없었다. 그런데 이런 중국 학계의 인식은 현재 중국 영토 안의 한족漢族과 비한족非漢族을 모두 중화민족으로 보려는 민족주의 논리와 결합되면서 오히려 고구려와 발해의 역사를 중국 동북사의 확장으로 이해하는 방향으로 진행됐다. '중국의 랑케'로 평가받는 푸스녠은 1932년에 발간한 《동북사강東北史綱》에서 역사적·종족적·언어적으로 동북 지역이 중국의 영토임을 밝히려고 했고, 진위푸는 《발해국지장편渤海國志長編》과 《동북통사東北通史》에서 동북 지역 역사는 중화민족의 역사라는 점을 강조했다. 일제가 침략을 위해 중국과 무관한 역사지리적 개념으로서 '만주'를 만들어 냈다면, 중국은 제국주의에 저항하는 민족주의에 입각해 근대 영토 개념으로서 '동북'을 만들어 낸 셈이었다. 그리고 역사의 여명기부터 이 동북 지역이 완전히 중국의 일부였음을 밝히려고 했다. 그들의 논리에서 발해는 자연스럽게 중국 동북사의 중요한 자리를 차지했다.

그러나 이러한 중국 학계의 대응은 제국주의에 대한, 식민주의 역사학에 대한 적확한 비판일 수 없었다. 제국주의의 폭력은 단지 물리적 침략에만 있지 않았기 때문이다. 서구 지식 사회의 제국주의 반성에 따르면, 제국주의의 본질은 민족 혹은 국가를 단위로 집단을 배타적이고 폐쇄적으로 구분한 뒤, 그 집단들을 서열화하려는 사고방식 자체에 있다. 일제는 근대적 영토 관념에 따라서 조선과 만주를 지리적으로 구분한 뒤 그 땅에 살고 있는 사람들을 민족적으로 구분했다. 그리고 거기에 중심과 주변, 지배와 종속이라는 서열을 매김으로써, 가장 우등한 일제의 식민 지배를 정당화했다. 다시 말해서, 제국주의의 본질은 배타적인 자타自他 구분과 서열화에 있었다고 볼 수 있다. 민족과 국가 단위로 역사를 소유하려는 사고방식 속에는 중심과 주변, 지배와 종속이라는 서열화가 동반되는 셈이다.

결국 푸스녠과 진위푸가 시도했던 일제 식민주의 역사학에 대한 비판은 제국주의의 배타적 서열화를 목표로 하지 못한 채, 여전히 그 프레임을 공유하면서 한족에 종속적인 소수민족으로서의 만주족, 중원에 종속적인 변방으로서의 동북을 설정했다. 그리고 그들의 서술에서 '동북'의 발해는 언제나 당에 종속된 번봉藩封이었고, 그들은 발해의 독립성 내지 고유성을 밝히는 작업에 전혀 관심이 없었다. 오로지 발해는 당과의 관련성을 가질 때에만 의미를 지닐 수 있었다. 비록 '만주'에서 '동북'으로 이름은 바뀌었지만, 그 땅과 그 땅에 살았던 사람들의 삶과 역사는 일제 식민주의 역사학과 마찬가지로 여전히 주변부였고, 종속적이었다. 단지 종속의 대상이 일제에서 중원의 한족으로 바뀌었을 뿐이다.

동아시아 공동체를 향해

현재 중국의 발해사 인식도 크게 다르지 않다. 중국의 국호인 '중화인민공화국'에는 광범한 지역에 산재한 여러 소수민족을 한족과 함께 하나의 중국 구성원으로 결집하려는 정치적 의도가 내재한다. 또 최근 중국이 시도한 '동북공정'과 '통일적다민족국가론' 역시, 중화민족의 정체성 강화를 통한 국가적·사회적 통합과 그를 통한 체제 유지와 안정을 위한 국가 전략이다. 그러나 사회적 통합과 체제 안정이란 언제나 중앙의 관점, 지배자의 시각일 뿐이다. 10퍼센트도 되지 않는 소수민족이 전 국토의 60퍼센트에 달하는 지역을 차지하고 있기 때문에, 이 전략은 그 땅을 중화인민공화국의 정통성과 역사적 근거가 있는 영토로서 자리매김하려는 현실적 과제와 관련이 있을 수밖에 없다.

다만 푸스녠, 진위푸와 현재의 중국이 다른 점은, 그들의 주장이 일제라는 외부로부터의 폭력에 저항하는 수단이었다면, 현재 중국의 주장은 분열이라는 내부로부터의 위험에 대비하는 방법이라는 점뿐이다. 중국이 발해사에 대해 억지스러운 주장을 하는 것도 이 국가 전략의 연장선 위에 있다. 순수한 학술 연구의 성과가 아니라 대단히 정치적인 국가 전략의 일환인 셈이다. 여기에서 역사적 사실관계를 따지거나 해석의 논리성을 검토하는 일은 부차적이다. 이 지배와 통제는 과연 제국주의와 얼마나 다른가. 비록 비약적 경제성장이 있었지만, 어찌보면 현재의 중국은 20세기 초에서 한 발짝도 내딛지 못한 셈이다.

그러나 폭력적 제국주의가 판치던 근대를 이제 극복해야 하지 않을까. 통합과 안정이라는 미명 아래 획일적 잣대로 우열을 가르지 말고, 다양한 삶을 존중해야 하지 않을까. 그래서 언제나, 이른바 발전과 진보의 희생양이 돼야 했던 주변부로 눈길을 돌리고 싶다. 이로써 다채로운 삶의 주체, 역사의 주체를 살리고 싶다. 이러한 문제의식을 공유하면서 근대의 민족 혹은 국민국가를 넘어서는 새로운 공동체를 창출하자는 제안이 나타났다. 이미 유럽 공동체의 사례를 통해 알 수 있듯이, 그래서 우리는 동아시아 공동체를 향해 발을 내딛고 있다. 나아가 역사학에서도 중심과 주변, 지배와 종속이라는 프레임에서 벗어나 주변부 역사를 조망하고, 이른바 차이의 역사를 강조하기도 한다. 비록 순조로운 출발일 순 없지만, 언제까지 발해사는 누구의 역사인가라는 제국주의적 양자택일의 물음을 던질 텐가.

강 진 원

친정기, 그 압축된 중합에 대해
청대함 속 친정기 찾기
고구려, 5세기에 느낀 지역 패권
백제, 피고 지고 피어난 정치의 수레바퀴
신간, 삼한일통의 위엄으로 제도 양광
친정기, 그 밖에에 관심 두기

고대국가의 전성기, 언제로 봐야 할까?

전성기, 그 알쏭달쏭함에 대해

　　"근초고왕과 광개토왕의 공통점은 무엇일까요?" 이러한 질문에 대해 학창 시절 한국사 수업을 충실히 들은 사람이라면 아마도 망설임 없이 다음과 같이 대답할 것이다. "그 나라의 전성기를 연 임금이요!" 그렇다. 현행 교육과정에서 이들의 치세는 전성기로 불린다. 그런데 이쯤에서 드는 근본적인 의문이 하나 있다. 과연 이 임금들의 치세가 왜 전성기일까? 다른 때로 보면 안 되는 것일까? 우리는 그간 이를 너무 당연하게 받아들인 결과, 별다르게 생각할 필요를 못 느꼈을지 모른다. 하지만 실상을 제대로 바라보기 위해서는 '왜'라는 자문自問과 그에 대한 나름 타당한 자답自答이 이루어져야 한다. 그 점은 이 경우도 다르지 않다. 도대체 고대국가의 전성기는 언제로 봐야 할까?

　　이 문제에 대한 답을 찾기 위해서는 일단 전성기의 사전적 의미를 알아볼 필요가 있다. 사전에서는 전성기를 일컬어 '형세나 세력 따위가 한창 왕성한 시기'로 정의한다. 출처에 따라 다소 차이가 있을지 모르겠으나, 기본 의미에서는 대체적으로 큰 차이가 없을 것이다. 그렇다면 형세나 세력 따위가 왕성한 시기란 정확히 어떤 때를 말하는 것일까?

일단 가장 먼저 생각할 수 있는 것은 영토다. 즉 영토가 제일 넓었던 때를 전성기로 볼 수 있다. 20세기 전반만 해도 타국을 침범해 자국 영역을 넓히는 행위가 비일비재했으니 나름의 근거는 있다. 역사학은 경험론에 입각해서 접근해야 한다. 따라서 위 가설을 증명하기 위해서는 그에 부합하는 실례가 있어야 마땅하다. 그런데 막상 주변을 둘러보면, 영토를 전성기의 '온전한' 척도로 삼기에는 망설여진다.

한국부터 살펴보자. 고려는 언제가 가장 전성기일까? 대답은 갈릴 수 있다. 그러나 대체적으로 귀주대첩龜州大捷(1019)으로 거란의 침입을 물리치고 여진족이 강성해지기 전, 즉 11세기 전반에서 12세기 초 사이로 보는 데 별다른 이견이 없을 것 같다. 그런데 아이러니컬하게도 고려의 영토가 가장 넓었던 시기는 그때가 아니다. 고려가 가장 광대한(!) 영토를 자랑하던 시기는 고려 말 공민왕恭愍王(재위 1351~1374) 때다. 이때 고려는 쌍성총관부雙城摠管府를 수복했음은 물론이요, 더욱 북쪽으로 진군해 초산楚山과 길주吉州를 잇는 선까지를 영역으로 확보하는 데 성공한다. 또 압록강을 넘어 요동 지역을 공략하기도 했다. 공민왕은 1374년 죽음을 맞이한다. 그로부터 18년 뒤 고려는 멸망한다.

조선은 어떠한가? 세종世宗(재위 1418~1450) 때 4군 6진을 설치하면

공민왕 시기 영토 확장

서 오늘날 한국의 국경선이 완성됐다는 것은 초등학교 시절부터 들었다. 그렇다면 세종 때 가장 영토가 넓어지게 '됐다'는 이야기도 되니, 영토와 전성기가 비례한다는 법칙을 세울 수도 있을 법하다. 그러나 조선의 땅이 가장 넓었던 시기는 고종高宗(재위 1863~1907) 때일 수도 있다. 시민들이 간과하는 점이기도 한데, 4군 6진 가운데 4군은 관리가 어려워 세조世祖(재위 1455~1468) 때에 이르면 모두 폐지된다. 정조 때

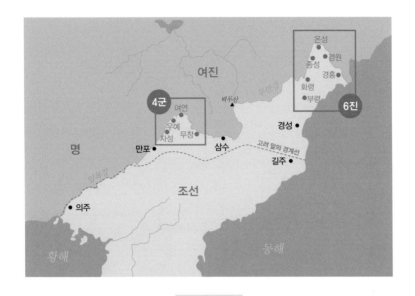

4군 6진

무창군茂昌郡은 복구됐다지만, 3군은 회복되지 못했다. 한반도에서 가장 추운 곳이라는 중강진中江鎭은 수백 년간 조선이 실효적 지배를 하던 곳이 아니었다. 3군이 회복된 것은 1869년, 고종 6년의 일이었다.

어디 그뿐인가? 고종 때는 두만강 너머로 영향력 확대도 시도된다. 바로 간도間島에 대한 관심이다. 당시 간도는 오늘날 일부 시민들이 생각하는 만큼 광대한 땅은 아니다. 그리고 당시 간도는 실질적 지배 영역으로 편입되지도 않았다. 그러나 6진을 넘어 새로운 교두보를 확보하려는 노력이 19세기 말 이래 20세기 초까지 이어졌다는 점은 주목할 만하다. 요컨대 조선 조정의 행정력이 가장 넓게 미친 시기는 고종 때다. 그런데도 당시를 조선의 전성기로 보는 사람은 드물지 않을까.

영토가 전성기의 온전한 지표가 되기 힘들다는 점을 살펴보았다. 그렇다면 다른 기준을 잡아야 할 것이다. 그 면에서 생각해 볼 수 있는 것이 경제적 풍요로움이다. 전성기에 잘살지 못했을 리가 없다는 선입견에 기초한다. 그런데 잘살았다는 것은 무엇일까? 명확히 가늠하기는 쉽지 않다. 일단 뒤 시기로 갈수록 지표상으로는 보다 풍요롭다. '재즈 시대jazz age'라 불린 1920년대 미국은 엄청난 호황을 누렸지만, 1인당 GDP(국내총생산) 등의 수치는 여러 문제에 직면한 오늘날의 미국보다 훨씬 낮다. 한국도 마찬가지다. IMF 이전 대한민국에서 살아가기가 지금보다 낫다는 사람들이 상당하다. 하지만 당시 1인당 GDP는 1만 달러 언저리였다.

역사는 상대적 시선으로 바라봐야 한다. 절대적 시선으로 보자면 어느 나라든 지금이 창세 이래 물질적으로 가장 풍요로운 시절이다. 따라서 해당 시기에 그 나라의 풍요로움이 대략 어느 정도였는지 파악하는 일이 무엇보다 중요하다. 그런데 문제는 여기에도 암초가 있다는 사실이다. 국가 전체의 규모는 막대하지만, 특권층이 대부분의 물질적 풍요를 누리고 소득 불평등이 심화된 상황이라면 과연 잘살았다고 할 수 있을까?

이러한 사항을 제외하더라도 과연 잘산다는 기준이 무엇인지 근본적으로 되물을 필요가 있다. 많이 먹는 게 잘 먹는 것은 아니다. 이 점은 누구나 안다. 그렇다면 1인당 GDP 내지 GNP(국민총생산)가 높다고 잘산다고 보긴 힘들지 않을까?

영토도, 경제적 수치도 무언가 모호하다. 그렇다면 문화가 융성하던 시기를 전성기로 생각할 수 있을 것이다. 19세기 후반~20세기 초 프랑스를 일컬어 '벨 에포크La belle époque'라는 말이 있다. 직역하자면 '아름다운 시절' 정도로 이해할 수 있는데, 19세기 후반~20세기 초 파리를 중심으로 한 프랑스의 문화적 전성기를 가리킨다. 그런데 프랑스에 수많은 문인과 예술인이 거리를 활보했음에도, 프랑스의 국력은 예전 같지 못했다. 오스트리아도 마찬가지다. 19세기 후반 각계각층에서 다양한 예술적 시도가 이루어졌으나, 오스트리아가 체제의 노쇠함을 곳곳에 드러낸 시기도 이때다.

이렇게 봐도 모르겠고, 저렇게 봐도 알 수 없다. 도대체 전성기를 어떻게 이해해야 할지 난감하다.

상대성 속 전성기 찾기

이러한 상황에서 고대 삼국의 전성기를 말한다는 것 자체가 어불성설일지도 모른다. 하지만 역사학에선 경험론에 의거해 세상을 바라본다는 점을 상기하면, 답이 아예 없지는 않다. 역사학계에서 대체적으로 동의하는 각국의 전성기가 언제인지 살펴본다면, 실마리를 찾을 수 있으리라고 생각한다. 예를 들어 보자. 영국의 전성기는 빅토리아Victoria시대 초·중반이고, 에스파냐의 전성기는 16세기다. 프랑스의 경우 루이 14세(재위 1643~1715) 시기를 전성기 중 하나로 두는 것에 큰 이견이 없을 것이다. 청의 전성기는 강희제·옹정제雍正帝·건륭제乾隆帝의 치세, 즉 강건성세康乾盛世(1661~1796)다. 고려는 앞서 언급했듯이 11세기 전반~12세기 초다.

나라마다, 왕조마다 차이가 있고 다르지만 공통점도 있다. 전성기라고 인식하는 시기에 해당 국가는 주변 지역의 다른 공동체에 비해 '상대적' 우위를 점했거나, 혹은 그 국가나 왕조 전체의 역사에서 볼 때 '상대적으로' 두드러지는 외양을 자랑했다. 바꿔 말하면 공간적으로, 또 시간적으로 볼 때 상대적 우위 현상이 계속해서 나타난 시기. 그때가 바로 전성기다. '형세나 세력 따위가 한창 왕성한 시기'를 전성기로 본다는 사전적 정의를 상기한다면, 이는 당연한 결과일지도 모른다.

한국 고대국가의 전성기 역시 인접 국가에 대해 상대적 우위를 구축하고, 그것을 지켜 나간 시기 정도로 이해할 수 있을 것이다. 물론 변수는 존재한다. 한국 고대 관련 사료는 매우 부족하다. 따라서 국가 공동체 내부의 모습을 짐작할 수 있는 기록이 매우 제한적이다. 즉, 공동체 성원들의 현황을 알기에는 한계가 역력하기에, 외부적으로 독보적 입지를 확보했다 한들 과연 전성기로 볼 수 있는지에 대해서는 회의적 시각이 제기될 수 있다. 다만 고대에 토지와 노동력 확보가 중요했다는 점에서 보자면, 인접 국가들에 비해 상대적 우위를 점한 시기 인민

(people)의 모습이 이전보다 못 했으리라고는 생각하지 않는다.

요컨대, 역사적 시각에서의 전성기는 '한 공동체의 상대적 우위 현상이 지속된 시기' 정도로 볼 수 있을 것이다. 고구려·백제·신라의 전성기 역시 이러한 입장에서 바라볼 필요가 있다.

고구려, 5세기에 누린
지역 패권

학창 시절 역사 교과를 열심히 공부한 사람이나 역사 동호인들에게 고구려의 전성기는 비교적 명확하게 손에 잡히는 시기일 것이다. 교과서나 개설서에서는 광개토왕과 장수왕의 치세를 거치며 고구려가 강력한 국가로 성장했다고 나오기 때문이다.

이때 고구려가 (남)만주와 한반도에서 크게 세력을 떨친 사실은 대개 알 것이다. 광개토왕은 한때 평양까지 공격한 백제에 연전연승하며 한강 이북 지역을 영향력 아래에 두었다. 서쪽으로도 영역을 확보했다. 후연과의 전쟁을 통해 요동 지역을 완전히 차지하게 된 것이다. 거란과 숙신肅愼에도 영향력을 행사했고, 두만강 하류 유역에 존재하던 동부여東扶餘를 제압했다. 신라를 침공한 왜를 물리친다는 명목 아래 고구려군은 가야 방면까지 진군하기도 했다. 어떠한 일의 성패는 개인의 역량만으로 이루어질 수 없다. 다시 말해 구조와 여건의 역할을 무시할 수 없다. 광개토왕의 무훈 역시 마찬가지로, 선왕들(소수림왕小獸林

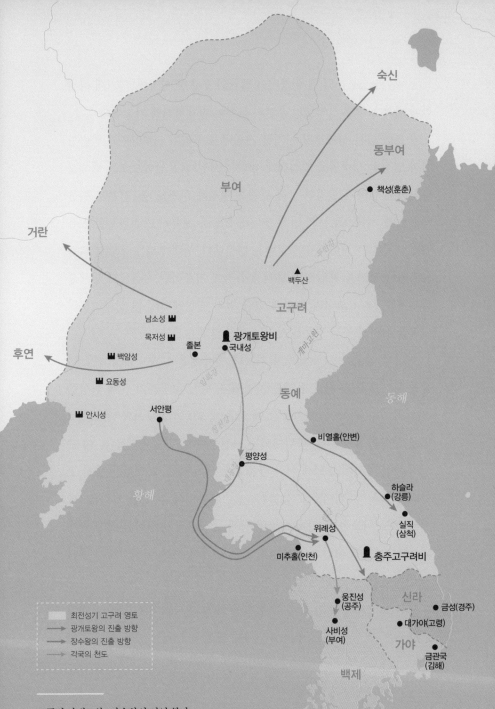

숙신

동부여

책성(훈춘)

부여

거란

고구려

백두산

남소성
목저성

후연

백암성

요동성

안시성

서안평

졸본

국내성

광개토왕비

동예

비열홀(안변)

평양성

황해

하슬라
(강릉)

동해

실직
(삼척)

위례성

미추홀(인천)

충주고구려비

웅진성
(공주)

신라

금성(경주)

대가야(고령)

사비성
(부여)

가야

금관국
(김해)

백제

최전성기 고구려 영토
광개토왕의 진출 방향
장수왕의 진출 방향
각국의 천도

고구려 광개토왕·장수왕의 영역 확장

王·고국양왕故國壤王)의 체제 정비와 백제의 주춤한 성장세, 거기에 더해 한때 화북 동부를 장악했던 후연의 몰락이 전제됐기에 가능했다.

중요한 점은 광개토왕 시기를 거치며 고구려가 (남)만주와 한반도에서 일정한 세력권을 형성하게 됐다는 사실이다. 남쪽으로는 백제를 압박하고 신라와 일정한 상하 관계를 형성해 한반도 중·남부로 힘을 뻗쳤으며, 서쪽으로는 후연을 몰아내 요동을 영유하고 실란물룬강 유역에 거주하던 거란에도 영향력을 행사했다. 동쪽으로는 두만강 하류유역의 동부여를 제압하고 무단강 유역에 거주하던 숙신에도 위세를 과시했다. 당시 고구려 주변에 있던 정치 공동체 가운데 고구려군의 위력을 접하지 못한 경우를 찾기는 쉽지 않다.

이러한 상황은 그 뒤에도 유지됐다. 장수왕은 475년 백제 수도 한성을 무너뜨렸고, 한강 유역을 차지했다. 당시 고구려의 국제 위상을 잘 보여 주는 기록이 《자치통감》에 나온다. 484년 고구려와 남제가 북위에 사신을 보냈는데, 북위에서는 사신들이 머무는 관저를 둘 때 고구려 사신의 거처가 남제 사신 다음 가는 위치였다. 그 이유는 당시 고구려의 국력이 "바야흐로 강했기(方强)" 때문이다. 비슷한 기록은 《남제서》에도 나오는데, 이에 따르면 당시 고구려의 국력이 강성해 남제와 북위 모두에 사신으로 보내도 남제 측에서 이를 어찌하지 못했다고 한다.

이때 고구려에 대한 중국 측 인식을 잘 보여 주는 것은 '동이중랑장東夷中郎將' 내지 '동이교위東夷校尉'라는 호칭이다. 이는 중국 황제가 동이東夷, 즉 당시 기준으로는 랴오허강 이동以東 지역의 패권을 인정한다는 의미를 담은 표현이었다. 또 이 무렵 중국에서는 주변 국가의 임금들에게 장군호將軍號를 내렸는데, 만주와 한반도 및 일본열도에서 고구려왕보다 높은 등급의 장군호를 받은 인물은 없었다.

《삼국사기》와《위서》에 따르면 문자명왕文咨明王(재위 491~519) 때인 504년, 북위 선무제宣武帝는 고구려 사신 예실불芮悉弗에게 고구려가 북위의 도움으로 해외를 마음껏 다스려 구이九夷를 정벌했다고 언급했다. 이때의 '해외'는 요해遼海, 즉 랴오허강 이동을 의미하고, '구이'는 중화의 동쪽 지역에 사는 오랑캐들을 가리킨다. 선무제의 발언에는 지극히 중화주의적 사고가 함께하고 있다. 다만 고구려가 랴오허강 이동에서 독자 세력권을 구축했고, 중국 측에서도 이를 용인했음을 확인할 수 있다.

그렇다면 고구려 전성기의 끝은 대략 어디로 잡을 수 있을까? 양원왕陽原王(재위 545~559)은 물론이요, 한강 유역을 상실한 이후 즉위한 평원왕平原王(재위 559~590)까지도 중국 측으로부터 동이교위라는 호칭을 받았다. 그렇다면 6세기 후반까지 전성기가 이어졌다고 봐야 할까? 그렇지는 않다. 그 호칭은 어디까지나 실상을 짐작할 수 있는 참조 자료일 뿐, 그 자체가 실상은 아니기 때문이다. 호칭은 이전의 관행을 따르는 면도 있어 현실을 즉각 반영하지 못할 때도 있다. 전성기의 의미를 되짚어 본다면, 주변 지역에 대한 고구려의 입지를 가늠해 보는 편이 더 합당하다.

광개토왕·장수왕 시기 고구려는 (남)만주와 한반도에서 독보적 위상을 확립했다. 이는 주변 국가나 정치 공동체에 대한 군사적 우위 속에서 가능했다. 551년 한강 유역을 상실한 이후 이러한 구도가 실현될 수 없다는 점은 분명하다. 고구려의 세력권은 한반도 중부 지역에서 축소됐고, 백제·신라 역시 이전과는 다른 형세를 지니게 됐기 때문이다. 그런데 6세기 중엽 이전에도 고구려는 한반도에서 확실한 우위를 확립하지 못했다. 안원왕·양원왕 시기 고구려는 백제·신라와의 전쟁에서 일진일퇴를 거듭했다. 더욱이 내정도 혼란스러웠다. 문자명왕의 아들 안장왕安臧王(재위 519~531)은 일정한 활약상을 보였으나, 말년에 죽임을 당했다. 안장왕의 뒤를 이은 안원왕安原王(재위 531~545) 시기에는 자연재해가 끊이지 않았을 뿐 아니라 말년에 외척들 사이에 대규모 내전이 일어났다. 이러한 상황에서 고구려의 입지가 과거와 같았다고 여기기는 어렵지 않을까. 즉 6세기 초 이후를 고구려의 전성기로 보기에는 다소 무리가 따른다.

더 과거로 가 보자. 문자명왕 때 백제와 신라는 군사 협력을 긴밀히 유지하며 고구려에 맞섰고, 고구려는 백제·신라와의 전투에서 상당히 고전하는 모습을 보였다. 그렇다면 문자명왕 때를 전성기로 보기는 어려울까? 그렇게 단정하기도 쉽지 않다. 북위 선무제가 고구려를 동방의 패자로 인정한 것도 문자명왕 때이거니와, 문자명왕이 죽었다는 소식을 듣자 당시 북위 조정의 실권자인 영태후靈太后가 애도를 표했기 때문이다. 북위에서 애도 의식을 거행한 고구려왕은 장수왕과 문자명왕, 둘뿐이다. 애초 역사에서는 가위 자르듯 분절적 변화가 나타나는 사례가 드물고, 겉보기에는 이전과 비슷해도 기실 밑바탕에서는 이미 새로운 움직임이 싹틀 때가 적지 않다. 그러한 점을 감안하면, 문자명왕의 치세는 광개토왕·장수왕 시기에 구축한 위상이 이어지기는 하나, 다른 면모도 엿보이던 시절이라 할 수 있겠다. 쉽게 말해 해가 중천을 벗어나기 시작한 시점이다.

요컨대 고구려의 전성기는 고구려가 주변 지역, 즉 (남)만주와 한반도에서 일정한 세력권을 확립하고 중국 측으로부터 이를 인정받은 시기라 하겠다. 왕으로 보자면 광개토왕·장수왕·문자명왕의 치세, 시기적으로는 대략 5세기다.

한편 최근 고구려사 연구가 진전함에 따라 영역 문제에서 새로운 면모들이 확인되기도 한다. 6세기 중엽 이후 오늘날의 연해주 지방에서는 말갈이라는 집단의 활동이 활발해진다. 말갈은 하나의 통일된 국가 공동체를 이루지는 못한 채 흩어져 살았는데, 수·당과의 전쟁 당시 고구려에서 말갈병을 동원한 사례가 나타난다. 따라서 고구려가 말갈 전체는 아니더라도 일부에 상당한 영향력을 행사했음을 알 수 있다. 시기적으로는 6세기 후반~7세기 초 이후로 상정할 수 있다.

따라서 이때를 전성기로 봐야 한다는 주장이 나올지도 모르겠다. 다만 주변 세력과의 관계를 염두에 둔다면 회의적이다. 한강 유역 상실 이후 이어진 역학 관계에 큰 변화가 일어났다고 보기 어려울뿐더러, 고구려에 있어 말갈이 거주하는 동북방 일대는 서방이나 남방에 비해 큰 비중을 차지하는 지역이 아니었기 때문이다. 고구려가 이 근방에 별다른 방어 시설을 두지 않고, 직접 지배를 시도하지 않은 점이 이를 잘 보여 준다. 물론 고구려가 혼란을 극복하고, 수·당 통일제국과의 전쟁에서 선전을 펼친 점을 간과해서는 안 된다. 당시 실상에 대해서는 더 면밀한 접근이 필요하다. 하지만 전성기로 보기에는 애매한 구석이 있는 것도 사실이다.

백제, 피고 지고 피어난
성쇠의 수레바퀴

　　　　　'백제의 전성기' 하면 떠오르는 인물은 근초고왕이다. 교과서에서 언급된 당시 백제의 상황은 대단했다. 북쪽으로는 황해도 일대까지 영유했고, 아울러 고구려 평양성을 공격해 고국원왕을 전사 케 했고, 남쪽으로는 지금의 전라남도 일대에 잔존하던 마한 세력을 모두 통합했다. 또 가야 소국들에도 일정한 영향력을 행사했다. 무엇 보다 이목을 집중케 하는 것은 바다 건너 중국 대륙과 일본열도로 힘을 뻗쳤다는 점이다. 고구려보다는 못할지 몰라도, 이 정도라면 어찌 전성기가 아니겠는가?

　그런데 교과서에 기인한 이런 내용에는 문제가 있다. 근초고왕 시기에 정말 그러한 일이 일어났는지 분명치 않은 경우가 상당하기 때문이다. 이는 아예 존재하지 않은 일인 경우와 실상은 조금 다를 가능성이

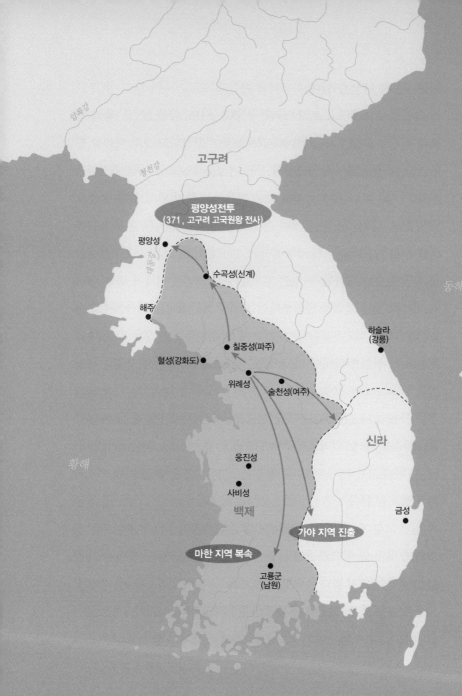

압록강

청천강

고구려

동해

평양성전투
(371, 고구려 고국원왕 전사)

평양성

수곡성(신계)

해주

하슬라
(강릉)

칠중성(파주)

혈성(강화도)

위례성

술천성(여주)

황해

신라

웅진성

사비성

백제

금성

가야 지역 진출

마한 지역 복속

고룡군
(남원)

백제 근초고왕의 영역 확장

탐라

있는 경우로 나눌 수 있다.

실제로 존재했다고 보기 어려운 사례는 바로 '자랑스러운' 해외 진출이다. 근초고왕이 요서 일대에 교두보를 마련했다고 보기 어려울 뿐 아니라, 백제가 해외에 식민지와 같은 거점을 확보하고 이를 운영했을 확률은 매우 낮다. 일본열도에 힘을 뻗쳤다는 주장 역시 실체는 없다. 그 증거로 자주 거론되는 것이 칠지도인데, 이는 양국의 우호적 관계 속에 오간 외교적 선물일 가능성이 크기 때문이다.

실상을 달리 생각할 수 있는 경우는 한반도 남부 지역에 대한 사안, 즉 마한의 잔존 세력을 병합했다거나 가야 소국에 영향력을 행사했다는 것이다. 이 일은 《일본서기》 기록에 바탕을 두는데, 일본 측의 과장과 왜곡이 심한 역사서란 점을 제외하더라도, 249년의 일로 전하기 때문에 근초고왕의 치세(346~375)와는 맞지 않는다. 물론 《일본서기》의 관련 사료에 나오는 초고왕과 귀수왕자는 각기 근초고왕과 그 아들 근구수왕으로 볼 수 있거니와, 여기에서 120년(2주갑)을 끌어내리면 369년, 즉 근초고왕 때가 된다. 따라서 근초고왕의 업적으로 여길 여지가 아예 없지는 않다.

다만 그렇더라도 당시 전라남도 일대를 백제가 직접 지배했다는 증거가 뚜렷치 않아 교과서에 나오는 것처럼 '명실상부한' 백제 땅이 됐다고 보기는 쉽지 않다. 전라남도 일대는 그 뒤에도 상당 기간 독자 문화를 향유했고, 백제의 영역 지배가 전라북도 일대에도 미치지 못했다고 보는 입장이 적지 않기 때문이다. 그래서 백제가 한반도 남부로 세력을 확장한 시기를 근초고왕 이후로 늦춰 보거나, 혹은 근초고왕 때 그러한 일이 일어났다 한들 명목적인 상하 관계를 확인하는 정도였으리라고 여기는 경우가 많다.

이렇게 보자면 근초고왕 때의 군사 활동 가운데 눈에 띄는 성과는 북방 공략밖에 없다. 그 면에서 다른 시기를 전성기로 볼 여지도 있다. 우선 6세기 초·중반, 무령왕과 성왕 치세(501~554)다. 무령왕은 재위 기간 고구려군을 몇 차례 격파했다. 또 섬진강 유역으로 세력을 확대해 가야의 확장을 제어함으로써 남방에 대한 영향력을 증대시켰다. 뒤를 이은 성왕은 여러 방면에 걸쳐 체제 정비를 단행해 중앙 관서와 지방 통치 조직의 틀을 다잡았다. 또 가야 소국들과의 관계를 강화해 섬진강 너머로 세력을 확장시키고자 했으며, 남조 양과 활발히 교류해 다양한 문물을 수용했다. 그리고 잠시 동안이기는 했으나 고구려로부터 한강 유역을 되찾기도 했다.

다음으로 7세기 무왕·의자왕 치세(600~660)다. 무왕은 신라를 자주 침공해 섬진강 너머로 영역을 확장했으며, 의자왕은 재위 초 신라의 40여 성을 함락했고, 655년에도 고구려와 연계해 신라의 30여 성을 격파했다. 백제는 7세기를 거치며 동쪽으로 상당히 팽창했으며, 이는 신라를 곤경에 빠뜨리기에 충분했다. 비록 멸망이라는 비극적 최후와 마주했으나, 결과론적 시각을 배제하고 바라보았을 때 7세기 백제의 상황은 괄목할 만했다.

다만 간과하면 안 될 점은 당시 백제의 위상이 시공간적으로 얼마나 상대적 우위에 있었는가다. 6세기 초·중반 백제가 대외적으로 뚜렷한 위상을 정립했는지는 잘 모르겠다. 체제 정비에 높은 점수를 줄 수도 있지만, 비슷한 시기 신라를 생각하면 꼭 그렇지도 않다. 무령왕·성왕과 재위 기간이 겹치는 신라 임금은 지증왕·법흥왕·진흥왕인데, 이때 신라에서도 체제 정비가 안팎으로 꾸준히 이뤄졌기 때문이다. 당시 백제가 한반도 남부에서의 패권을 장악했다고 단정할 뚜렷한 흔적을 찾기는 어렵다. 6세기 초·중반은 중흥기라 일컫는 편이 적당할 것이다.

7세기의 상황 역시 마찬가지다. 백제가 강력한 위세를 자랑한 것은 사실이다. 그러나 나당연합군에 의해 멸망에 이른 것을 보면, 외교적으로 실책이 있었거나, 혹은 위기 대응 과정에서 심각한 누수 현상이 발생했다고 인정할 수밖에 없다. 이러한 시기를 전성기로 보기는 곤란하다. 물론 당군이 바다를 건너오리라 예상하기는 어려웠으므로, 멸망 즈음의 정황은 따로 떼어 놓고 볼 수도 있다. 다만 그렇더라도 신라를 완전히 제압했다고 보기에는 의문이 남는다. 신라의 대당 교통로를 차단하지도 못했고, 낙동강을 넘어서지도 못했기 때문이다. 관산성전투의 충격을 딛고 새로운 움직임을 모색한 제2의 중흥기 정도로 여기는 편이 적절한 시각이 아닐까 한다.

그런 면에서 보자면 근초고왕 치세 이후를 다시금 주목할 필요가 있다. 북방으로 영역을 확장해 고구려를 수세에 몰아넣은 점은 부인할 수 없거니와, 남방의 경우도 직접적 영역 확대는 아닐지라도, 당시 백제가 신라나 가야 소국들에 비해 두드러진 행보를 보인 점은 사실이기 때문이다. 아울러 근초고왕 때는 백제가 국제 무대에 본격적으로 등장한 시기였다. 372년 동진에 사신을 보냈는데, 백제왕이 중국 측으로부터 공식적으로 벼슬을 받은 것은 그때가 처음이었다. 또《일본서기》에서는 근초고왕이 왜와 활발히 교류했다고 전한다. 요컨대 4세기 후반 백제는 한반도 중남부에서 괄목할 만한 성장세를 보였고, 외교적으로도 새로운 활로를 모색했다. 주변 국가들에 비해 상대적으로 우위를 점했다고 볼 수 있고, 이후 백제가 상대국들과의 관계에서 그처럼 선명한 위용을 자랑한 적을 찾기는 쉽지 않다. 그러므로 백제의 전성기는 대략 근초고왕 시기, 그중에서도 적극적 행보가 뚜렷해진 집권 후반기, 즉 4세기 후반 이후로 보는 편이 자연스럽다.

그렇다면 전성기의 끝은 대략 언제쯤일까. 광개토왕이 남진해 백제의 북방이 무너지기 시작한 것은 390년대 초, 진사왕辰斯王(재위 385~392) 때의 일이다. 그런데 진사왕은 광개토왕의 남진 이전에도 고구려와 일진일퇴를 거듭했다. 따라서 전성기로 보기에는 애매한 구석이 있다. 진사왕에 앞서 재위한 침류왕枕流王(재위 384~385)은 치세가 1년밖에 되지 않아 실상을 엿보기 힘들다. 따라서 그의 부왕인 근구수왕의 치세(375~384)에 주목할 필요가 있다. 근구수왕은 재위 초 평양성을 공격하는 등 고구려에 대한 공세의 고삐를 다잡았으나, 집권 중후반기 내내 전염병과 자연재해가 빈발한 채, 별다른 치적을 남기지 못하고 죽었다. 재미있는 점은 근초고왕 집권 말기에도 가벼이 넘길 수 없는 일들이 일어났다는 사실이다. 373년 독산성禿山城 성주가 백성들을 거느리고 신라로 도주하는가 하면, 375년에는 고구려에 수곡성水谷城을 빼앗겼다. 정확한 사정을 파악하기는 어렵지만, 백제의 전성기가 생각보다 빨리 종결됐을 가능성은 배제할 수 없다.

이렇게 볼 때 백제의 전성기는 오래지 않아 사그라졌다고 하겠다. 전후 상황을 보면 이해하지 못할 일은 아니다. 백제의 전성기는 고구려의 패퇴와 직결돼 있다. 그런데 이미 일정한 집권 체제를 수립한 고구려와 이제 통합의 구심력을 키워 가던 백제 사이에는 간과할 수 없는 격차가 있었다고 생각한다. 그렇기에 고구려가 체제 정비를 끝마치고 남진을 개시하면서 백제의 황금기 역시 동요되기에 이른 것이 아닐까 한다.

물론 백제는 그 뒤에도 끊임없이 피고 졌다. 한성 함락과 웅진 천도의 아픔을 딛고 6세기에 다시금 꽃을 피웠으며, 관산성전투로 인해 오랜 회심이 일장춘몽으로 끝나버릴 위기에 처했을 때도 다시금 중흥의 기치를 드높였다. 역사에서 구조와 여건은 좌시할 수 없는 요소다. 그런 면에서 볼 때 백제는 장기간 패권을 유지할 수 없는 시대적 상황 속에 처했던 것인지도 모르겠다. 하지만 그러한 한계 속에서 끊임없이 절치부심한 흔적을 엿볼 수도 있다. 이것이 백제사를 감상하는 한 지침이 될 수도 있을 것이다.

신라, 삼한일통의 위업으로
세운 영광

신라의 전성기가 언제인지에 대해 묻는다면 답변이 엇갈릴 수 있다. 일단 진흥왕 때로 보는 경우가 있을 것 같다. '4세기 백제(근초고왕) → 5세기 고구려(광개토왕·장수왕) → 6세기 신라(진흥왕)'. 고대 삼국의 정복 군주를 언급할 때 나오는 교과서상의 도식(?)이다. 더욱이 이 공식(!)에서 백제와 고구려는 전성기에 해당한다. 그러므로 백제·고구려의 선례에 비추어 신라의 전성기는 6세기, 더 정확히 말하자면 6세기 중후반이라고 볼 수도 있다. 일순간에 한강 유역 전역을 차지한 진흥왕의 위엄을 보고서 전성기가 아니라 생각하기도 힘들지 모른다.

하지만 간과하면 안 될 점은 진흥왕 시기 신라가 한반도의 패권을 장악했다거나 백제와 고구려를 다방면에서 압도했다고 보기 어렵다는 사실이다. 신라의 한강 유역 확보는 삼국이 본격적으로 정립鼎立하는 시기에 접어들었음을 보여 주는 신호탄으로 여기는 편이 좋다.

신라의 이후 행보를 생각하면 더욱 그러하다. 568년 진흥왕은 서북 변경의 중심지를 북한산(서울 강북 일대)에서 남천南川(경기도 이천 일대)으로 옮기고, 동북 변경의 중심지를 비열홀比列忽(함경남도 안변 일대)에서 달홀達忽(강원도 고성 일대)로 이전한다. 군사적 요충지를 한강 이북에서 이남으로, 그리고 함경남도 지역에서 강원도 북부로 옮긴 것이다. 이에 대해 고구려군의 남하로 인해 신라의 영토가 축소됐다고 보는 시각이 있는데, 어찌 됐든 신라의 확장세가 주춤해졌다고 볼 수 있다는 점은 가벼이 넘기기 힘들다.

그 뒤 이른바 삼국통일 이전까지 신라의 영역이 눈에 띄게 팽창한 적은 없다. 오히려 영역이 위축된 적이 많다. 앞서 진평왕·선덕여왕 때 신라는 백제 무왕과 의자왕에게 공격을 받아 고전을 면치 못했고, 태종무열왕 때만 해도 655년 서른세 성을 빼앗기는 등 난국이 이어졌다. 다행히 그 와중에도 체제 정비를 소홀히 하지 않았는데, 넋 놓고 있었다면 국가의 존망을 알 수 없었을지도 모른다.

쉽게 말해 진흥왕 시기의 군사적 팽창이 이후 지속되지 못했고, 그 때만 놓고 봐도 백제와 고구려 양국을 신라가 압도했다고 평하기 힘들다. 물론 이전 시기와 비교하면 유사 이래 가장 화려한 페이지를 장식했다고 볼 수도 있다. 그러나 뒤 시기에 견주어 보면, 진흥왕 때에 비해 더 전성기에 가까운 면모를 보인 시절이 있기에 생각을 달리해야 할 것 같다.

진흥왕 시기보다 빛나는 시기, 신라의 '황금시대'는 바로 삼국통일 이후다. 신라가 과연 삼국을 통일했는지, 백제를 통합한 것에 불과한지에 대해서는 여러 의견이 오가는 중이다. 다만 백제가 멸망하고 고구려가 멸망했으며, 한반도에 침입한 당군까지 몰아낸 뒤, 신라의 면모가 이전과 달라졌다는 점은 인정해도 좋다. 신라의 영역이 두 배 가깝게 늘었고, 큰 전쟁의 위협이 사라진 결과 안정적으로 생산량을 증대시킬 수 있는 계기가 마련됐다. 탐라耽羅(제주도)와 우산于山(울릉도) 등이 남아 있기는 했으나, 사실상 신라는 한반도에 존재하는 유일한 국가가 됐다.

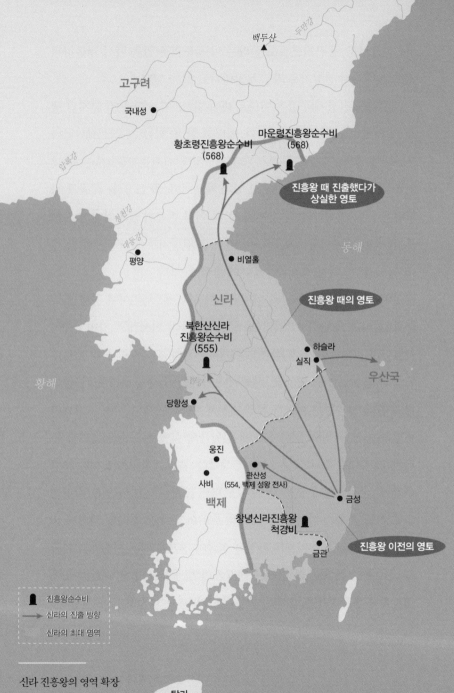

신라 진흥왕의 영역 확장

시간적으로도, 공간적으로도 신라는 이 정도의 위업을 다시 재현하지 못했다. 따라서 전성기로 봐도 무방하다고 할 수 있다.

그렇다면 전성기의 끝은 어디로 봐야 할까? 이는 쉬운 것 같지만 생각보다 어려운 질문일 수도 있다. 쉽다고 할 수 있는 이유는 교과서나 개설서에 중대, 즉 태종무열왕부터 혜공왕에 이르는 시기(654~780)까지를 신라의 황금기로 서술하고 있기 때문이다. 즉 그 끝을 혜공왕 시기라 여기는 것이 가능하다. 혜공왕 때 이미 반란이 끊이질 않았으므로, 경덕왕景德王(재위 742~765) 치세까지를 전성기로 파악할 수도 있는데, 이 또한 큰 틀에서는 통설적 이해라 할 수 있다.

그런데 유념해야 할 점은 성덕왕聖德王(재위 702~737)이나 경덕왕 같은, 쇠락과는 영 인연이 없어 보이는 임금들의 치세에도 자연재해가 잦았다는 사실이다. 현재 학계 일각에서는 중대를 태평한 시대로 보는데 이견을 보이기도 하는데, 전성기와 관련해 생각할 바가 있다. 물론 당시 신라 임금들은 재해에 적극 대처하고자 노력했다. 하지만 재해가 빈발하는 상황, 바꿔 말해 공동체 성원들의 삶에 위기가 계속해서 도래하는 시기를 호우시절好雨時節로 생각할 수 있는지에 대해서는 조금 더 고민이 필요하다. 군주나 지배 권력의 노력과 성의의 정도로 전성기를 가늠할 수는 없기 때문이다. 혜공왕 시기, 혹은 하대의 상황에 비추어 보았을 때 상대적으로 안정된 정국이 전개된 것은 사실로 보아도 좋겠으나, 그것이 흔히 말하는 전성기의 범주에 포함될 만한 범위에 있는지를 정확히 판별해 내기란 쉽지 않다.

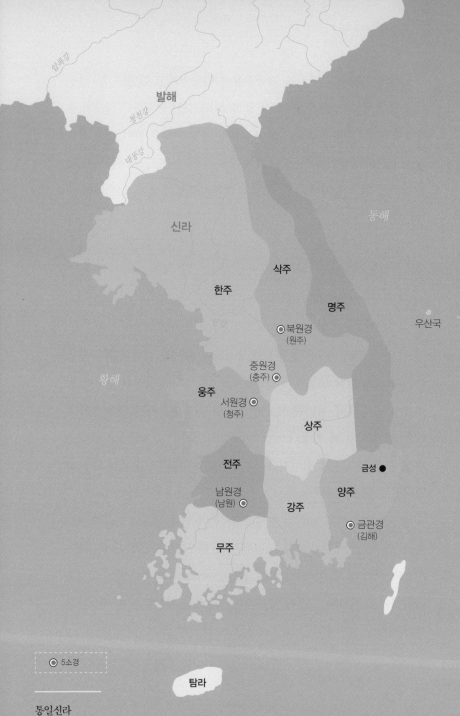

발해

압록강
청천강
대동강

신라

동해

삭주

한주

명주

◎ 북원경
(원주)

우산국

중원경
(충주) ◎

황해

웅주

서원경 ◎
(청주)

상주

전주

금성 ●

남원경
(남원) ◎

양주

강주

◎ 금관경
(김해)

무주

◎ 5소경

탐라

통일신라

요컨대 신라의 전성기는 삼한일통이 이루어지고 한반도 중·남부의 유일한 국가가 된 시점부터라 할 수 있다. 다만 언제부터 역사의 수레바퀴가 황혼으로 향했는지에 대해서는 분명치 않은 점이 있다. 신라의 중고기와 중대, 그리고 중대와 하대가 얼마나 같고, 또 다른지에 대한 검토를 더 면밀히 한다면, 문제의 실마리라도 찾을 수 있으리라 생각한다.

전성기, 그 앞뒤에
관심 두기

지금까지 한국 고대국가의 전성기를 살펴보았다. 사료의 부족으로 인해 공동체 성원들의 삶이나 사회의 실상을 명확히 알 수 없다는 점에서, 이러한 시도에는 많은 한계가 드러날 수밖에 없다. 다만 그 시기가 왜 전성기로 여겨지는지, 그리고 상당히 중요하다고 평할 만한 시기가 왜 전성기와 거리가 있는지에 대해 공감의 폭을 넓혔다면, 그것으로 만족한다.

끝으로 거론하고 싶은 점은 역사에서는 원인과 결과가 꼬리에 꼬리를 물고 이어진다는 것이다. 따라서 어느 한 시기만 잘라 내어 그때의 사건과 사실만 '편식'하기보다는, 넓은 시야에서 전체적 전개 과정을 파악하기를 권한다. 그것이 역사학적 시선으로 지나간 일을 바라보는 한 방편이 아닐까 한다.

그런 면에서 이른바 전성기 이전과 이후에 대해서도 관심을 가지고 지켜보기를 제안한다. '동트기 전 새벽이 가장 어둡다'는 말이 있다. 겉보기에는 그저 적막한 어둠일 뿐이지만, 이미 그 아래에서는 뜨거운 기운을 품은 해가 나설 채비를 하고 있음을 우리는 잘 안다. 전성기의 화려함에만 매몰되기보다는, 그 공동체가 그다지 빛나 보이지 않는 시기의 면모까지도 아울러 살펴볼 수 있는 안목이 필요하다.

아울러 '해는 중천에 뜨면 내려가고, 달은 차면 기운다(日中則移 月滿則虧)'는 말도 있다. 중천에 뜬 해는 이미 황혼을 향해 내려가고 있음을 우리는 모두 안다. 전성기에 무궁한 경애를 보낼 것이 아니라, 그 안에서 움터 나는 쇠락의 조짐들을 찾아낼 수 있기를 바란다. 신라 중대에 하대의 혼란상과 연계해 이해할 수 있는 요소들은 무엇인지에 대한 관심이 함께해야 한다. 그것이 역사를 제대로 아는 사람이자, 오늘의 문제를 역사학적 시선에서 바라볼 수 있는 사람이다.

역사는 대하大河와 같다. 그 거대한 물줄기에 몸을 맡기되, 휩쓸리지 않고 좌초되지 않으며 강물과 하나될 수 있기를 희망한다. 나, 그리고 모두에게.

김 대 현

위자 〈완타고기〉에 등장하는 박정희의 그림자

〈자유〉창간, "국제공산주의자"에 대항하는 "십자군의 선두"

국가찾기협의의 결성

공산주의에 대항할 "제제철학"으로서의 "민족사관"

소의 "강단사학"에 대한 기정과 미난

협역적 민족주의와 "민족정교"

〈규원사화〉의 "단체한에검"과 성경의 "아부라함"

사이비 역사가 길의 반공주의자들: 북한 있는 "민족동일"과 오래된 망견

5·16군사정변 세력이 본 5·18광주화운동

군부독재에 대한 비호 드리와 '교도민족주의'

민족주의를 제대도 비판하는 말: 누가 '민족'의 수병을 줄이느가

역사학의 기능

《환단고기》에
숨은
군부독재의
유산

* 이 글은 필자가 쓴
〈사이비역사학자들의 이상한
민족주의: 상고사에 숨은 군부독재의
유산〉(《학림》41, 2018)의 글을 책에
맞게 다듬은 것이다.

위서《환단고기》에 등장하는 박정희의 그림자

위서《환단고기》는 1979년 출간되기까지 십수 년 동안 공들여 위조됐다. 박창암朴蒼巖, 임승국林承國, 이유립李裕岦 등 사이비 역사가pseudo-historian들은 이 책을 비롯해 여러 가짜 책을 빌려 "민족"의 "9천년 역사"를 알리는 데 수십 년간 공을 들였다. 그들의 공에도 불구하고, 그들의 상고사와 그것을 뒷받침할 사서들이 허구라는 점은 이미 많은 학자들이 밝혀 놓았다. 한국 사학계에서는 조인성을 필두로 1980년대에 이미 국수주의 상고사를 비판하는 움직임이 있었고, 2000년대에 들어 인터넷을 중심으로 사이비 역사가의 논리를 정면으로 논파한 이문영의《만들어진 한국사》(2010)가 화제가 됐다. 나아가 2017년 '젊은역사학자모임'은《한국고대사와 사이비역사학》(2017)을 통해 이들에 대해 학술적이고 체계적인 분석을 내놓았고,《환단고기》가 위조된 경위를 소상히 밝힌 장영주의 석사학위논문 《환단고기》 성립과정: 내용변화를 중심으로)도 같은 해 발표됐다.

그렇다면 다음으로 물어야 할 것은 다음과 같다. 이들은 왜, 이다지도 공을 들여 가짜 역사를 창조하고자 했을까? 공교롭게도 고대사의 영역이 아닌, 현대사의 영역에서 해명할 문제다. 그러기 위해서 사이비역사학의 핵심 이데올로그들인 박창암·임승국·이유립의 글과, 이들의 주장을 전폭적으로 실었던 잡지 《자유》를 살펴할 필요가 있다. 이들의 이야기 속에서, 소위 '환빠'라 불리는 사이비역사학과, 대통령 박근혜의 탄핵 이후에도 한국 사회에 남아 있는 군부독재 유산과의 뜻하지 않은 만남을 밝혀 보고자 한다.

《자유》 창간, "국제공산주의자"에 대항하는 "십자군의 선두"

－. 자유지는 민중의 생활과 생각을 밝히는 선구자가 된다.

－. 자유지는 어려운 학술논문을 피하고 읽어서 가슴으로 느낄 수 있는 글을 싣는다.

－. 자유지는 지나친 시사성이나 독자에게 영합하는 일을 삼간다.

－. 자유지는 잡지의 성격과 교양교재의 성격을 겸한다.

－. 자유지는 국민 사이에 강건한 **정신주의 윤리전선**을 펴는 데 힘쓴다.

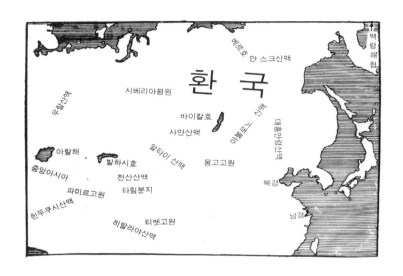

지도 내 글자:
백령해협
삐르홍얀 스크산맥
환 국
시베리아평원
우랄산맥
바이칼호
사얀산맥
아불로노산맥
대흥안령산맥
아랄해
발하시호
중앙아시아
알타이 산맥
몽고고원
천산산맥
북경
파미르고원
타림분지
힌두쿠시산맥
히말라야산맥
티벳고원
남경

"환국"의 강역이 중앙아시아의 "수미리족"과 "빠빌론 문명"에까지
닿았다고 주장하고 있다.

… 자유지는 하늘의 공의를 지켜 **국제공산주의자들로부터** 개인의 자유와
민족의 자유를 탈환하는 **십자군의 선두에 나서서** 감히 이 거창한 세기의
싸움에 자기를 바칠 것을 맹서한다.

- 〈창간사〉, 《자유》 1, 1968, 14~15쪽

1968년 6월, 잡지 《자유》가 창간됐다. 창간사에서 "어려운 학술논문
을 피하고, 읽어서 가슴으로 느낄 수 있는 글을 실"으며, "민족"을 위협
하는 "국제공산주의"에 맞서기 위한 "국민"의 "정신주의 윤리전선"을

쌓는 데 힘쓸 것이라 천명했다. 즉, 《자유》는 냉전 질서 속에서 북한 등 공산주의 세력에 대한 반공의 정신 무장을 앞세우기 위해 창간된 잡지다. 이러한 편집 방향은 당시 박정희 정권기 한국 사회에서 생소하지 않았는데, 창간 초기 《자유》에는 문인 구상·박두진, 문학평론가 양주동·백철, 정치평론가 신상초, 기독교계 목사 김재준 등 저명한 사회 인사들의 글이 자주 실렸다. 한마디로 창간 초기 《자유》는 그 시대 기준에서 상대적으로 '멀쩡한' 잡지였다.

　이 잡지와 관련된 사이비 역사가들 가운데, 출판사 '자유사'의 핵심 인물인 박창암에 주목할 필요가 있다. 1923년 함경남도 북청北靑에서 태어난 그는 일찍이 만주군 간도특설대 하사관으로 복무했다. 해방 후 분단이 고착되는 과정에서 국군 특수전 전문가로 활약했고, 한국전쟁 때에 장교로 군 복무를 했으며 1953년 미국 특수전학교를 졸업했다. 1961년 5·16군사정변에는 "혁명동지"로 참여해 혁명검찰부장을 역임했다. 그러다 1963년 3월, 5·16군사정변 세력 가운데 함경도 세력을 제거하기 위한 소위 "반혁명사건"에 연루됐고, 그해 9월 쿠데타 혐의로 9년형을 선고받았다. 그의 회고에 따르면, "임무가 끝나는 대로 군 본연의 임무로 돌아간다"는 "혁명공약"에 따라 민정 이양을 주장하다 "반혁명죄목을 뒤집어쓰"게 됐다고 한다. 그해 12월 보석으로 석방됐고, 이후에는 경기도 의정부에서 칩거했다. 1968년 《자유》가 창간된 후 그는 군인 시절 얻은 군사 지식과 정세 정보를 통해 반공과 전쟁 태세에 대한 글을 기고했고, 1970~1980년대를 통틀어 《자유》의 권두언

대부분을 집필했다. 그의 호는 다름 아닌 "만주滿洲"였다.

국사찾기협의회
결성

《자유》의 논조가 결정적으로 사이비역사학의 색채를 띤
것은 1976년 1월부터다. 물론 1971년 8월호에서도 사이비역사학의
주장을 담은 문정창의 《상고사》 요약이 실렸지만, 그런 흐름이 본격화
된 것은 1975년 10월 "우리국사찾기협의회"가 발족한 이후다. 《자유》
에 실린 이 협의회의 설립 취지문은 다음과 같다.

1. 본 협의회는 단군조선은 실재의 상고시대로서 우리 국사의 상한으로 본
   다.
2. 본 협의회는 단군조선 이래 반만년의 역사 강역은 현재의 한반도에 국축
   跼縮된 판도가 아니라 그 강역의 동은 연해주 일원, 북은 흑룡강 유역, 서
   는 바이칼호, 남은 산동반도 일원 및 황하, 진수, 양자강에 걸친 중원대륙
   등을 동서남북으로 경위삼아 일련하는 대강역이었음을 밝힌다.
3. 본 협의회는 현행 국정 국사 교과서는 마땅히 그 반도 국축 사관을 탈피
   한 대륙사관에 입각하여 개정되도록 그 방향 촉구에 힘쓴다. 특히 단군
   신화설과 한반도 내 한사군설의 개정은 시급을 요하며…

- 〈우리국사찾기협의회 취지문〉, 《자유》 48, 1976, 25~28쪽

이 협의회는 설립 취지문에서, "단군
조선은 실재의 상고시대"이고, "단군조
선 이래"의 "역사 강역"은 한반도뿐만
아니라 연해주, 아무르강(흑룡강黑龍江),
바이칼호, 중원 대륙을 아울렀으며, 현
재의 "국정 국사 교과서"는 "반도"에 "국
축"된 사관을 개정하고 "대륙사관"에 맞
게 집필해야 하며, 특히 "단군신화설"과
"한반도 내 한사군설"을 개정해야 한다
고 명기했다. 사이비 역사가들의 핵심
주장이 이미 이 시기에 정립된 셈이다.

"국사찾기협의회 대표지"임을
자처하면서, "문예진흥기금의
지원을 받아 발행"됐다는 것을
강조하고 있다.

이 국사찾기협의회는 박창암을 비롯,
안호상, 유봉영, 문정창, 임승국, 이유립, 박시인, 이대위 등 사이비역사
학의 핵심 이데올로그들이 참여했으며, 《자유》 1976년 1월호부터는
이들의 글이 다른 필자를 밀어내고 잡지의 대부분을 채웠다. 그리하여
1977년 1월호부터는 명실 공히 "국사찾기협의회 대변지"임을 속표지
에 써 붙이고, 문예진흥기금의 지원을 받아 발행됨을 천명했다. 더불어
목차에는 "국민정신혁명의 기본인 민족사관 확립의 지침지"임을 삽입
해, 잡지의 발간 목표를 더 명확히 했다.

공산주의에 대항할 "체제철학"으로서의 "민족사관"

그렇다면 이들이 줄기차게 주장한, "국민정신혁명의 기본"이라는 "민족사관"의 정체는 무엇이었을까? 그것은 바로 공산주의의 전략에 대응하는 반공의 체계로서, 자유와 민족 개념을 상고사로부터 뿌리내린 하나의 가치관으로 묶어 내려는 움직임이었다. 이들은 "민족사관"의 반대편에 공산주의의 유물사관을 놓고, 이들에 대한 사상적 대비 차원에서 "민족사관"을 정리해 나갔다.

《자유》1976년 12월 국사찾기협의회 1주년 기념 권두언에서 박창암은 사이비역사학의 보급을 통해 "민족사관"이 "종래의 무철학·무문교文敎의 수동적인 상황전략적 대결 개념(대적화)에서, 일약 고등사상·철학을 바탕 삼는 유문교의 능동적인 기획전략적 대결"로 거듭나게 됐다고 자평했다. 이른바 반공적 "민족사관"이 비로소 그럴싸하고 능동적인 내용을 갖추게 됐다고 자신한 셈이다. 따라서 이들이 1976년 4월 정리한 "한국사연표"에는, 당시 공산주의 국가였던 북한과 중공은 아예 지워져 있다. 중국의 역사까지 다 "우리 환국"의 역사로 포함한 사이비역사학의 기획 속에, 공산주의 세력이 "민족"으로 포함되지 않는 것이야말로, 사이비 역사가들의 "민족사관"이 기실 뿌리 깊은 반공을 기반으로 삼았음을 드러낸다.

이러한 반공의 "민족" 개념은 박정희 정부의 구미에도 맞았으며,《자유》의 사이비 역사가들은 지면을 통해 자신들의 주장이 박정희 정부의

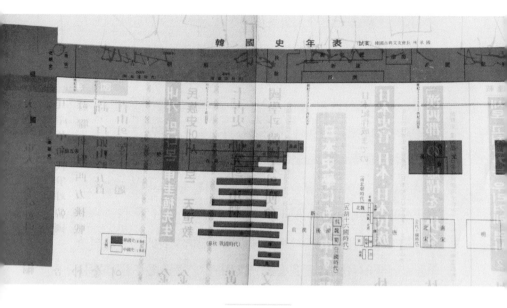

韓 國 史 年 表 「試案」韓國古典文友會長 朴 木 國

중국의 하·은·주, 요·금·원, 청나라를 모두 "환국桓國"의 역사로 포섭하면서도,
현대의 중공과 북한은 아예 연표에서 빠져 있다.

주장과 부합함을 반복해서 강조했다. 이유립이 활동한 '단단학회檀檀學
會'에서는 1977년 2월 〈국조고전 '참전계경參佺戒經'에서 본 충효관〉이
란 글 서두에서 박정희 대통령의 "지시요지"를 길게 인용했고, 1977년
4월 임승국은 〈정문에 일침을 가한다: 전문가·비전문가의 시비〉란 글
마지막에 올바른 국가관에 대한 박 대통령의 언급을 인용했다. 실제로
1976년 11월 최규하 국무총리가 국사 교과서의 단군신화 부분을 개정
하겠다고 약속하자,《자유》는 이를 환영하며, 드디어 자신들의 주장이

"일인지하 만인지상" 국무총리의 말로 "공신성"을 얻게 됐다고 환호했다. 그들의 인정투쟁이 무엇을 겨누었는지 잘 드러난다.

소위 "강단사학"에 대한
기생과 비난

나아가 1977년 6월 임승국은 〈북괴사학의 전(정)략적 도전〉이라는 글에서, "민족사관"이야말로 "북괴"와 "공산주의"의 유물사관을 극복할 "체제철학"이며, 이는 곧 "승공통일"을 위해 유신체제에 필요한 역사관이라 역설했다. 흥미로운 점은, 이 글이 다름 아닌 원로 사학자 강만길의 글과 함께, 해당 호의 특집 "통일의 〈챤엘〉-사학전쟁" 안에 나란히 실렸다는 사실이다. 얼핏 보면 임승국의 주장이 강만길의 역사관과 동렬에 놓인 것처럼 보이는데, 이 잡지에 실린 강만길의 글은 1976년 4월호 《문예진흥》에 실린 글을 통째로 "인용"한 것이다. 이런 인용 방식은 이 시기 《자유》에 공통되는데, 잡지에는 사이비 역사가들의 글과 함께 신채호·최남선·안재홍·이광수·신규식·문일평 등 이미 작고한 독립운동가나 명사의 글이 나란히 실렸다. 마치 사이비 역사가들의 주장이 위 사람들의 이름 옆에 나란히 공신력을 부여받은 듯한 인상을 주게 되는 셈이다. 다분히 악의적인 배치가 아닐 수 없다.

물론 이들이 이른바 "강단사학"에 대해 이렇게 기생적인 태도만 취하진 않았다. 많은 경우 이들은 강단사학이 자신들의 기준으로 충분히

"민족"적이지 못하다고 주장했다. 가령 1976년 5월 임승국은 "전통傳統과 정통正統"은 다르다면서, "전통은 후천적이고 정통은 선천적"이며, 기존의 "전통"사학은 "과거답습-승계형"이요, 자신들의 "정통"사학은 "단절된 정통에의 접목을 지향하는" 사학이라 잘라 말했다. 그들이 말하는 "단절된 정통"이란 곧 9000년 "환국"의 상고사였다. 나아가 박창암은 1976년 1월 기고한 글에서, 기존 사학계를 비롯해 자신들의 상고사에 동의하지 않는 당대 여론을 비판하고, 자신들의 역사관에 대한 "기우와 소극성"이야말로 "간첩균"이 쉽게 침투할 수 있는 "계열"이자 "생리"라고 낙인찍었다. 체제 수호를 위해 역사를 창조하려는 자신들을 공격하는 일이 "간첩균"에 의한 것이라는 주장이야말로, 이들이 포섭돼 있던 냉전 질서의 본질을 여실히 보여 주는 것이다.

- 고등간첩균의 기생체 (4)

기우와 소극성은 표리일체이며 간첩균은 바로 이러한 생리층·계열에 기생 밀착하는 것이 상례였다.

'괜시리 민간사학의 상투적이고 전근대적인 고대사 논쟁을 들고 나서면 평지풍파격으로 오히려 한국사학의 발전을 저해하는 역기능을 할 것이다' 운운.

이렇게 어느 일간대신문은 우리 국사찾기 협의회의 발족을 보고 격려와 축사 대신에, 이런 줄거리의 까십(낙서함)으로 막연히 대학 내 신진학자들을 팔면서 역기능 기우의 핑계로 독침을 놓는 것이었다.

- 박창암, 〈새 국민상과 국사광복〉, 《자유》48, 1976, 19~20쪽

결론부터 말해 사이비 역사가들의 사관은 "민족사관"이라기보다 "반공-냉전사관"에 가까웠다. 그들이 말하는 상고사의 숨은 뜻이란, 냉전 질서로 쪼개진 자유 진영의 한편에서 상대를 의식하며 체제와 사상의 우월성을 스스로 부풀리는 데 있었기 때문이다. "만주 고토"의 회복을 넘어선 "중원 호령"의 있지도 않은 상고사의 "정통"이란, 곧 반공적 "민족"의 자긍심을 위한 것이었다. 짐짓 9000년의 역사를 아우르는 유라시아의 규모로 역사와 영토 부풀리기를 좋아하던 사람들이, 정작 당대의 역사를 가장 크게 규정하던 냉전 질서에 대해서는 놀랍도록 둔감한 점은 흥미롭다. 이는 역설적으로 그들의 "민족"이 현대사의 어떤 민족적인 모순들에 지독히 눈 감았는지를 여실히 말해 준다.

혈연적 민족주의와 "민족정교"

사이비 역사가들의 역사관이 반공과 냉전이라는 프레임 속에서, 북한에 대한 체제철학이자 반공주의적 세계관의 확장 차원에서 구성되고 왜곡됐다는 것은 앞에서 보았다. 이러한 점을 전제로 두고, 이들 스스로 강조한 "민족사관"에서 그 민족주의에 어떤 내용과 함의가 있는지 살펴보고자 한다. 민족주의에는 본디 다양한 분파와 합종

이 가능하기 때문에, 이들의 "민족사관"이 그 가운데 어떠한 성격을 띠는지 분간하는 일은 중요하다.

앞에서 살펴본 1977년 6월 임승국의 글을 다시 검토해 보면, 그는 "민족의식"이야말로 인류가 태어나서 처음 갖게 되는 "원초적 본능의식"이며, 나아가 "인류 최초의 법률적 지위"이자 "사회적 의식"이라 규정했다. 따라서 이 본능적 "민족의식"에 반해 "민족보다 인류"를, "국가보다 세계"를 외치는 사상은 곧 그 본능을 기만하는 일이며, 이는 외부로부터의 "폭력(팟쇼)"이 없이는 불가능할 것이라 예단했다. 이는 사회의 도덕에 "민족의 전통과 주체의식"이 중요하며 이것이 결핍된 "계율"은 "인정과 상식을 벗어"난 것이라는 1976년 5월 〈커발한 도덕 계율선〉에서의 이유립의 주장과도 상통한다.

이렇게 "민족의식"의 본능적 성격이 강조되는 가운데, 이들이 민족주의에서 핵심으로 강조한 것은 "혈연"의 통일성과 순수성이었다. 박창암은 1977년 12월 《자유》 권두언에서, "민족(국가)"이란 "혈연의 총체"며, 이는 "개인의 소유감"에 바탕을 둔 감각이고, 특히 이는 공산주의 사회 원리와 대비된다고 주장했다. 나아가 그는 이러한 "민족 진영"의 사회 구성 원리를 파괴하는 "적화전략"으로서, "성도덕 파괴", "민족"의 "단위세포"인 "가정의 파괴", "피(혈연)의 순결성 파괴", "종의 파괴", "소유감의 거세 효과"가 획책된다고 일갈했다. 혈연적 민족주의가 강조되는 가운데, 이것이 내용적으로 공산주의와 배치된다고 강조한 셈인데, 박창암의 이러한 사고가 잘 정리된 1977년 10월 《자유》의 개천절 기념 권두언을 인용하면 다음과 같다.

유구한 한 옛날 우리 배달겨레는 아세아대륙의 문명주이었다. 그 민족의
뿌리에서 조국肇國의 대이상이 싹터자라서 천하의 주재자로 번영을 누렸
다. 아직껏 요즈음 세계학자들의 천견과 방만쯤으로서는 맥도 모르고 넘겨
온 홍익문명이 우리 배달겨레의 뿌리에서 발상되였음을 개천명절을 맞으
며 되새겨야 하겠다. … 여기 바로 공산주의가 떨고 있는 피할 수 없는 사상
적·철학적인 협위脅威가 존재하는 것이요, 적화전략이 그렇게도 애써, 그
세로는 민족사관의 뿌리를 다르려고, 그리고 그 가로는 민족의 자유민주사
회의 유대(내부단결)를 토막내려는 이유가 도사리는 것이다. …

첫째 소유감의 거세

민족의 자유민주사회의 핵으로서의 우리들의 가정의 그 가치관을 그들은
뒤집어엎으려 드는 것이다.

순결·신성성·존엄성 등을 바탕으로 삼는 순결소유감의 거점으로서의 우
리들의 가정에 대한 그들 적화전략의 파괴공작은, 성교육과 성개방이 엄연
히 다른데도 성개방이라는 선정표방을 내걸고 음란풍조, 혼음시행, 성공유
현실화 등으로 옮아가게 유도한다.

건전한 성교육은 물론 바람직하다. 이것은 성의 신성성 자각을 통하여 인
간의 존엄성을 간직케 하는 가장 현명하고 효과적인 교육원칙이라 하겠다.
그러나 성개방이라면 문제가 다르다. 특히 적화전략 협위하에서는 이것은
성공산주의와 혼동되기 일쑤이며 또 사실상 적화전략에서는 이른바 피해

당사자인 우리들의 저항감을 자극함이 없이 자연추세처럼 꾸며 성의 상품화, 성의 생활도구화, 인간의 유물화 등으로 비약시켜 나간다. 이렇게 가정 본래의 가치관을 뒤집어엎음으로서 민족의 자유민주사회 주체들(구성원)의 소유감을 거세하는 것이다. …

공산당에서는 혈연청산이라는 원칙이 있다. 민족의 뿌리니 숭조사상이니 입에 올리기만 해도 최대의 반동분자로 몰린다. 왜? 공산당시(是)와 당원들의 당성이 철학적 배경이 되는 유물사관 그것이 민족사관 앞에서는 꼼짝 맥을 쓸 수 없기 때문이다.

– 박창암, 〈권두언: 민족의 뿌리와 그 대사명 –

개천명절에 조국肇國사상을 그리며〉,《자유》65, 1977, 12~15쪽

"공산당"이 "음란풍조, 혼음시행, 성공유현실화"와 무슨 상관이 있는지는 분명치 않지만, 민족주의 가운데 혈연성이 강조되고, 그것이 공산주의와 대비되는 내용으로 격상될 때, 이른바 "성의 신성성"을 깨뜨린다는 "성개방"은 곧 공산주의의 책략으로 오독될 수 있었다. 이렇듯 사이비 역사가의 혈연적 민족주의는, 반공을 경유해 (섹슈얼리티와 젠더 모두의 의미에서) 성적 보수성이 강조되는 흐름과 맞닿는다.

가령《자유》가 사이비역사학의 색채를 띠기 이전인 1969년 8월, 〈성의 국민적 관리 II: 성의 본질과 자유〉라는 제하의 글에는 "성의 국민적 관리", "도덕 재무장"이 필요하다는 주장 아래, "여자가 전 남편의 영향을 유전적으로 크게 받게 된다면 여자의 정조 문제는 옛날의 낡은 윤

리가 아닐" 것이라는 이야기가 실렸고, 1971년 1월에는 "여성은 결코 남자 위에 군림하고 싶어 하지 아니하며," 그것은 여성이 "보호받는 위치 속에 안주하고 싶어 하기 때문"이라는 자칭 "여류 소설가"의 글이 기고되기도 했다. 또한 1969년 8월 "공산간첩 중에 여성이 많다"며, "성도덕"을 문란케 하는 것이 "반공태세를 악화시킨"다는 주장도 제기됐는데, 이는 1950년대 이래 발간된 대중 월간지·주간지에도 종종 실리던 내용이었다.

박창암의 호 만주와
그의 낙관

이는 1969년 7월 13일 통속지 《주간경향》의 지면을 통해 당시 사상검사思想檢事 이종원李鍾元이 "음란범죄"에 대한 단속을 예고하면서, "에로는 공산당"과 같으며 "섹시무드는 이적利敵의 하나"라고 언급한 것과도 상통한다.

　나아가 1972년 유신체제 선포 이후 이러한 혈연적 민족주의는 더욱 노골적 색채를 띠게 된다. 1973년 〈모자보건법〉 제정으로 그동안 전면 금지되던 임신중절수술이 부분 합법화되는데, 그 유보 조항에는 "우생학優生學적, 또는 유전학적 정신장애나 신체 질환이 있는 경우"가 명시됐다. 이는 이전부터 한센인 등을 대상으로 이미 자행돼 오던 이른바

'단종斷種', 즉 강제 불임수술을 합법화하는 조치이기도 했다. 이것이 인권침해라는 주장이 제기되자, 1975년 3월 11일 보건사회부의 최익한 모자보건관리관은 "반대론자들이 그토록 인도주의를 앞세운다면 그들에게 정신박약아나 간질 환자를 1년씩만 맡아 양육하도록 의뢰해 보라"라고 일갈하고, "우수한 우리 민족을 보존하기 위해서는 악성 유전 질환자에 대한 강제 불임시술은 당연한 조치"라고 강조한 사실이 《경향신문》에 보도됐다. 사이비 역사가들이 공모했던 유신체제하 혈연적 민족주의의 민낯을 보여 주는 대목이라 하겠다.

《규원사화》의 "단제한배검"과 성경의 "아부라함"

"성의 신성성" 외에 사이비 역사가들이 혈연적 민족주의에서 내용적으로 강조한 것은 이른바 "경신숭조사상敬神崇祖思想"이었다. 즉 "민족"의 "조물주(신)"로부터 내려오는 조상 공경의 감각이 중요한데, 박창암은 이를 "인류를 원숭이의 후예"라 하는 "공산주의"의 "유물사관"과 대비된다고 1977년 12월 권두언을 통해 설명했다.

이러한 "민족"의 기원에 대한 신앙적 접근은 1980년대 들어 한층 구체적 형태를 띠게 되는데, 이는 바로 "민족사관"을 종교로서의 "민족신앙", 나아가 "민족정교民族正敎"로까지 격상시키려는 움직임이었다. 1980년 7월 박창암은 "국론통일에는 민족정교가 으뜸"이며, "가장 가지고 싶은 정신전력무기"야말로 "국교國教로서 통정統整된 민족신앙"이라 말하고, 이는 "정치신앙보다 더 강인한 것"이라 강조했다. 반공적 의도로 조형된 혈연적 민족주의가 짐짓 종교적 차원으로까지 확대됐음을 알 수 있다.

이 가운데 1981년 2월《자유》에는 기독교 목사로 소개된 전직 국회의원 김산의 글이 실렸다. 그는 당시 예수그리스도후기성도교회, 속칭 '모르몬교'에 몸담았는데, 글에서 사이비역사학의 또 다른 위서인《규원사화揆園史話》와《단기고사檀奇古史》의 구절을 인용해, 이것들이 기독교의《성경》과 유사하다는 충격적인 주장을 편다.

삼백년 전 북애자北崖子가 전한 규원사화揆園史話에는 단제檀帝 한배검의 8조 교칙教勅이 있다. 그 전문에는

1. 하나님은 지상한 곳에 게시고 최귀最貴한 신이시니 비로서 온 천지만물을 창조하시고 만사를 주재하시나니라.
2. 하나님은 천궁에 계시나니 그곳은 크게 길상吉祥하고 광명하여 신향神鄕이라 이르나니라. …

이상의 말씀은 가위 우리 국도현묘지도國道玄妙之道의 창세기라 할 수 있다. 기독교성서와 무엇이 다른가?

단기고사檀奇古史에는 성조聖祖 한배검의 8조 교칙 제1조에 '너희는 지극히 거룩하신 하나님의 자녀임을 알아라'고 했다.

기독성서 제1권 창세기 1장에 '태초에 하나님이 천지를 창조하시니라' 하

고 창세기에서부터 성서를 쓰기 시작했다. …

여러분이 들으신 단제 한배검의 8조 교칙에 나타난 말씀들을 접할 때에 상
식적으로도 기독교 성서의 말씀과 같지 않은가? 실로 너무나 근사近似한
것이다. 단제 한배검의 행장行狀과 기독교 최초의 선지자인《아부라함》(유
태족의 신조)의 행장과는 너무도 근사치가 많다. …

우리는 우리 조상의 유산인 현묘지도를 가지고 있다. 여하한 종교든지 수
용발전케 할 수 있는 국도인 것이다.

- 김산,〈후천 오만년의 사명을 위하여: 현묘지국도와 기독교〉,

《자유》100, 1981, 110~111 · 124쪽

자칭 목사라는 사람이 "단제한배검", 즉 단군을《구약성경》의 아브
라함과 비교하고, 위서《규원사화》를《성경》창세기와 닮았다고 주장
하는 것을 어떻게 해석해야 할까. 여기서 "국도현묘지도"라는 말이 주
목되는데, 이는 일찍이 최치원이 신라 말기에 유교·불교·도교의 세
종교를 아우르는 진리가 있음을 설명할 때 사용한 말이다. 이에 대해
서는 1983년 임승국도 언급했는데, 그는 최치원의 언급을 빌려 한국은
예로부터 각 종교의 진리의 원천이 되는 "한국신선사상韓國神仙思想"이
있다고 주장했다.

이 "현묘지도"의 관점에서 기독교를 소화하는 사상을 어떻게 평가
할지는 별도의 논의가 필요하겠지만, 임승국은 여기서 한 발 더 나아가
1983년 3월의 글에서, 인류의 역사상 "천신天神의 피를 받은 자는 한

민족뿐"이라는 주장을 편다. 위 종교들의 다양한 가르침 가운데 유독 혈연적 민족주의에 기반한 선민사상을 강조한 셈인데, 임승국은 이미 "쇼비니즘(국수주의)의 지탄을 받"을 수 있음을 알면서도 이런 주장을 한 것이다. 나아가 그는 1980년 11월의 글에서 "민족주의는 공산철학의 유일한 천적"이며, "공산주의와 대결하고 이겨야 한다는 싸늘한 현실과 숙명"이 있다고 언급했다.

이러한 사고는 비슷한 시기 박창암에게서도 드러나는데, 그는 1982년 11월의 권두언에서 "이스라엘 민족의 그 고대사가 구약성서"라면 "우리 배달겨레의 고대사 또한 당연히 우리의 구약성서"로 대접해야 하며, 따라서 "민족사관"을 관장하는 국사편찬위원장 자리는 "우리 민족 최고의 성직"이라고 주장했다. 냉전을 경유한 "민족사관"이 어떻게 말 그대로 '민족주의 종교'로까지 나아갔는가를 보여 주는 예라 하겠다.

사이비 역사가 곁의 반공주의자들: 북한 없는 "민족통일"과 오래된 냉전

다음으로 사이비 역사가들의 논리와 입지가 1980년대로 접어들면서 어떤 형태를 띠게 되는지 본격적으로 살펴보겠다. 우선 1981년 2월 100호를 맞은 《자유》의 편집 후기에는, 국사찾기협의회의 회원이 잡지 필진의 주축임을 인정하면서, "반공의 '체계적 이론 확립'"이 자유사의 사시社是임을 강조하고, "'반공 이론의 대중 무장화'에 박차"를 가할 것이라는 내용이 실렸다. 앞에서 본 반공주의의 내용으로서 "민족사관"이 강조되는 흐름이 1980년대에도 계속됐음을 알 수 있다.

더불어 임승국은 1980년 10월의 글에서, 제5공화국을 맞이해 "제1조국-환국, 제2조국-환웅의 나라, 제3조국-단군왕검의 고조선, 제4조국-부여 · 삼국시대 · 고려왕조, 제5조국-제5공화국"이라는 주장을 내세우고, 자신들이 외친 유구한 상고사, 곧 "한국사의 발견"의 끄트머리에 제5공화국이 자리함을 분명히 했다. 이러한 인식을 공유하는 가운데 박창암은 1982년 11월의 권두언을 통해 "강단사학"에서 《일본서기》를 인용하는 데 대해 "일본서기병"이라 칭하고, 국사편찬위원회에서 낙랑군 평양설을 채택하는 것에 대해 "사관의 패전"이라 평가했으며, 자신들의 상고사를 정사로 인정하는 "국사혁명"이 필요하다고 역설했다.

한편, 1980년대 중반을 기점으로 사이비 역사가들의 잡지 《자유》에 차츰 다른 사람들의 글이 실리기 시작한다. 이는 1970년대 중반 해당 잡지에 사이비 역사가 외의 필진이 사라지는 것과 대조된다. 1980년대 중반 이후에 《자유》에 글을 쓴 사람 모두를 사이비 역사가라 볼 수는 없겠지만, 1980년대에 사이비 역사가들의 발상과 담론이 어떤 식으로 확장됐고 어떤 흐름과 결합해 갔는지에 대한 단서를 보여 준다는 점에서, 그들의 글에 주목하는 일은 중요하다.

우선 1987년 6월민주항쟁으로 제5공화국이 무너지고, 사회 각 단위에 민주화 열기가 불면서 그동안 금기나 마찬가지였던 통일운동의 목소리도 급부상했다. 이 시기《자유》에는 이런 흐름을 불안해 하며 반공주의가 여전히 중요하다고 주장하는 글들이 실린다. 그중 "명지대 교수" 홍지영의 글이 주목되는데, 그는 1989년부터《자유》에 〈반공국민전선론〉이라는 제목의 기사를 연재하고, 1989년 6월 글에서 "조국통일은 민족통일과 다르다"라고 주장했다. "조국통일"이 북한에서 즐겨 쓰는 말이라는 이유였다. "민족통일"에서 북한을 제거하려는 사이비 역사가들의 기획과 맥을 같이하는 대목이라 할 수 있다. 나아가 그는 1990년 5월 기사에서, 고르바초프가 이끈 소련의 페레스트로이카 perestroika 등 국제 정세 변화에도 공산주의의 본질은 달라지지 않았으며, "통일 이후에도 반공은 계속될 수밖에 없다"라고 주장했다.

더불어 노동운동에 대해서도 기존의 '좌경 용공' 세력이라는 인식이 도전받는 데 대한 대응이 이뤄지기도 했다. 1989년 7월 한국산업사회문제연구소 소장 홍성문은 당시 수면 위로 떠오르는 "민주노조"운동이 결국은 "적색노조"운동이며, 역사적으로 사상적으로 어째서 용공적 색채를 띠는지에 대한 장기 연재를 시작했다. 이렇듯 이 시기《자유》의 기고문에는, 시대의 변화에도 불구하고 반공주의의 가치를 지키려는 노력들이 엿보인다.

이 밖에 한국 사학계와 민족운동 세력들도 이 시기《자유》에 글을 기고했다. 1990년 6월 현직 국사편찬위원장이자 독립운동사를 전공한 박영석 교수의 글이 실렸다. 글에서 그는 "민족사관에 바탕을 둔 민족주의사학"을 상찬하면서, "한민족을 지나치게 미화하거나 국가지상주의로 흐르거나 감정만을 내세우"는 쇼비니즘적 접근을 경계하면서 도, "민족주의사학"을 바로 세우면 유물사관과 "실증사학"을 극복할 수 있다고 역설했다. 이는 유물사관으로 대표되는 공산주의에 대한 '승공'의 맥락이 깔려 있는 주장이었다.

나아가 1990년에는 해방 후 임시정부 귀국 직전 비서실장을 역임한 조경한의 글과 인터뷰가 《자유》에 실린다. 1990년 5월 글에서 그는 식민지 시기 "모든 항일광복운동"은 임시정부의 "법통에 귀일"되는 것이 마땅하다며 "임정의 유일정통성"을 강조했고, "민족생존학적 사관"과 "행동철학"의 재정립을 위해 임정의 "광복운동사"가 교과서에 포함돼야 한다고 주장했다. 더불어 그는 1990년 11월 박창암과의 대담에서, 임정을 둘러싼 식민지 시기 독립운동 지형을 비롯해 1935년 자신이 참여한 민족혁명당 결성 과정을 언급했다. 그는 이 인터뷰에서, 무정부주의·사회주의 계열 독립운동 단체인 의열단義烈團과 약산若山 김원봉金元鳳을 다음과 같이 회고했다.

박 : 그런데 의열단의 성격과 그 운영 전말이 궁금합니다.

조옹 : 그려, 설명이 필요하지요.

의열단(의열단: 처음은 단순한 민족테러단체인데 중간에 단장 김원봉이 몇 개 단원과 적화돼 중국의 신흥세력 장개석의 진영을 맹렬히 교란하다가 발각돼 체포령을 당하니 그들이 변서명하고 도피생활을 했다가 갱생의 길을 모색하여 그동안 자연 해소된 의열단의 옛날 단체 이름을 다시 사용하여 세인의 이목을 현황케 할 뿐 아니라 중국 모종 기관을 유혹하여 왜적의 정보를 제공하겠다고 정보비 약간을 매월 타내어 적색훈련을 시키던 중 상해에 있는 한국 독립당 중요간부 김두봉을 적화시켜 동지가 된 후 두봉의 훈수로 대통일운동을 서둘렀는데 그 궁극 목적은 임시정부를 해산시키고 각 단체를 점차 적색혁명단체로 만들어 주도권을 잡 자는 것) 5당의 대표들이 모여 새로 큰 당을 만들자는 것인데 그 가운데는 의 열단과의 합작 여부가 가장 문제의 초점이었지요.

주로 내가 소속한 신한독립당의 전체 청년층 다시 말해서 군사특훈반 청년 들이 공산주의단체와는 합작할 수 없다고 적극 반대했지요.

- 박만주, 〈백강 조경한 선생 방문 대담록 7: 항일 각단체의 통일문제〉,

《자유》207, 1990, 53~54쪽

좌익 계열 독립운동에 해당하는 의열단과 김원봉에 대한 이러한 평 가는, 소위 '임정법통론'이 가지는 함정을 잘 보여 준다. 정부 수립 이후 남한의 실권을 쥔 이승만을 비판할 때는 임시정부의 법통이 중요한 의 미를 갖지만, 반대로 식민지 시기 독립운동의 지형을 임정의 법통으로 재단할 경우 사회주의·무정부주의 계열 독립운동이 부차적으로 취급 되기 쉽다. 위의 주장과는 달리, 1980년대 후반부터 한국 사학계는 민 족주의 계열과 더불어 사회주의 계열에 해당하는 독립운동 연구 또한 활발했으며, 여기에는 이제껏 금기로 여겨지던 김일성의 항일운동 경 력 연구도 포함됐다. 이러한 때에 《자유》지면에 민족해방운동의 반공 적 '정통'을 강조하는 임정 인사의 글이 실린 것은, 사이비 역사가의 반 공적 민족주의가 어떠한 역사적 형태의 반공주의, 냉전의 오랜 사상적 기원과 잇닿을 여지가 있었는지를 드러내 준다.

5·16군사정변 세력이 본
5·18광주민주화운동

끝으로 사이비 역사가 중 박창암으로 대표되는 5·16군사정변 세력의 정체성이 1980년대에 어떤 시대적 변모를 겪게 되는지를 살펴보겠다. 1979년 10·26사건 이후 1980년 '서울의 봄'을 맞아 민주화 열기가 분출되자, 박창암은 이에 대해 유보적 입장을 취하면서도, 학생들의 군사훈련 거부를 극렬히 비판했다. "건군본의建軍本意와 당정부노예와는 본질이 다르"다는 것이 이유였다. 한편 5·18광주민주화운동과 더불어 12·12사태 주도 세력에 의한 학살이 있은 후, 바로 다음 달인 6월에 발간된《자유》의 권두언은 군인 출신이자 5·16군사정변 세력 출신이던 박창암이 이 사건을 어떻게 바라보았는지 읽을 수 있는 좋은 참고가 된다.

1951년 7월 당시 제5군단장 이형근 소장(예비역 대장)은, 그의 참모장 김병휘 대령(예비역 소장), 작전참모 류경식 중령(예비역 준장)을 통하여 호남 지방의 안정을 도모하기 위해 작전명령을 내려 현지에 어떤 명물 부대장을 파견하게 됐다.

그 작전명령의 주문에 이르러

1. 육군소령 박○○는 전라북도 일원의 치안책임을 담당하라.

2. 부대는 현지에서 모병하여 편성하라.

3. 장비는 구 국방군장비를 회수하려 쓰라.

4. 보급(생략)

5. 지휘 及 연락

※ 방위군이란 말뿐이지 그 장비는 사실상 없었다. 혹 있었다면 밥빌어 먹으며 귀향도중 굶어죽게 했던 쪽바가지 파편이나 있었을가? … 그런데 그후 현지작전성과는 과연 어떠했으며 작전실행원칙은 어떠했는가?

위에 나온 대로, **첫째 병비**兵匪 **토벌, 둘째 관비**官匪 **토벌, 셋째 공비**共匪 **토벌**, 바로 글자 그대로 순서 그대로 다만 실행했을 뿐 그리하여 공전의 성공을 거두게 됐든 것이다. …

그러한 **군·관의 자가탄핵**이 앞서야만 응어리져 있던 민원民怨이 풀리게 돼 있었다. 백성들은 너무나 억울하고 가여웠다. … 사실 산골에 사는 사람치고 입산자와 친척 인척 친지 등 인간사회의 연고로 인하여 위법요건에 얽히지 않는 사람이 없기 때문이었다. 그리하여 그들의 존재란 짓밟히기만 하는 도탄의 어육일 뿐이었다. … 병비·관비를 어찌 묵과해! 그리하여 이렇게 불행한 지역에서의 민심정람이란 실로 난중의 난사로서 오직 성공의 비결이란 물론 병비·관비 토벌이었다. 이에서 한거름 더 깊이 들어간 목민관 자신의 신념과 정열과 눈물과 그리고 끝끝내 순교적인 십자가를 메고 쓰러지는 자학의 길 뿐, 그러니까 그런 지역 민심안정이란 목민관이라는 속죄의 양과 바꾼 엄숙한 대가인 것이다. 이것은 철칙! 그제나 이제나 불변이다. 병비·관비 등 그 악의 맥과 원을 따져, 그들의 상전의 상전으로 소급하면 그 원흉층의 정비政匪 계보에 놀랜다. 실로 4·19, 5·16혁명의 원인이었다.

그릇된 병권의 남용 등 졸렬한 물리적인 탄압 등 무모의 뒤치닥꺼리를 맡았던 현지치안사령관으로서 우리 역사에 다시는 그런 불행의 되풀이가 없기를 기원했던 것이다.

그리하여 치란의 법칙의 그 원용의 적부는 역사의 교훈에서 찾아야 하며 그 공과의 심판 또한 그 법칙에 비추어 역사에서 받아야 하는 것이다. 역사는 4·19의거와 5·16혁명을 거울로 삼아 가르치고 있다.

　　　　　　　　　　－ 박창암, 〈권두언: 치란의 사례〉, 《자유》 92, 1980, 12~17쪽

위 글 속의 "육군 소령 박○○"은, 그의 한국전쟁기 이력과 행간으로 미루어 볼 때 박창암이 확실하다. 그는 1951년 국민방위군사건으로 후방의 치안이 어지러웠을 때, 부대장으로서 "공비"에 앞선 "병비", "관비" 우선 토벌을 내세워 지역 민심을 얻었음을 과시한다. 이에 대해서는 2003년 발간된 김지하의 회고록에도 일정하게 언급되는 점으로 미루어, 이 사건 자체는 사실로 추정된다. 흥미로운 점은 국민방위군을 둘러싼 혼란상과 자기 활약을 5·18광주민주화운동을 진압한 신군부의 학살과 비교하면서, 그 "치란"의 해결책을 "5·16혁명"으로 돌리고 있는 것이다. 즉, 문제는 정치군인, 즉 "정비政匪"에 있으며, 군은 이 사태와 무관함은 물론 그 수습의 교훈을 제공할 원천으로 인식한 셈이다.

군부독재에 대한 비호 논리와
'교도민족주의'

　　　　　그러던 것이 1987년 6월민주항쟁으로 5공화국이 무너지고, 군부독재에 대한 비판의 목소리가 고조되자, 박창암은 1989년 1월 글에서 현재의 여론이 "1979년 12·12정변 주모의 일부 정치군인의 발호" 때문이기에, 비난의 화살이 "군 전체"로 돌려지면 안 되며, "군은 국가의 최후 보루"라고 주장했다. 군부독재의 폐해를 일부 "정비" 탓으로 돌리던 논리와 대동소이하다. 나아가 1988년 7월 글에서 그는 "군부독재 타도"는 "몰상식"한 말이며, "대한민국 남자치고 군인이 아니었던 사람이" 없을진대 "군사명의 진정성"을 이해 못 하는 이는 "병역기피자 부류"에 불과할 것이라고 언급했다. 또한 1988년 9월에는 군대가 "극우 반동 파시스트 분자"라는 비판에 대해서도, 이는 공산당이 암송해 온 "공격 구호"며, 냉전 질서 속에서 "군은 극우 아닐 수 없"음을 재차 강조했다.

　　이렇게 군부독재 시절 사회를 향한 군의 영향력과 비중이 민주화 이후에도 건재함이 마땅하다는 사고는, 박창암뿐만 아니라 임승국 또한 견지했다. 1990년 8월 《역사비평》에 박광용 교수가 〈대종교 관련 문헌에 위작 많다: 《규원사화》와 《환단고기》의 성격에 대한 재검토〉라는 논문을 발표하자, 임승국은 "구상유취한 행패"이고 "말참견"이라며 아래와 같이 반박했다.

박광용 영혼 속에 깔린 민족종교 멸시 천대라는 사상이 몸서리치도록 증오스럽기만 하다. … 〈근현대사 전공학자의 모임〉이라고 자공自供하는 〈역사문제연구소〉의 기관지를 통해서 가톨릭 계열의 종립대학인 〈성심여대〉 교수로서 규원사화, 환단고기를 대종교의 정식 경전으로 알고 대종교 관련 문헌에 위작이 많다며 타종교를 비방하고 특정문헌을 위작이라고 헐뜯을 수 있는가? …

정말 구상유취한 행패요, 당돌하고 주뿔난 말참견이 아니며 뭣이란 말인가? **박교수는 아무래도 〈군사문화〉를 떠벌리다가 군의 비수에 찔려 한때 세상을 떠들썩하게 했던 저 〈오홍근 기자 피습사건〉을 연상케 하는 교수다.**

군에서 실시하는 사관교육을 〈군이 일본 황국사관-침략주의용어라 매도하고 군에서 〈웅비사관〉을 유행시키고 있다〉고 증군사상憎軍思想을 불태우고 있기 때문이다.

국민과 군 사이에 불신풍조를 이토록 조성하려는 박교수의 의도는 무엇인가?

- 임승국, 《역사비평》 90년 2호 박광용 교수의 글
〈환단고기, 규원사화에 위작 많다〉에 반박한다〉, 《자유》 207, 1990, 119~120쪽

그의 극언 가운데 흥미로운 것은, 그들의 "민족사관"에 대한 비판을 "민족종교 멸시 천대" 등 종교 차원의 공격으로 받아들이고 있는 점이다. 앞에서 본 사이비 역사가들의 "민족사관"에 깔린 종교적 색채가 여기서도 드러난다. 더불어 사이비역사학 색채가 덧씌워진 군에서의 사

관 교육을 비판하는 박광용 교수의 논지에 대해, "국민과 군 사이에 불신 풍조"를 조성하고 "증군사상憎軍思想"을 획책한다고 맞받는 대목도 흥미롭다.

박광용 교수에게 "군의 비수에 찔"릴 것이라는 협박 끝에 임승국이 인용한 "오홍근 기자 피습 사건"은, 1988년 8월《월간중앙》에 〈오홍근이 본 사회: 청산해야 할 군사문화〉라는 칼럼이 기고되자 육군 정보사령부 소속 부대원 네 명이 오홍근 기자를 폭행 테러한 사건이다. 이는 군부독재의 대사회적 영향력이 채 가시지 않은 제6공화국 시기에 발생한 대표적 '백색테러' 사건으로 꼽힌다. 자신들의 사이비역사학에 대한 비판의 목소리에 '군대발 테러'를 언급하는 대목이야말로, 사이비역사학의 사상적 연원이 어디에 줄을 대고 있는지 보여 주는 일화라 하겠다.

이처럼 사이비역사학이 내세운 "민족사관"의 민족주의란, 군부독재 세력이 위로부터 제작해 주입하고자 한 '교도민족주의(Guided Nationalism)'의 성격을 띠었다. 사이비역사학은 앞에서 살폈듯이, 반공·냉전 질서에 대한 복무와, 그것을 전제로 한 혈연적 민족주의의 종교적 숭배와 더불어, 바로 군부독재에서의 군의 입지와 영향력이라는, 삼발이 위에 올라앉아 제 수명을 불린 역사적 구성물이었다.

민족주의를 제대로 비판하는 법:
누가 '민족'의 수명을 줄이는가

역사책을 뒤적일 때마다 언제나 마음 한구석을 떠나지 않는 회의가 있다. 거기에 기록된 내용을 도대체 어느 정도 믿을 수 있을까 해서다. … 극단적인 예로는 우리 남한의 사학자와 북한의 사학자가 집필한 해방 이후 오늘날까지의 한국사를 상정해보면 더욱 확연한 일이다. 3백년 혹은 5백년 뒤의 우리 후손들이 이 상반된 내용의 국사를 도대체 어떻게 받아들일 것인가. … 이러한 사례들을 미루어 생각해볼 때 건방진 일이나마 역사서의 내용을 전면적으로, 그리고 무조건 신빙키는 더욱 어려워진다. 아무래도 일말의 의념疑念이 마음 한구석에 남는다. … 더구나 고대의 사적史籍이란 극히 제한된 소수의 어용학자의 손에 의해 이루어진 것이 많다. 그 내용을 굵은 줄거리 외에 세부면에 있어서 과연 그대로 믿어도 좋은 것일까.

- 손창섭, 〈곡필의 죄악과 사가의 책임〉,《자유》63, 1977, 191~192쪽

글을 마무리하기 전에《자유》1977년 8월호에 실린, 뜻밖의 필자가 쓴 글을 인용하기로 한다. 이 글을 쓴 손창섭은 1950년대 한국문학을 대표하는 작가로, 전후 세대의 정서와 인간 실존의 문제를 예리하게 파고든 문학가라 평가받는다. 그는 1973년 말 일본으로 건너갔는데, 위의 글은 일본에 있을 때 기고한 것이다. 글을 맺는 시점에서 손창섭의 글을 빌려 다음과 같이 질문해 본다. 과연 '역사'란, '민족주의'란 무

엇이고, 나아가 무엇이어야 하는가.

역사에 그 나름의 지분이 있듯이, 문학 또한 나름의 영역이 있다. 가령 문학가의 눈에, 역사는 쓰인 것보다 쓰이지 않은 것이 더 중요하게 보일지 모르고, 민족주의는 거의 항상 누군가를 억압하는 기제로 비춰질지 모른다. 일단 그것은 일정 부분 사실이고, 실체적 진실과 근대적 사실보다 서사와 서정의 힘을 믿는 문학가로서 마땅히 가질 수 있는 관점이기도 하다. 그러나 그러한 문학적 통찰이 사이비역사학의 기관지에, 더구나 기존 고대사에 대한 전면적 불신을 근거로 그들의 "상고사"에 일리를 실어 주는 맥락으로 전유되는 것은 수상하다.

먼저 당대와 현재의 한국 사학계, 특히 현대사에서 정리하는 민족사관의 핵심은 다음과 같다. 하나는 현실 속 '국가'를 넘어선 민족의 경계를 환기함으로써, 지금도 우리를 구속하는 냉전 질서를 비판하고 상대화하는 것이다. 둘째는 이를 위해 분단국가인 남북한의 현실을 직시하고, "민족"의 역사에 남한뿐만 아니라 북한, 재외국민·조선인을 포함하는 것이다. 민족운동과 건국의 명의를 남한으로 국한시키고자 한 정부의 입장에서는, 어쩌면 가장 듣기 싫어할 법한 이야기를 줄곧 해 온 셈이다. 그렇기에 '민족'이란 개념이 역설적으로 생명력을 얻을 수 있었기도 하다.

물론 한국 사학계에서 통용되는 민족 개념 또한 성찰할 부분이 많다. 이에 역사학계에서는 1990년대 이후 탈민족사관, 국민국가 비판론에 입각한 문제 제기를 했다. 나아가 국민국가의 경계에서 지난한 삶을 산 재일 조선인을 비롯해, 남한 내에서 국민-민족 정체성 가운데 다양하게 억압당한 여성·장애인·부랑아·성소수자 등 사회적 약자·소수자에 대한 연구 또한 활발하다. 그런데도 여전히 성찰되지 않는 '국사'의 전제나, '역사 기록'의 권력적 측면은 있을 수 있고, 이는 분명 비판의 여지로 남게 될 것이다.

그렇다고 해서, 한국 사학계의 민족주의가 앞에서 살펴본 사이비역사학의 민족주의와 '같다'고 이야기할 수는 없다. 둘은 같은 '민족'이란 말을 쓰지만, 군부독재의 영향력을 용인하느냐 비판하느냐, 반공·냉전 질서에 적극 영합하느냐 그것을 애써 상대화하느냐에 따라 너무도 큰 차이를 드러냈기 때문이다. 여기까지 이야기하고 나서야, 역사가 본래 무언가에 억압적인 서술일 수 있다는, 앞선 문학적 통찰들을 제대로 된 의미로 음미할 수 있다. 즉, 한국 사학계의 민족주의와 사이비역사학의 민족주의를 동렬에 놓고 민족주의 개념의 패권을 이야기하는 것은 부적절하다.

물론 민족주의 내에 원리적인 배제의 기전이 자리하는 것 또한 분명하고, 민족이란 개념이 언제까지 역사와 현실을 설명하는 데 유효한 도구로 남을지는 알 수 없다. 다만 모든 역사적 개념은, 특정한 시공간 안에서 나름의 의미와 맥락을 통해 구성되고, 또 해체된다. 이 과정에서 한 역사적 개념의 수명은, 그것이 얼마나 현재 존재하는 체제 '바깥'의 진실을 외면하지 않는가 하는, 즉 그 개념이 불러올 수 있는 배제의 범위와 정도에 따라 결정된다. 그런 점에서 앞에서 살펴본 사이비역사학의 "9천 년 민족사관"은, 혈연적 원리주의와 정부에 부역하는 국가

주의 등 '민족주의'의 가장 어두운 부면을 모아 놓은 집합체와 같다. 따라서 이들의 민족주의야말로, 민족이란 개념의 예정된 수명을 오히려 앞당긴다고 해도 과언이 아니다.

역사학의 기능

역사 연구에 강단과 재야의 구분은 무의미하다. 오직 그것이 연구냐, 연구가 아니냐가 중요할 뿐이다. 역사 속 자료는 풍성해서, 만약 어떤 사람이 자기주장에 맞는 자료만 골라서 인용해 서술한다면, 그걸 보는 사람은 마치 실제 역사가 그렇게 존재했다고 착각하기 쉽다. 사학계는 이런 수법을 "부조적浮彫的"이라 부르고, 경계하는 편이다.

역사 연구자라면 누구나 과거 자료를 뒤지면서, 자기주장 바깥에 흘러넘치거나 오히려 반대되는 증거를 심심찮게 만난다. 그것들을 직면하면서 자기주장을 끊임없이 상대화하고, 그럼으로써 연구자 스스로 역사의 이해와 사고의 폭을 넓히는 것이 역사학의 기능이다. 따라서 자기가 보고 싶은 것만 끄집어내서 과거를 구성하는 역사 서술은 연구가 아니다. 나아가 이런 서술은 실증의 문제를 넘어, 텍스트 비평 차원에서 이미 문제적이다. 일관된 논리로 매끈하게 작성된 한 개인의 회고록을 역사가들이 좀처럼 믿지 않는 이치와 같다. 이는 《환단고기》를 비롯한 사이비 역사가들의 글을, 기존 사학계가 왜 그토록 오랫동안 '연구'로 대접하지 않았는가에 대한 나름대로의 대답이다.

참고문헌

고조선 역사, 어떻게 볼 것인가

고구려연구재단 편,《고조선·단군·부여》, 고구려연구재단, 2004
노태돈 편,《단군과 고조선사》, 사계절, 2000
송호정,《한국 고대사 속의 고조선사》, 푸른역사, 2003
오강원,〈고조선 위치비정에 관한 연구사적 검토(1)〉,《백산학보》47, 1996
_____,〈고조선 위치비정에 관한 연구사적 검토(2)〉,《백산학보》48, 1997
한국고대사학회 편,《(우리 시대의) 한국 고대사》1, 주류성, 2017

낙랑군은 한반도에 없었다?

고구려연구재단 편,《고조선·단군·부여》, 고구려연구재단, 2004
국립중앙박물관 편,《낙랑》, 솔, 2001
노태돈 편,《단군과 고조선사》, 사계절, 2000
리순진·김재용,《락랑구역일대의 고분 유적발굴보고》, 사회과학원출판사, 2002
중앙문화재연구원 엮음,《낙랑고고학개론》, 진인진, 2014
한국고대사학회 편,《(우리 시대의) 한국 고대사》1, 주류성, 2017

광개토왕비 발견과 한·중·일 역사전쟁

국립중앙박물관 편저,《금석문자료1: 삼국시대》, 국립중앙박물관, 2010

김석형, 〈삼한삼국의 일본열도내 분국에 대해서〉, 《력사과학》1, 1963

이진희, 이기동 옮김, 《광개토왕비의 탐구》, 일조각, 1982

박시형, 《광개토왕릉비》, 사회과학원출판사, 1966

연민수, 《고대 한일 관계사》, 혜안, 1998

왕건군, 임동석 옮김, 《광개토왕비 연구》, 역민사, 1985

이성시, 박경희 옮김, 《만들어진 고대》, 삼인, 2001

정인보, 〈광개토경평안호태왕릉비문석략〉, 《용재백락준박사환갑기념논총》, 연세대학교, 1955

천관우, 〈광개토왕릉비 재론〉, 《(전해종박사화갑기념) 사학논총》, 일조각, 1979

武田幸男, 《廣開土王碑墨本の硏究》, 吉川弘文館, 2009

백제는 정말 요서로 진출했나

강종훈, 〈4세기 백제의 요서 지역 진출과 그 배경〉, 《한국고대사연구》30, 2003

_____, 〈백제 대륙진출설의 제문제〉, 《한국고대사논총 4》, 1992

김기섭, 〈백제의 요서경략설 재검토: 4세기를 중심으로〉, 강인구 편, 《한국고대의 고고와 역사》, 학연문화사, 1997

김성한, 〈백제의 요서 영유와 '낙랑'〉, 《역사학연구》52, 2013

_____, 〈백제의 요서 영유와 '백제군'〉, 《역사학연구》50, 2013

백길남, 〈'백제약유요서' 기사의 기술배경과 한인 유이민 집단: 진평군현 설치를 중심으로〉, 《한국고대사연구》86, 2017

_____, 〈4~5세기 백제의 중국계 유이민의 수용과 태수호〉, 《동방학지》172, 2015

여호규, 〈백제의 요서진출설 재검토: 4세기 후반 부여계 인물의 동향과 관련하여〉, 《진단학보》91, 2001

유원재, 〈'백제약유요서' 기사의 분석〉, 《백제연구》20, 1989

윤용구, 〈백제 '요서진출설'의 문헌적 검토〉, 《백제와 요서 지역》, 한성백제박물관, 2015

임기환, 〈백제 요서 진출설과 역대 교과서 서술 검토〉, 《한국사학보》63, 2016

정재윤, 〈중국 사서에 보이는 백제의 요서진출에 대한 고찰〉, 경기문화재단 부설 기전문화재연구원, 《한성백제사료연구》, 경기도, 2005

김석형, 〈삼한삼국의 일본열도내 분국에 대해서〉, 《력사과학》 1, 1963

김영심, 〈칠지도명〉, 한국고대사회연구소 편, 《(역주) 한국고대금석문》 I, 가락국사적개발연구원, 1992

_____, 〈칠지도의 성격과 제작배경: 도교와의 관련성 검토〉, 《한국고대사연구》 69, 2013

김정배, 〈칠지도 연구의 새로운 방향〉, 《동양학》 10, 1980

김창호, 〈백제 칠지도 명문의 재검토〉, 《역사교육논집》 13·14, 1990

연민수, 〈칠지도 명문의 재검토〉, 《고대한일관계사》, 혜안, 1998

이도학, 〈백제 칠지도 명문의 재해석〉, 《한국학보》 16, 1990

이병도, 〈백제칠지도고〉, 《진단학보》 38, 1974

정효운, 〈'칠지도'와 고대한일관계사〉, 《비교일본학》 32, 2014

조경철, 〈백제 칠지도의 제작 연대 재론: 병오정양을 중심으로〉, 《백제문화》 42, 2010

주보돈, 〈백제 칠지도의 의미〉, 《한국고대사연구》 62, 2011

홍성화, 〈석상신궁 칠지도에 대한 일고찰〉, 《한일관계사연구》 34, 2009

管政友, 〈大和國石上神宮寶庫所藏七支刀〉, 《管政友全集》雜稿 1, 1907

木村誠, 〈百濟史料としての七支刀銘文〉, 《人文學報》 306, 2000

福山敏男, 〈石上神宮の七支刀〉, 《美術研究》 158, 1951

上田正昭 〈石上神宮と七支刀〉, 《日本のなかの朝鮮文化》 9, 1971

神保公子, 〈七支刀研究の歩み〉, 《日本歷史》 301, 1973

栗原朋信, 〈七支刀銘文についての一解釋〉, 《日本歷史》 265, 1966

村山正雄 編, 《(石上神宮) 七支刀銘文圖錄》, 吉川弘文館, 1996

村山正雄, 〈石上神宮·七支刀銘文發見の若干の新知見〉, 《朝鮮學報》 135, 1990

생존을 위한 전쟁, 신라의 삼국통일

김영하, 〈7세기 동아시아의 정세와 전쟁: 신라의 백제 통합과 관련하여〉, 《신라사학보》 38, 2016

_____, 〈7세기 후반 한국사의 인식문제: 신라의 백제통합론과 삼국통일론을 중심으로〉,

《한국사연구》146, 2009

_____, 〈신라통일론의 궤적과 함의〉, 《한국사연구》153, 2011

_____, 《신라중대사회연구》, 일지사, 2007

노태돈, 〈7세기 전쟁의 성격을 둘러싼 논의〉, 《한국사연구》154, 2011

_____, 《삼국통일전쟁사》, 서울대학교출판부, 2009

_____, 《한국고대사》, 경세원, 2014

이상훈, 《나당전쟁 연구》, 주류성, 2012

_____, 《신라는 어떻게 살아남았는가》, 푸른역사, 2015

신라 김씨 왕실은 흉노의 후예였나

권덕영, 〈'대당고김씨부인묘명'과 관련한 몇 가지 문제〉, 《한국고대사연구》54, 2009

나희라, 《신라의 국가제사》, 지식산업사, 2003

노태돈, 〈기마민족 일본열도정복설에 대하여〉, 《한국학보》5, 1979

이문기, 〈신라 김씨 왕실의 소호김천씨 출자관념의 표방과 변화〉, 《역사교육논집》23·24, 1999

_____, 〈신라 혜공왕대 오묘제 개혁의 정치적 의미〉, 《백산학보》52, 1999

이순근, 〈신라시대 성씨취득과 그 의미〉, 《한국사론》6, 1980

이영호, 〈신라 문무왕릉비의 재검토〉, 《역사교육논집》8, 1986

정연식, 〈문무왕릉비의 화관〉, 《역사민속학》44, 2014

채미하, 《신라 국가제사와 왕권》, 혜안, 2008

임나일본부설의 어제와 오늘, 그리고 내일

《제2기 한일역사공동연구보고서》 제1권(제1분과 편), 한일역사공동연구위원회, 2010

《한일역사공동연구보고서》 제1권(제1분과, 고대사 편), 한일역사공동연구위원회, 2005

김석형, 《고대 한일 관계사》, 한마당, 1988

김태식, 《사국시대의 한일관계사 연구》, 서경문화사, 2014

김현구,《임나일본부연구》, 일조각, 1993

신가영, 〈'임나일본부' 연구와 식민주의 역사관〉, 젊은역사학자모임,《한국 고대사와 사이비 역사학》, 역사비평사, 2017

주보돈,《임나일본부설, 다시 되살아나는 망령》, 역락, 2012

천관우,《가야사연구》, 일조각, 1991

末松保和,《任那興亡史》, 吉川弘文館, 1956

발해사는 누구의 역사인가

김종복,《발해정치외교사》, 일지사, 2009

송기호,《발해정치사연구》, 일조각, 1995

이성시, 박경희 옮김,《만들어진 고대》, 삼인, 2001

조인성 외,《일제시기 만주사·조선사 인식》, 동북아역사재단, 2009

한국고대사학회 편,《(우리 시대의) 한국고대사》2, 주류성, 2017

한국역사연구회,《한국고대사》1, 푸른역사, 2016

《환단고기》에 숨은 군부독재의 유산

이문영,《만들어진 한국사》, 파란미디어, 2010

장영주,《《환단고기》성립과정: 내용 변화를 중심으로》, 인하대학교 석사학위논문, 2017

젊은역사학자모임,《한국 고대사와 사이비역사학》, 역사비평사, 2017

조인성,《《규원사화》와《환단고기》》,《한국사시민강좌》2, 1988

_____,《《환단고기》의 〈단군세기〉와 〈단기고사〉,《규원사화》》,《단군학연구》2, 2000

_____, 〈국수주의사학과 현대의 한국사학〉,《한국사시민강좌》20, 1997

하일식, 〈상고사 부풀리기의 부당성과 위험성〉,《한국상고사학회 학술대회 논문집》10, 2016

이미지 출처

14~15, 16   김원용, 〈무양사화상석과 단군신화에 대한 재고〉, 《고고미술》 10-15, 1980

19(왼쪽)   吳廣孝, 《集安高句麗壁畵》, 山東畵報出版社, 2006

19(오른쪽), 28(가운데), 54, 56, 66, 84, 126, 163   국립중앙박물관

28(왼쪽)   한국콘텐츠진흥원

28(오른쪽), 121 국립문화재연구소

58   윤용구, 〈'낙랑군 호구부'의 발견-100년 낙랑고고학의 최대 수확〉, 《내일을 여는 역사》
                     63, 2016

71, 78   武田幸男, 《廣開土王碑墨本の硏究》, 吉川弘文館, 2009

98   서울시 역사문화재과

101, 213   한성백제박물관

106   국립한글박물관

115   국립공주박물관

136, 139   임동민

138   村山正雄 編, 《(石上神宮)七支刀銘文圖錄》, 吉川弘文館, 1996

162, 166   문화재청

190, 199(위)   《한국금석문집성》

199(아래)   학연문화사 편집부 엮음, 《문자로 본 신라》, 학연문화사, 2002

200   최경선

206   국립경주박물관

235, 243, 244   대가야박물관

237   板本太郎 外 校注, 《日本書紀》上, 岩波書店, 1965

258   《하늘에서 본 고구려와 발해》, 동북아역사재단, 2008

260   중국국가박물관

267   우리역사넷

313   오선일, 〈그림 한국사〉, 《자유》 72, 1978

316   《자유》 58, 1977

318   임승국, 〈한국사연표〉, 《자유》 51, 1976

325   《자유》 185, 1989

* 수록된 이미지는 대부분 저작권자의 사용 허가를 받았으나, 일부 저작권자를 찾지 못했거나 불분명한
경우는 확인되는 대로 절차에 따르겠습니다.

지은이 소개

집필 순

기경량

가톨릭대학교 국사학과 조교수. 서울대학교 국사학과에서 《고구려 왕도 연구》로 박
사학위를 받았다. 한국 고대의 도성이나 교통로 등 시간과 공간을 접목한 역사 연구를
하고 있다. 대표 논저로 〈한국 고대사에서 왕도王都와 도성都城의 개념〉, 〈평양 지역
고구려 왕릉의 위치와 피장자〉, 〈고구려 평양 장안성의 외성 내 격자형 구획과 도시 형
태에 대한 신검토〉 등이 있다.

안정준

서울시립대학교 국사학과 조교수. 연세대학교 사학과에서 《고구려의 낙랑·대방군 고
지 지배 연구》로 박사학위를 받았다. 동아시아라는 역사·지리적 배경을 토대로 한국
고대사를 연구하는 글을 쓰고 있으며, 다른 연구자들과 함께 한국 사회의 역사 인식과
역사학의 역할 문제 등을 함께 공부하고 있다. 대표 논저로 〈6세기 고구려의 북위 말
유이민 수용과 '유인'〉, 〈4~5세기 낙랑·대방군 고지의 중국지명 관호 출현 배경〉, 〈'덕
흥리벽화고분'의 현실 동벽에 묘사된 '칠보행사도'의 성격 검토〉 등이 있다.

백길남

한성백제박물관 학예연구사. 연세대학교에서 한국 고대사와 역사교육을 공부했다. 고
대 한·중 교류사와 백제 정치제도에 대해 관심이 많다. 대표 논저로 〈4~5세기 백제의
중국계 유이민의 수용과 태수호太守號〉, 〈'백제약유요서百濟略有遼西' 기사의 기술배
경과 한인漢人 유이민 집단: 진평군현 설치를 중심으로〉, 〈중국 왕조의 '백제약유요서'
기사 서술과 인식: 백제군 설치를 중심으로〉 등이 있다.

임동민

경기도 안양시청 학예연구사. 고려대학교 한국사학과에서《백제 한성기 해양 네트워크 연구》로 박사학위를 받았다. 바다의 강고한 구조에 도전한 인간의 역사에 관심이 많으며, 동아시아의 관점에서 백제의 해양 네트워크를 연구하고 있다. 대표 논저로 《《진서》마한 교섭 기사의 주체와 경로〉,〈고대 황해 교섭·교류 항로와 경기만〉 등이 있다.

이성호

조선대학교 역사문화학과 초빙객원교수. 동국대학교 사학과에서〈6세기 신라新羅 외위제外位制의 성립 과정〉으로 석사학위를 취득하고 박사과정을 수료했다. 고대 지배층들의 성립 과정과 고대국가의 정치제도·지배체제에 관심이 많다. 대표 논저로〈6세기 신라 법흥왕 대 반포 율령의 성격〉,〈포항중성리신라비 판독과 인명표기〉 등이 있다.

위가야

동북아역사재단 연구위원. 성균관대학교 사학과에서《5~6세기 백제와 신라의 '군사 협력체제' 연구》로 박사학위를 받았다. 한국 고대국가의 형성과 국제관계의 흐름에 대해 관심이 있다. 대표 논저로〈백제 온조왕 대 영역 확장에 대한 재검토〉,〈이케우치 히로시의 대방군 위치 비정과 그 성격〉,〈백제의 기문·대사 진출과정에 대한 재검토〉 등이 있다.

최경선

연세대학교 사학과 박사과정 수료. 신라의 지방 통치 제도와 금석문에 관심이 많다. 대표 논저로는〈6세기 신라의 주州의 형태와 군주軍主의 역할〉,〈'영원사수철화상비'의 판독과 찬자撰者·서자書者에 대한 검토: 신라 말 당 관제의 수용과 정치운영과 관련하여〉 등이 있다.

권순홍

대구대학교 연구교수. 고대 도성 공간과 그를 구성하는 사회적 관계에 관심이 있다. 대표 논저로 〈고구려 초기의 도성都城과 개도改都: 태조왕 대 왕실 교체를 중심으로〉, 〈고구려 '도성제'론의 궤적과 함의〉, 〈도성 관련 용어 검토: '도都', '곽郭', '경京'을 중심으로〉 등이 있다.

강진원

숙명여자대학교 역사문화학과 조교수. 서울대학교 국사학과에서 《고구려 국가제사 연구》로 박사학위를 받았다. 사회 현상과 문화·의례를 통해 나타나는 당시의 실상에 대해 관심이 많다. 대표 논저로 〈고구려 능원제의 전개와 그 배경〉, 〈고구려 수묘비 건립의 연혁과 배경〉, 〈신라 하대 종묘와 열조 원성왕〉, 〈백제 웅진·사비도읍기 천지제사의 전개와 특징〉 등이 있다.

김대현

연세대학교 사학과 박사과정 수료, 역사문제연구소 인권위원. 한국 현대사에서의 젠더·섹슈얼리티 억압에 대해 관심이 있다. 대표 논저로 〈1950~60년대 유흥업 현장과 유흥업소 종업원에 대한 낙인〉, 〈정신의학자 한동세韓東世의 문화정신의학과 여성 및 비규범적 성애·성별 배제의 성격〉 등이 있다.